MANESSE BIBLIOTHEK DER WELTLITERATUR

Busch · Gedichte und Prosa

WILHELM BUSCH

GEDICHTE UND PROSA

Auswahl und Nachwort
von Peter Marxer

MANESSE VERLAG

CIP-Kurztitelaufnahme der Deutschen Bibliothek

Busch, Wilhelm:
Gedichte und Prosa / Wilhelm Busch
Ausw. u. Nachw. von Peter Marxer
2. Aufl., 9.–11. Tsd.
Zürich: Manesse Verlag, 1984
(Manesse Bibliothek der Weltliteratur)
ISBN 3-7175-1560-8 Gewebe
ISBN 3-7175-1561-6 Ldr.

Copyright © 1974 by Diogenes Verlag, Zürich
Wilhelm Busch, detebe 60/1 «Gedichte»
Wilhelm Busch, detebe 60/7 «Prosa»

Copyright © 1979 by Manesse Verlag, Zürich
Alle Rechte vorbehalten

Kritik des Herzens

Es wohnen die hohen Gedanken
In einem hohen Haus.
Ich klopfte, doch immer hieß es:
Die Herrschaft fuhr eben aus!

Nun klopf ich ganz bescheiden
Bei kleineren Leuten an.
Ein Stückel Brot, ein Groschen
Ernähren auch ihren Mann.

*

Sei ein braver Biedermann,
Fange tüchtig an zu loben!
Und du wirst von uns sodann
Gerne mit emporgehoben.

Wie, du ziehst ein schiefes Maul?
Willst nicht, daß dich andre adeln?
Na, denn sei mir nur nicht faul
Und verlege dich aufs Tadeln.

Gelt, das ist ein Hochgenuß,
Schwebst du so mit Wohlgefallen
Als ein selger Kritikus
Hocherhaben über allen.

Es sitzt ein Vogel auf dem Leim,
Er flattert sehr und kann nicht heim.
Ein schwarzer Kater schleicht herzu,
Die Krallen scharf, die Augen gluh.
Am Baum hinauf und immer höher
Kommt er dem armen Vogel näher.

Der Vogel denkt: Weil das so ist
Und weil mich doch der Kater frißt,
So will ich keine Zeit verlieren,
Will noch ein wenig quinquilieren
Und lustig pfeifen wie zuvor.
Der Vogel, scheint mir, hat Humor.

*

Ich kam in diese Welt herein,
Mich baß zu amüsieren,
Ich wollte gern was Rechtes sein
Und mußte mich immer genieren.
Oft war ich hoffnungsvoll und froh,
Und später kam es doch nicht so.

Nun lauf ich manchen Donnerstag
Hienieden schon herummer,
Wie ich mich drehn und wenden mag,
's ist immer der alte Kummer.
Bald klopft vor Schmerz und bald vor Lust
Das rote Ding in meiner Brust.

*

Der Hausknecht in dem «Weidenbusch»
Zu Frankfurt an dem Main,

Der war Poet, doch immer kurz,
Denn wenig fiel ihm ein.

Ja, sprach er, Freund, wir leben jetzt
In der Depeschenzeit,
Und Schiller, käm er heut zurück,
Wär auch nicht mehr so breit.

*

Die Selbstkritik hat viel für sich.
Gesetzt den Fall, ich tadle mich,
So hab ich erstens den Gewinn,
Daß ich so hübsch bescheiden bin;
Zum zweiten denken sich die Leut,
Der Mann ist lauter Redlichkeit;
Auch schnapp ich drittens diesen Bissen
Vorweg den andern Kritiküssen;
Und viertens hoff ich außerdem
Auf Widerspruch, der mir genehm.
So kommt es denn zuletzt heraus,
Daß ich ein ganz famoses Haus.

*

Es kam ein Lump mir in die Quer
Und hielt den alten Felbel her.
Obschon er noch gesund und stark,
Warf ich ihm dennoch eine Mark
Recht freundlich in den Hut hinein.
Der Kerl schien Philosoph zu sein.
Er sprach mit ernstem Bocksgesicht:
Mein Herr, Sie sehn, ich danke nicht.

Das Danken bin ich nicht gewohnt.
Ich nehme an, Sie sind gescheit
Und fühlen sich genug belohnt
Durch Ihre Eitelkeit.

*

Die Rose sprach zum Mägdelein:
Ich muß dir ewig dankbar sein,
Daß du mich an den Busen drückst
Und mich mit deiner Huld beglückst.

Das Mägdlein sprach: O Röslein mein,
Bild dir nur nicht zuviel drauf ein,
Daß du mir Aug und Herz entzückst.
Ich liebe dich, weil du mich schmückst.

*

Man wünschte sich herzlich gute Nacht;
Die Tante war schrecklich müde;
Bald sind die Lichter ausgemacht,
Und alles ist Ruh und Friede.

Im ganzen Haus sind nur noch zween,
Die keine Ruhe finden,
Das ist der gute Vetter Eugen
Mit seiner Base Lucinden.

Sie wachten zusammen bis in der Früh,
Sie herzten sich und küßten.
Des Morgens beim Frühstück taten sie,
Als ob sie von nichts was wüßten.

Mein Freund, an einem Sonntagmorgen,
Tät sich ein hübsches Rößlein borgen.
Mit frischem Hemd und frischem Mute,
In blanken Stiefeln, blankem Hute,
Die Haltung stramm und stramm die Hose,
Am Busen eine junge Rose,
So reitet er durch die Alleen,
Wie ein Adonis anzusehen.

Die Reiter machen viel Vergnügen,
Wenn sie ihr stolzes Roß bestiegen.

Nun kommt da unter sanftem Knarren
Ein milchbeladner Eselskarren.
Das Rößlein, welches sehr erschrocken,
Fängt an zu trappeln und zu bocken,
Und, hopp, das war ein Satz ein weiter!
Dort rennt das Roß, hier liegt der Reiter,
Entfernt von seinem hohen Sitze,
Platt auf dem Bauche in der Pfütze.

Die Reiter machen viel Vergnügen,
Besonders, wenn sie drunten liegen.

*

Du fragtest mich früher nach mancherlei.
Ich sagte dir alles frank und frei.
Du fragtest, wann ich zu reisen gedächte,
Welch ein Geschäft ich machen möchte.
Ich sagte dir offen: dann und dann;
Ich gab dir meine Pläne an.

Oft hat die Reise mir nicht gepaßt;
Dann nanntest du mich 'n Quirlequast.
Oft ging's mit dem Geschäfte krumm;
Dann wußtest du längst, es wäre dumm.
Oft kamst du mir auch mit List zuvor;
Dann schien ich mir selber ein rechter Tor.

Nun hab ich, weil mich dieses gequält,
Mir einen hübschen Ausweg erwählt.
Ich rede, wenn ich reden soll,
Und lüge dir die Jacke voll.

*

Kennt der Kerl denn keine Gnade?
Soll er uns mit seiner Suade,
Durch sein breites Explizieren,
Schwadronieren, Disputieren,
Soll er uns denn stets genieren,
Dieser säuselnde Philister,
Beim Genuß des edlen Weins?

Pump ihn an, und plötzlich ist er
Kurz und bündig wie Glock Eins.

*

Mich wurmt es, wenn ich nur dran denke. –
Es saß zu München in der Schenke
Ein Protz mit dunkelroter Nase
Beim elften oder zwölften Glase.

Da schlich sich kümmerlich heran
Ein armer alter Bettelmann,
Zog vor dem Protzen seinen Hut
Und fleht: Gnä Herr, ach sein S' so gut!

Der Protz jedoch, fuchsteufelswild,
Statt was zu geben, flucht und schilt:
Gehst raus, du alter Lump, du schlechter!
Nix möcht'er als grad saufen möcht'er!

*

Ich hab von einem Vater gelesen;
Die Tochter ist beim Theater gewesen.
Ein Schurke hat ihm das Mädchen verdorben,
So daß es im Wochenbette gestorben.

Das nahm der Vater sich tief zu Gemüte.
Und als er den Schurken zu fassen kriegte,
Verzieh er ihm nobel die ganze Geschichte.
Ich weine ob solcher Güte.

*

Laß doch das ewge Fragen,
Verehrter alter Freund.
Ich will von selbst schon sagen,
Was mir vonnöten scheint.

Du sagst vielleicht dagegen:
Man fragt doch wohl einmal.
Gewiß! Nur allerwegen
Ist mir's nicht ganz egal.

Bei deinem Fragestellen
Hat eines mich frappiert:
Du fragst so gern nach Fällen,
Wobei ich mich blamiert.

*

Vor Jahren waren wir mal entzweit
Und taten uns manches zum Torte;
Wir sagten uns beide zu jener Zeit
Viel bitterböse Worte.

Drauf haben wir uns ineinander geschickt;
Wir schlossen Frieden und haben
Die bitterbösen Worte erstickt
Und fest und tief begraben.

Jetzt ist es wirklich recht fatal,
Daß wieder ein Zwist notwendig.
O weh! die Worte von dazumal
Die werden nun wieder lebendig.

Die kommen nun erst in offnen Streit
Und fliegen auf alle Dächer;
Nun bringen wir sie in Ewigkeit
Nicht wieder in ihre Löcher.

*

Ich meine doch, so sprach er mal,
Die Welt ist recht pläsierlich.
Das dumme Geschwätz von Schmerz und Qual
Erscheint mir ganz ungebührlich.

Mit reinem kindlichen Gemüt
Genieß ich, was mir beschieden,
Und durch mein ganzes Wesen zieht
Ein himmlischer Seelenfrieden. –

Kaum hat er diesen Spruch getan,
Aujau! so schreit er kläglich.
Der alte hohle Backenzahn
Wird wieder mal unerträglich.

*

Es saßen einstens beieinand
Zwei Knaben, Fritz und Ferdinand.

Da sprach der Fritz: Nun gib mal acht,
Was ich geträumt vergangne Nacht.
Ich stieg in einen schönen Wagen,
Der Wagen war mit Gold beschlagen.
Zwei Englein spannten sich davor,
Die zogen mich zum Himmelstor.
Gleich kamst du auch und wolltest mit
Und sprangest auf den Kutschentritt,
Jedoch ein Teufel, schwarz und groß,
Der nahm dich hinten bei der Hos
Und hat dich in die Höll getragen.
Es war sehr lustig, muß ich sagen. –

So hübsch nun dieses Traumgesicht,
Dem Ferdinand gefiel es nicht.
Schlapp! schlug er Fritzen an das Ohr,
Daß er die Zippelmütz verlor.

Der Fritz, der dies verdrießlich fand,
Haut wiederum den Ferdinand;
Und jetzt entsteht ein Handgemenge,
Sehr schmerzlich und von großer Länge. –

So geht durch wesenlose Träume
Gar oft die Freundschaft aus dem Leime.

*

Er stellt sich vor sein Spiegelglas
Und arrangiert noch dies und das.
Er dreht hinaus des Bartes Spitzen,
Sieht zu, wie seine Ringe blitzen,
Probiert auch mal, wie sich das macht,
Wenn er so herzgewinnend lacht,
Übt seines Auges Zauberkraft,
Legt die Krawatte musterhaft,
Wirft einen süßen Scheideblick
Auf sein geliebtes Bild zurück,
Geht dann hinaus zur Promenade,
Umschwebt vom Dufte der Pomade,
Und ärgert sich als wie ein Stint,
Daß andre Leute eitel sind.

*

Wenn alles sitzen bliebe,
Was wir in Haß und Liebe
So voneinander schwatzen;
Wenn Lügen Haare wären,
Wir wären rauh wie Bären
Und hätten keine Glatzen.

Ein dicker Sack – den Bauer Bolte,
Der ihn zur Mühle tragen wollte,
Um auszuruhn, mal hingestellt
Dicht bei ein reifes Ährenfeld –
Legt sich in würdevolle Falten
Und fängt 'ne Rede an zu halten.

Ich, sprach er, bin der volle Sack.
Ihr Ähren seid nur dünnes Pack.
Ich bin's, der euch auf dieser Welt
In Einigkeit zusammenhält.
Ich bin's, der hoch vonnöten ist,
Daß euch das Federvieh nicht frißt;
Ich, dessen hohe Fassungskraft
Euch schließlich in die Mühle schafft.
Verneigt euch tief, denn ich bin Der!
Was wäret ihr, wenn ich nicht wär?

Sanft rauschen die Ähren:
Du wärst ein leerer Schlauch, wenn wir
nicht wären.

*

Wirklich, er war unentbehrlich!
Überall, wo was geschah
Zu dem Wohle der Gemeinde,
Er war tätig, er war da.

Schützenfest, Kasinobälle,
Pferderennen, Preisgericht,
Liedertafel, Spritzenprobe,
Ohne ihn da ging es nicht.

Ohne ihn war nichts zu machen,
Keine Stunde hatt er frei.
Gestern, als sie ihn begruben,
War er richtig auch dabei.

*

Sehr tadelnswert ist unser Tun,
Wir sind nicht brav und bieder. –
Gesetzt den Fall, es käme nun
Die Sündflut noch mal wieder:

Das wär ein Zappeln und Geschreck!
Wir tauchten alle unter;
Dann kröchen wir wieder aus dem Dreck
Und wären, wie sonst, recht munter.

*

Was ist die alte Mamsell Schmöle
Für eine liebe, treue Seele!

Sie spricht zu ihrer Dienerin:
Ach, Rieke, geh Sie da nicht hin!
Was will Sie da im goldnen Löben
Heut abend auf und nieder schweben?
Denn wedelt nicht bei Spiel und Tanz
Der Teufel fröhlich mit dem Schwanz?
Und überhaupt, was ist es nütz?
Sie quält sich ab, Sie kommt in Schwitz,
Sie geht hinaus, erkältet sich
Und hustet dann ganz fürchterlich.

Drum bleibe Sie bei mir nur lieber!
Und, Rieke, geh Sie mal hinüber
Und hole Sie von Kaufmann Fräse
Ein Viertel guten Schweizerkäse,
Und sei Sie aber ja ja ja
Gleich zur Minute wieder da!

So ist die gute Mamsell Schmöle
Besorgt für Riekens Heil der Seele.
Ja später noch, in stiller Nacht,
Ist sie auf diesen Zweck bedacht
Und schleicht an Riekens Kammertür
Und schaut, ob auch die Rieke hier,
Und ob sie auch in Frieden ruht
Und daß ihr ja nicht wer was tut,
Was sich nun einmal nicht gehört,
Was gottlos und beneidenswert.

*

Es wird mit Recht ein guter Braten
Gerechnet zu den guten Taten;
Und daß man ihn gehörig mache,
Ist weibliche Charaktersache.

Ein braves Mädchen braucht dazu
Mal erstens reine Seelenruh,
Daß bei Verwendung der Gewürze
Sie sich nicht hastig überstürze.

Dann, zweitens, braucht sie Sinnigkeit,
Ja, sozusagen, Innigkeit,
Damit sie alles appetitlich,

Bald so, bald so und recht gemütlich
Begießen, drehn und wenden könne,
Daß an der Sache nichts verbrenne.

In Summa braucht sie Herzensgüte,
Ein sanftes Sorgen im Gemüte,
Fast etwas Liebe insofern
Für all die hübschen, edlen Herrn,
Die diesen Braten essen sollen
Und immer gern was Gutes wollen.

Ich weiß, daß hier ein jeder spricht:
Ein böses Mädchen kann es nicht.

Drum hab ich mir auch stets gedacht
Zu Haus und anderwärts:

Wer einen guten Braten macht,
Hat auch ein gutes Herz.

*

Ihr kennt ihn doch schon manches Jahr,
Wißt, was es für ein Vogel war;
Wie er in allen Gartenräumen
Herumgeflattert auf den Bäumen;
Wie er die hübschen roten Beeren,
Die andern Leuten zugehören,
Mit seinem Schnabel angepickt
Und sich ganz lasterhaft erquickt.

Nun hat sich dieser böse Näscher,
Gardinenschleicher, Mädchenhäscher,

Der manchen Biedermann gequält,
Am Ende selber noch vermählt.
Nun legt er seine Stirn in Falten,
Fängt eine Predigt an zu halten
Und möchte uns von Tugend schwatzen.

Ei, so ein alter Schlingel! Kaum
Hat er 'nen eignen Kirschenbaum,
So schimpft er auf die Spatzen.

*

Ferne Berge seh ich glühen!
Unruhvoller Wandersinn!
Morgen will ich weiterziehen,
Weiß der Teufel, wohin?

Ja ich will mich nur bereiten,
Will – was hält mich nur zurück?
Nichts wie dumme Kleinigkeiten!
Zum Exempel, dein Blick!

*

Es ging der fromme Herr Kaplan,
Nachdem er bereits viel Gutes getan,
In stiller Betrachtung der schönen Natur
Einst zur Erholung durch die Flur.

Und als er kam an den Waldessaum,
Da rief der Kuckuck lustig vom Baum:

Wünsch guten Abend, Herr Kollege!
Der Storch dagegen, nicht weit vom Wege,
Steigt in der Wiese auf und ab
Und spricht verdrießlich: Plapperapapp!
Gäb's lauter Pfaffen lobesam,
Ich wäre längst schon flügellahm!

Man sieht, daß selbst der frömmste Mann
Nicht allen Leuten gefallen kann.

*

Ach, wie geht's dem Heilgen Vater!
Groß und schwer sind seine Lasten,
Drum, o Joseph, trag den Gulden
In Sankt Peters Sammelkasten!

So sprach im Seelentrauerton
Die Mutter zu dem frommen Sohn.

Der Joseph, nach empfangner Summe,
Eilt auch sogleich ums Eck herumme,
Bis er das Tor des Hauses fand,
Wo eines Bockes Bildnis stand,
Was man dahin gemalt mit Fleiß
Zum Zeichen, daß hier Bockverschleiß.

Allhier in einen kühlen Hof
Setzt sich der Josef hin und sof;
Und aß dazu, je nach Bedarf,
Die gute Wurst, den Radi scharf,
Bis er, was nicht gar lange währt,
Sankt Peters Gulden aufgezehrt.

Nun wird's ihm trauriglich zu Sinn
Und stille singt er vor sich hin:

Ach der Tugend schöne Werke,
Gerne möcht ich sie erwischen,
Doch ich merke, doch ich merke,
Immer kommt mir was dazwischen.

*

Es stand vor eines Hauses Tor
Ein Esel mit gespitztem Ohr,
Der käute sich sein Bündel Heu
Gedankenvoll und still entzwei. –
Nun kommen da und bleiben stehn
Der naseweisen Buben zween,
Die auch sogleich, indem sie lachen,
Verhaßte Redensarten machen,
Womit man denn bezwecken wollte,
Daß sich der Esel ärgern sollte. –

Doch dieser hocherfahrne Greis
Beschrieb nur einen halben Kreis,
Verhielt sich stumm und zeigte itzt
Die Seite, wo der Wedel sitzt.

*

Wer möchte diesen Erdenball
Noch fernerhin betreten,
Wenn wir Bewohner überall
Die Wahrheit sagen täten.

Ihr hießet uns, wir hießen euch
Spitzbuben und Halunken,
Wir sagten uns fatales Zeug
Noch eh wir uns betrunken.

Und überall im weiten Land,
Als langbewährtes Mittel,
Entsproßte aus der Menschenhand
Der treue Knotenknittel.

Da lob ich mir die Höflichkeit,
Das zierliche Betrügen.
Du weißt Bescheid, ich weiß Bescheid;
Und allen macht's Vergnügen.

*

Ich wußte, sie ist in der Küchen,
Ich bin ihr leise nachgeschlichen.
Ich wollt ihr ewge Treue schwören
Und fragen, willst du mir gehören?

Auf einmal aber stutzte ich.
Sie kramte zwischen dem Gewürze;
Dann schneuzte sie und putzte sich
Die Nase mit der Schürze.

*

Die erste alte Tante sprach:
Wir müssen nun auch dran denken,
Was wir zu ihrem Namenstag
Dem guten Sophiechen schenken.

Drauf sprach die zweite Tante kühn:
Ich schlage vor, wir entscheiden
Uns für ein Kleid in Erbsengrün,
Das mag Sophiechen nicht leiden.

Der dritten Tante war das recht:
Ja, sprach sie, mit gelben Ranken!
Ich weiß, sie ärgert sich nicht schlecht
Und muß sich auch noch bedanken.

*

Da kommt mir eben so ein Freund
Mit einem großen Zwicker.
Ei, ruft er, Freundchen, wie mir scheint,
Sie werden immer dicker.

Ja ja, man weiß oft selbst nicht wie,
So kommt man in die Jahre;
Pardon, mein Schatz, hier haben Sie
Schon eins, zwei graue Haare!

Hinaus, verdammter Kritikus,
Sonst schmeiß ich dich in Scherben.
Du Schlingel willst mir den Genuß
Der Gegenwart verderben!

*

Der alte Förster Püsterich
Der ging nach langer Pause
Mal wieder auf den Schnepfenstrich
Und brachte auch eine nach Hause.

Als er sie nun gebraten hätt,
Da tät ihn was verdreußen;
Das Tierlein roch wie sonst so nett,
Nur konnt er's nicht recht mehr beißen.

Ach ja! so seufzt er wehgemut
Und wischt sich ab die Träne,
Die Nase wär so weit noch gut,
Nur bloß, es fehlen die Zähne.

*

Kinder, lasset uns besingen,
Aber ohne allen Neid,
Onkel Kaspers rote Nase,
Die uns schon so oft erfreut.

Einst ward sie als zarte Pflanze
Ihm von der Natur geschenkt;
Fleißig hat er sie begossen,
Sie mit Wein und Schnaps getränkt.

Bald bemerkte er mit Freuden,
Daß die junge Knospe schwoll,
Bis es eine Rose wurde,
Dunkelrot und wundervoll.

Alle Rosen haben Dornen,
Diese Rose hat sie nicht,
Hat nur so ein Büschel Haare,
Welches keinen Menschen sticht.

Ihrem Kelch entströmen süße
Wohlgerüche, mit Verlaub:
Aus der wohlbekannten Dose
Schöpft sie ihren Blütenstaub.

Oft an einem frischen Morgen
Zeigt sie uns ein duftig Blau,
Und an ihrem Herzensblatte
Blinkt ein Tröpflein Perlentau.

Wenn die andern Blumen welken,
Wenn's im Winter rauh und kalt,
Dann hat diese Wunderrose
Erst die rechte Wohlgestalt.

Drum zu ihrem Preis und Ruhme
Singen wir dies schöne Lied.
Vivat Onkel Kaspers Nase,
Die zu allen Zeiten blüht!

*

Früher, da ich unerfahren
Und bescheidner war als heute,
Hatten meine höchste Achtung
Andre Leute.

Später traf ich auf der Weide
Außer mir noch mehre Kälber,
Und nun schätz ich, sozusagen,
Erst mich selber.

Es saß in meiner Knabenzeit
Ein Fräulein jung und frisch
Im ausgeschnittnen grünen Kleid
Mir vis-à-vis bei Tisch.

Und wie's denn so mit Kindern geht,
Sehr frömmig sind sie nie,
Ach, dacht ich oft beim Tischgebet,
Wie schön ist doch Marie!

*

Die Tante winkt, die Tante lacht:
He, Fritz, komm mal herein!
Sieh, welch ein hübsches Brüderlein
Der gute Storch in letzter Nacht
Ganz heimlich der Mama gebracht.
Ei ja, das wird dich freun!

Der Fritz, der sagte kurz und grob:
Ich hol 'n dicken Stein
Und schmeiß ihn an den Kopp!

*

Es sprach der Fritz zu dem Papa:
Was sie nur wieder hat?
Noch gestern sagte mir Mama:
Du fährst mit in die Stadt.

Ich hatte mich schon so gefreut
Und war so voll Pläsier.

Nun soll ich doch nicht mit, denn heut
Da heißt es: Fritz bleibt hier!

Der Vater saß im Sorgensitz.
Er sagte ernst und still:
Trau Langhals nicht, mein lieber Fritz,
Der hustet, wann er will!

*

Was soll ich nur von eurer Liebe glauben?
Was kriecht ihr immer so in dunkle Lauben?
Wozu das ewge Flüstern und Gemunkel?
Das scheinen höchst verdächtige Geschichten.
Und selbst die besten ehelichen Pflichten,
Von allem Tun die schönste Tätigkeit,
In Tempeln von des Priesters Hand geweiht,
Ihr hüllt sie in ein schuldbewußtes Dunkel.

*

Du willst sie nie und nie mehr wiedersehen?
Besinne dich, mein Herz, noch ist es Zeit.
Sie war so lieb. Verzeih, was auch geschehen.
Sonst nimmt dich wohl beim Wort die Ewigkeit
Und zwingt dich mit Gewalt zum Weitergehen
Ins öde Reich der Allvergessenheit.
Du rufst und rufst; vergebens sind die Worte;
Ins feste Schloß dumpfdröhnend schlägt die
    Pforte.

Ich hab in einem alten Buch gelesen
Von einem Jüngling, welcher schlimm gewesen.
Er streut sein Hab und Gut in alle Winde.
Von Lust zu Lüsten und von Sünd zu Sünde,
In tollem Drang, in schrankenlosem Streben
Spornt er sein Roß hinein ins wilde Leben,
Bis ihn ein jäher Sturz vom Felsenrand
Dahingestreckt in Sand und Sonnenbrand,
Daß Ströme Bluts aus seinem Munde dringen
Und jede Hoffnung fast erloschen ist.

Ich aber hoffe – sagt hier der Chronist –
Die Gnade leiht dem Jüngling ihre Schwingen.

Im selben Buche hab ich auch gelesen
Von einem Manne, der honett gewesen.
Es war ein Mann, den die Gemeinde ehrte,
Der so von sechs bis acht sein Schöppchen leerte,
Der aus Prinzip nie einem etwas borgte,
Der emsig nur für Frau und Kinder sorgte;
Dazu ein propper Mann, der nie geflucht,
Der seine Kirche musterhaft besucht.
Kurzum, er hielt sein Rößlein stramm im Zügel
Und war, wie man so sagt, ein guter Christ.

Ich fürchte nur – bemerkt hier der Chronist –
Dem Biedermanne wachsen keine Flügel.

Zwischen diesen zwei gescheiten
Mädchen, Anna und Dorette,
Ist zu allen Tageszeiten
Doch ein ewiges Gekrette.

Noch dazu um Kleinigkeiten. –
Gestern gingen sie zu Bette,
Und sie fingen an zu streiten,
Wer die dicksten Waden hätte.

*

Es flog einmal ein muntres Fliegel
Zu einem vollen Honigtiegel.
Da tunkt es mit Zufriedenheit
Den Rüssel in die Süßigkeit.
Nachdem es dann genug geschleckt,
Hat es die Flüglein ausgereckt
Und möchte sich nach oben schwingen.
Allein das Bein im Honigseim
Sitzt fest als wie in Vogelleim.
Nun fängt das Fliegel an zu singen:
Ach lieber Himmel mach mich frei
Aus dieser süßen Sklaverei!

Ein Freund von mir, der dieses sah,
Der seufzte tief und rief: Ja ja!

*

Die Liebe war nicht geringe.
Sie wurden ordentlich blaß;
Sie sagten sich tausend Dinge
Und wußten noch immer was.

Sie mußten sich lange quälen,
Doch schließlich kam's dazu,
Daß sie sich konnten vermählen.
Jetzt haben die Seelen Ruh.

Bei eines Strumpfes Bereitung
Sitzt sie im Morgenhabit;
Er liest in der Kölnischen Zeitung
Und teilt ihr das Nötige mit.

*

Selig sind die Auserwählten,
Die sich liebten und vermählten;
Denn sie tragen hübsche Früchte.
Und so wuchert die Geschichte
Sichtbarlich von Ort zu Ort.
Doch die braven Junggesellen,
Jungfern ohne Ehestellen,
Welche ohne Leibeserben
So als Blattgewächse sterben,
Pflanzen sich durch Knollen fort.

*

Es saß ein Fuchs im Walde tief.
Da schrieb ihm der Bauer einen Brief:

So und so, und er sollte nur kommen,
's wär alles verziehn, was übelgenommen.
Der Hahn, die Hühner und Gänse ließen
Ihn alle zusammen auch vielmals grüßen.

Und wann ihn denn erwarten sollte
Sein guter, treuer Krischan Bolte.

Drauf schrieb der Fuchs mit Gänseblut:
Kann nicht gut.
Meine Alte mal wieder
Gekommen nieder!
Im übrigen von ganzer Seele
Dein Fuchs in der Höhle.

*

Gott ja, was gibt es doch für Narren!
Ein Bauer schneidet sich 'n Knarren
Vom trocknen Brot und kaut und kaut.
Dabei hat er hinaufgeschaut
Nach einer Wurst, die still und heiter
Im Rauche schwebt, dicht bei der Leiter.
Er denkt mit heimlichem Vergnügen:
Wenn ick man woll, ick könn di kriegen!

*

Sie stritten sich beim Wein herum,
Was das nun wieder wäre;
Das mit dem Darwin wär gar zu dumm
Und wider die menschliche Ehre.

Sie tranken manchen Humpen aus,
Sie stolperten aus den Türen,
Sie grunzten vernehmlich und kamen zu Haus
Gekrochen auf allen vieren.

Ach, ich fühl es! Keine Tugend
Ist so recht nach meinem Sinn;
Stets befind ich mich am wohlsten,
Wenn ich damit fertig bin.

Dahingegen so ein Laster,
Ja, das macht mir viel Pläsier;
Und ich hab die hübschen Sachen
Lieber vor als hinter mir.

*

Das Bild des Manns in nackter Jugendkraft,
So stolz in Ruhe und bewegt so edel,
Wohl ist's ein Anblick, der Bewundrung schafft;
Drum Licht herbei! Und merke dir's, o Schädel!

Jedoch ein Weib, ein unverhülltes Weib –
Da wird dir's doch ganz anders, alter Junge.
Bewundrung zieht sich durch den ganzen Leib
Und greift mit Wonneschreck an Herz und Lunge.

Und plötzlich jagt das losgelaßne Blut
Durch alle Gassen, wie die Feuerreiter.
Der ganze Kerl ist *eine* helle Glut;
Er sieht nichts mehr und tappt nur noch so weiter.

*

Ich sah dich gern im Sonnenschein,
Wenn laut die Vöglein sangen,
Wenn durch die Wangen und Lippen dein
Rosig die Strahlen drangen.

Ich sah dich auch gern im Mondenlicht
Beim Dufte der Jasminen,
Wenn mir dein freundlich Angesicht
So silberbleich erschienen.

Doch, Mädchen, gern hätt ich dich auch,
Wenn ich dich gar nicht sähe,
Und fühlte nur deines Mundes Hauch
In himmlisch warmer Nähe.

*

Wenn ich dereinst ganz alt und schwach,
Und 's ist mal ein milder Sommertag,
So hink ich wohl aus dem kleinen Haus
Bis unter den Lindenbaum hinaus.
Da setz ich mich denn im Sonnenschein
Einsam und still auf die Bank von Stein,
Denk an vergangene Zeiten zurücke
Und schreibe mit meiner alten Krücke
Und mit der alten zitternden Hand

Bertha

           so vor mir in den Sand.

*

Ich weiß noch, wie er in der Juppe
Als rauhbehaarte Bärenpuppe
Vor seinem vollen Humpen saß

Und hoch und heilig sich vermaß,
Nichts ginge über rechten Durst,
Und Lieb und Ehr wär gänzlich Wurst.

Darauf verging nicht lange Zeit,
Da sah ich ihn voll Seligkeit,
Gar schön gebürstet und gekämmt,
Im neuen Frack und reinen Hemd,
Aus Sankt Micheli Kirche kommen,
Allwo er sich ein Weib genommen.

Nun ist auch wohl, so wie mir scheint,
Die Zeit nicht ferne, wo er meint,
Daß so ein kleines Endchen Ehr
Im Knopfloch gar nicht übel wär.

*

Sahst du das wunderbare Bild von Brouwer?
Es zieht dich an, wie ein Magnet.
Du lächelst wohl, derweil ein Schreckensschauer
Durch deine Wirbelsäule geht.

Ein kühler Dokter öffnet einem Manne
Die Schwäre hinten im Genick;
Daneben steht ein Weib mit einer Kanne,
Vertieft in dieses Mißgeschick.

Ja, alter Freund, wir haben unsre Schwäre
Meist hinten. Und voll Seelenruh
Drückt sie ein andrer auf. Es rinnt die Zähre,
Und fremde Leute sehen zu.

Sie hat nichts und du desgleichen;
Dennoch wollt ihr, wie ich sehe,
Zu dem Bund der heilgen Ehe
Euch bereits die Hände reichen.

Kinder, seid ihr denn bei Sinnen?
Überlegt euch das Kapitel!
Ohne die gehörgen Mittel
Soll man keinen Krieg beginnen.

*

Denkst du dieses alte Spiel
Immer wieder aufzuführen?
Willst du denn mein Mitgefühl
Stets durch Tränen ausprobieren?

Oder möchtest du vielleicht
Mir des Tanzes Lust versalzen?
Früher hast du's oft erreicht;
Heute werd ich weiterwalzen.

*

Der alte Junge ist gottlob
Noch immer äußerst rührig;
Er läßt nicht nach, er tut als ob,
Wenn schon die Sache schwierig.

Wie wonnig trägt er Bart und Haar,
Wie blinkt der enge Stiefel.
Und bei den Damen ist er gar
Ein rechter böser Schliefel.

Beschließt er dann des Tages Lauf,
So darf er sich verpusten,
Setzt seine Zipfelkappe auf
Und muß ganz schrecklich husten.

*

Also hat es dir gefallen
Hier in dieser schönen Welt;
So daß das Vondannenwallen
Dir nicht sonderlich gefällt.

Laß dich das doch nicht verdrießen.
Wenn du wirklich willst und meinst,
Wirst du wieder aufersprießen;
Nur nicht ganz genau wie einst.

Aber, Alter, das bedenke,
Daß es hier noch manches gibt,
Zum Exempel Gicht und Ränke,
Was im ganzen unbeliebt.

*

Du warst noch so ein kleines Mädchen
Von acht, neun Jahren ungefähr,
Da fragtest du mich vertraut und wichtig:
Wo kommen die kleinen Kinder her?

Als ich nach Jahren dich besuchte,
Da warst du schon über den Fall belehrt,
Du hattest die alte vertrauliche Frage
Hübsch praktisch gelöst und aufgeklärt.

Und wieder ist die Zeit vergangen.
Hohl ist der Zahn und ernst der Sinn.
Nun kommt die zweite wichtige Frage:
Wo gehen die alten Leute hin?

Madam, ich habe mal vernommen,
Ich weiß nicht mehr so recht von wem:
Die praktische Lösung dieser Frage
Sei eigentlich recht unbequem.

*

Er war ein grundgescheiter Mann,
Sehr weise und hocherfahren;
Er trug ein graumeliertes Haar,
Dieweil er schon ziemlich bei Jahren.

Er war ein abgesagter Feind
Des Lachens und des Scherzens
Und war doch der größte Narr am Hof
Der Königin seines Herzens.

*

Hoch verehr ich ohne Frage
Dieses gute Frauenzimmer.
Seit dem segensreichen Tage,
Da ich sie zuerst erblickt,
Hat mich immer hoch entzückt
Ihre rosenfrische Jugend,
Ihre Sittsamkeit und Tugend

Und die herrlichen Talente.
Aber dennoch denk ich immer,
Daß es auch nicht schaden könnte,
Wäre sie ein bissel schlimmer.

*

Es hatt ein Müller eine Mühl
An einem Wasser kühle;
Da kamen hübscher Mädchen viel
Zu mahlen in der Mühle.

Ein armes Mädel war darunt,
Zählt sechzehn Jahre eben;
Allwo es ging, allwo es stund,
Der Müller stund daneben.

Er schenkt ein Ringlein ihr von Gold,
Daß er in allen Ehren
Sie ewig immer lieben wollt;
Da ließ sie sich betören.

Der Müller, der war falsch von Sinn:
Wenn ich mich tu vermählen,
So will ich mir als Müllerin
Wohl eine Reiche wählen.

Da 's arme Mädel das vernahm,
Wird's blaß und immer blasser
Und redt nit mehr und ging und kam
Und sprang ins tiefe Wasser. –

Der Müller kümmert sich nicht viel,
Tät Hochzeitleut bestellen
Und führt mit Sang und Saitenspiel
'ne andre zur Kapellen.

Doch als man auf die Brücke kam,
Fängt's Wasser an zu wogen
Und zischt und rauscht verwundersam
Herauf bis an den Bogen.

Die weiße Wassernixe stand
Auf schaumgekrönter Welle;
Sie hält in ihrer weißen Hand
Von Gold ein Ringlein helle.

Du Falscher, deine Zeit ist aus!
Bereite dich geschwinde!
Dich ruft hinab ins kalte Haus
Die Mutter mit dem Kinde.

*

Wärst du ein Bächlein, ich ein Bach,
So eilt ich dir geschwinde nach.
Und wenn ich dich gefunden hätt
In deinem Blumenuferbett:
Wie wollt ich mich in dich ergießen
Und ganz mit dir zusammenfließen,
Du vielgeliebtes Mädchen du!
Dann strömten wir bei Nacht und Tage
Vereint in süßem Wellenschlage
Dem Meere zu.

Mein kleinster Fehler ist der Neid. –
Aufrichtigkeit, Bescheidenheit,
Dienstfertigkeit und Frömmigkeit,
Obschon es herrlich schöne Gaben,
Die gönn ich allen, die sie haben.

Nur wenn ich sehe, daß der Schlechte
Das kriegt, was ich gern selber möchte;
Nur wenn ich leider in der Nähe
So viele böse Menschen sehe,
Und wenn ich dann so oft bemerke,
Wie sie durch sittenlose Werke
Den lasterhaften Leib ergötzen,
Das freilich tut mich tief verletzen.

Sonst, wie gesagt, bin ich hienieden
Gottlobunddank so recht zufrieden.

*

Strebst du nach des Himmels Freude
Und du weißt's nicht anzufassen,
Sieh nur, was die andern Leute
Mit Vergnügen liegen lassen.

Dicke Steine, altes Eisen
Und mit Sand gefüllte Säcke
Sind den meisten, welche reisen,
Ein entbehrliches Gepäcke.

Laß sie laufen, laß sie rennen;
Nimm, was bleibt, zu deinem Teile.
Nur, was sie dir herzlich gönnen,
Dient zu deinem ewgen Heile.

Wenn mir mal ein Malheur passiert,
Ich weiß, so bist du sehr gerührt.
Du denkst, es wäre doch fatal,
Passierte dir das auch einmal.
Doch weil das böse Schmerzensding
Zum Glück an dir vorüberging,
So ist die Sache anderseits
Für dich nicht ohne allen Reiz.
Du merkst, daß die Bedaurerei
So eine Art von Wonne sei.

*

Als er noch krause Locken trug,
War alles ihm zu dumm,
Stolziert daher und trank und schlug
Sich mit den Leuten herum.

Die hübschen Weiber schienen ihm
Ein recht beliebtes Spiel;
An Seraphim und Cherubim
Glaubt er nicht sonderlich viel.

Jetzt glaubt er, was der Pater glaubt,
Blickt nur noch niederwärts,
Hat etwas Haar am Hinterhaupt
Und ein verprömmeltes Herz.

*

Gestern war in meiner Mütze
Mir mal wieder was nicht recht;
Die Natur schien mir nichts nütze
Und der Mensch erbärmlich schlecht.

Meine Ehgemahlin hab ich
Ganz gehörig angeplärrt,
Drauf aus purem Zorn begab ich
Mich ins Symphoniekonzert.

Doch auch dies war nicht so labend,
Wie ich eigentlich gedacht,
Weil man da den ganzen Abend
Wieder mal Musik gemacht.

*

Gerne wollt ihr Gutes gönnen
Unserm Goethe, unserm Schiller,
Nur nicht Meier oder Müller,
Die noch selber lieben können.

Denn durch eure Männerleiber
Geht ein Konkurrenzgetriebe;
Sei es Ehre, sei es Liebe;
Doch dahinter stecken Weiber.

*

Wie schad, daß ich kein Pfaffe bin.
Das wäre so mein Fach.
Ich bummelte durchs Leben hin
Und dächt nicht weiter nach.

Mich plagte nicht des Grübelns Qual,
Der dumme Seelenzwist,
Ich wüßte ein für allemal,
Was an der Sache ist.

Und weil mich denn kein Teufel stört,
So schlief ich recht gesund,
Wär wohlgenährt und hochverehrt
Und würde kugelrund.

Käm dann die böse Fastenzeit,
So wär ich fest dabei,
Bis ich mich elend abkasteit
Mit Lachs und Hühnerei.

Und dich, du süßes Mägdelein,
Das gern zur Beichte geht,
Dich nähm ich dann so ganz allein
Gehörig ins Gebet.

*

Sie war ein Blümlein hübsch und fein,
Hell aufgeblüht im Sonnenschein.
Er war ein junger Schmetterling,
Der selig an der Blume hing.

Oft kam ein Bienlein mit Gebrumm
Und nascht und säuselt da herum.
Oft kroch ein Käfer kribbelkrab
Am hübschen Blümlein auf und ab.
Ach Gott, wie das dem Schmetterling
So schmerzlich durch die Seele ging.

Doch was am meisten ihn entsetzt,
Das Allerschlimmste kam zuletzt.
Ein alter Esel fraß die ganze
Von ihm so heiß geliebte Pflanze.

Ich saß vergnüglich bei dem Wein
Und schenkte eben wieder ein.
Auf einmal fuhr mir in die Zeh
Ein sonderbar pikantes Weh.
Ich schob mein Glas sogleich beiseit
Und hinkte in die Einsamkeit
Und wußte, was ich nicht gewußt:
Der Schmerz ist Herr und Sklavin ist die Lust.

*

Wärst du wirklich so ein rechter
Und wahrhaftiger Asket,
So ein Welt- und Kostverächter,
Der bis an die Wurzel geht;

Dem des Goldes freundlich Blinken,
Dem die Liebe eine Last,
Der das Essen und das Trinken,
Der des Ruhmes Kränze haßt –

Das Gekratze und Gejucke,
Aller Jammer hörte auf;
Kracks! mit einem einzgen Rucke
Hemmtest du den Weltenlauf.

*

Du hast das schöne Paradies verlassen,
Tratst ein in dieses Labyrinthes Gassen,
Verlockt von lieblich winkenden Gestalten,
Die Schale dir und Kranz entgegenhalten;
Und unaufhaltsam zieht's dich weit und weiter.

Wohl ist ein leises Ahnen dein Begleiter,
Ein heimlich Graun, daß diese süßen Freuden
Dich Schritt um Schritt von deiner Heimat scheiden,
Daß Irren Sünde, Heimweh dein Gewissen;
Doch ach umsonst! Der Faden ist zerrissen.
Hohläugig faßt der Schmerz dich an und warnt,
Du willst zurück, die Seele ist umgarnt.
Vergebens steht ob deinem Haupt der Stern.
Einsam, gefangen, von der Heimat fern,
Ein Sklave, starrst du in des Stromes Lauf
Und hängst an Weiden deine Harfe auf.

Nun fährst du wohl empor, wenn so zuzeiten
Im stillen Mondeslichte durch die Saiten
Ein leises, wehmutsvolles Klagen geht
Von einem Hauch, der aus der Heimat weht.

*

Seid mir nur nicht gar zu traurig,
Daß die schöne Zeit entflieht,
Daß die Welle kühl und schaurig
Uns in ihre Wirbel zieht;

Daß des Herzens süße Regung,
Daß der Liebe Hochgenuß,
Jene himmlische Bewegung,
Sich zur Ruh begeben muß.

Laßt uns lieben, singen, trinken,
Und wir pfeifen auf die Zeit;
Selbst ein leises Augenwinken
Zuckt durch alle Ewigkeit.

Nun, da die Frühlingsblumen wieder blühen,
In milder Luft die weißen Wolken ziehen,
Denk ich mit Wehmut deiner Lieb und Güte,
Du süßes Mädchen, das so früh verblühte.

Du liebtest nicht der Feste Lärm und Gaffen,
Erwähltest dir daheim ein stilles Schaffen,
Die Sorge und Geduld, das Dienen, Geben,
Ein inniglüches Nurfürandreleben.
So teiltest du in deines Vaters Haus
Den Himmelsfrieden deiner Seele aus.

Bald aber kamen schwere, schwere Zeiten.
Wir mußten dir die Lagerstatt bereiten;
Wir sahn, wie deine lieben Wangen bleichten,
Sahn deiner Augen wundersames Leuchten;
Wir weinten in der Stille, denn wir wußten,
Daß wir nun bald auf ewig scheiden mußten.

Du klagtest nicht. Voll Milde und Erbarmen
Gedachtest du der bittren Not der Armen,
Gabst ihnen deine ganze kleine Habe
Und seufztest tief, daß so gering die Gabe.

Es war die letzte Nacht und nah das Ende;
Wir küßten dir die zarten, weißen Hände;
Du sprachst, lebt wohl, in deiner stillen Weise,
Und: oh, die schönen Blumen! riefst du leise.

Dann war's vorbei. Die großen Augensterne,
Weit, unbeweglich, starrten in die Ferne,
Indes um deine Lippen, halbgeschlossen,

Ein kindlichernstes Lächeln ausgegossen.
So lagst du da, als hättest du entzückt
Und staunend eine neue Welt erblickt.

Wo bist du nun, du süßes Kind, geblieben?
Bist du ein Bild im Denken deiner Lieben?
Hast du die weißen Schwingen ausgebreitet
Und zogst hinauf von Engelshand geleitet
Zu jener Gottesstadt im Paradiese,
Wo auf der heiligstillen Blütenwiese
Fernher in feierlichem Zug die Frommen
Anbetend zu dem Bild des Lammes kommen?

Wo du auch seist; im Herzen bleibst du mein.
Was Gutes in mir lebt, dein ist's allein.

*

Ich weiß ein Märchen hübsch und tief.
Ein Hirtenknabe lag und schlief.
Da sprang heraus aus seinem Mund
Ein Mäuslein auf den Heidegrund.
Das weiße Mäuslein lief sogleich
Nach einem Pferdeschädel bleich,
Der da schon manchen lieben Tag
In Sonnenschein und Regen lag.
Husch! ist das kleine Mäuslein drin,
Läuft hin und her und her und hin,
Besieht sich all die leeren Fächer,
Schaut listig durch die Augenlöcher
Und raschelt so die Kreuz und Quer
Im alten Pferdekopf umher. –

Auf einmal kommt 'ne alte Kuh,
Stellt sich da hin und macht Hamuh!
Das Mäuslein, welches sehr erschreckt,
Daß da auf einmal wer so blöckt,
Springt, hutschi, übern Heidegrund
Und wieder in des Knaben Mund. –

Der Knab erwacht und seufzte: Oh,
Wie war ich doch im Traum so froh!
Ich ging in einen Wald hinaus,
Da kam ich vor ein hohes Haus,
Das war ein Schloß von Marmelstein.
Ich ging in dieses Schloß hinein.
Im Schloß sah ich ein Mädchen stehn,
Das war Prinzessin Wunderschön.
Sie lächelt freundlich und bekannt,
Sie reicht mir ihre weiße Hand,
Sie spricht: Schau her, ich habe Geld,
Und mir gehört die halbe Welt;
Ich liebe dich nur ganz allein,
Du sollst mein Herr und König sein. –
Und wie ich fall in ihren Schoß,
Ratuh! kommt ein Trompetenstoß.
Und weg ist Liebchen, Schloß und alles
Infolge des Trompetenschalles.

*

O du, die mir die Liebste war,
Du schläfst nun schon so manches Jahr.
So manches Jahr, da ich allein,
Du gutes Herz, gedenk ich dein.

Gedenk ich dein, von Nacht umhüllt,
So tritt zu mir dein treues Bild.
Dein treues Bild, was ich auch tu,
Es winkt mir ab, es winkt mir zu.

Und scheint mein Wort dir gar zu kühn,
Nicht gut mein Tun,
Du hast mir einst so oft verziehn,
Verzeih auch nun.

Eduards Traum

Manche Menschen haben es leider so an sich, daß sie uns gern ihre Träume erzählen, die doch meist nichts weiter sind, als die zweifelhaften Belustigungen in der Kinder- und Bedientenstube des Gehirns, nachdem der Vater und Hausherr zu Bette gegangen. Aber «Alle Menschen, ausgenommen die Damen», spricht der Weise, «sind mangelhaft!»

Dies möge uns ein pädagogischer Wink sein. Denn da wir insoweit alle nicht nur viele große Tugenden besitzen, sondern zugleich einige kleine Mängel, wodurch andere belästigt werden, so dürften wir vielleicht Grund haben zur Nachsicht gegen einen Mitbruder, der sich in ähnlicher Lage befindet.

Auch Freund Eduard, so gut er sonst war, hub an, wie folgt:

Die Uhr schlug zehn. Unser kleiner Emil war längst zu Bett gebracht. Elise erhob sich, gab mir einen Kuß und sprach:

«Gute Nacht, Eduard! Komm bald nach!» Jedoch erst so gegen zwölf, nachdem ich, wie gewohnt, noch behaglich grübelnd ein wenig an den Grenzen des Unfaßbaren herumgeduselt, tat ich den letzten Zug aus dem Stummel der Havanna, nahm den letzten Schluck meines Abendtrunkes zu mir, stand auf, gähnte vernehmlich, denn ich war allein, und ging gleichfalls zur Ruhe.

Eine Weile noch, als ich dies getan, starrt ich, auf der linken Seite liegend, ins Licht der Kerze. Mit dem Schlage zwölf pustete ich's aus und legte mich auf den Rücken. Vor meinem inneren Auge, wie auf einem gewimmelten Tapetengrunde, stand das Bild der Flamme, die ich soeben gelöscht hatte. Ich betrachtete sie fest und aufmerksam. Und nun, ich weiß nicht wie, passierte mir etwas Sonderbares.

Mein Geist, meine Seele, oder wie man's nennen will, kurz, so ungefähr alles, was ich im Kopfe hatte, fing an sich zusammenzuziehn. Mein intellektuelles Ich wurde kleiner und kleiner. Erst wie eine mittelgroße Kartoffel, dann wie eine Schweizerpille, dann wie ein Stecknadelkopf, dann noch kleiner und immer noch kleiner, bis es nicht mehr ging. Ich war zum Punkt geworden.

Im selben Moment erfaßte mich's, wie das geräuschvolle Sausen des Windes. Ich wurde hinausgewirbelt. Als ich mich umdrehte, sah ich in meine eigenen Naslöcher.

Da saß ich nun auf der Ecke des Nachttisches und dachte über mein Schicksal nach.

Ich war nicht bloß ein Punkt, ich war ein denkender Punkt. Und rührig war ich auch. Nicht nur eins und zwei war ich, sondern ich war dort gewesen und jetzt war ich hier. Meinen Bedarf an Raum und Zeit also macht ich selber, ganz en passant, gewissermaßen als Nebenprodukt.

Flink sprang ich auf und frei bewegt ich mich. Es war eine Bewegung nach Art der Schwebefliegen, die – witsch Rose, witsch Nelke und weg biste! – an sonnigen Sommertagen von Blume zu Blume huschen.

Zuerst mal schwebt ich nach meinem ehemaligen Körper hin. Da lag er; Augen zu, Maul offen, ein stattlicher Mann.

Dann schwebt ich über Elisen.

«Also so», rief ich, «sieht der Vorgesetzte aus, wenn er schläft!» –

Hieraus, meine Lieben, könnt Ihr ersehn, wie sehr ich mich im Traume zu meinen Ungunsten verwandelt hatte, indem ich es wagte, so frech und leichtsinnig einen Gedanken auszusprechen, den ich im wachen und kompletten Zustande doch lieber nicht äußern möchte. –

Darauf stand ich einen Augenblick über Emils Bettchen still.

Sein kleines Händchen ruhte unter der Backe; die leere Saugflasche lag daneben.

«Ein hübscher Junge!» dachte ich. «Und ganz der Vater!» –

Ich sehe Euch an, meine Freunde! Der zustimmende Ausdruck auf Euren lieben Gesichtern beschämt mich, und doch muß ich mir ja sagen, daß Ihr recht habt. –

Obwohl ich nun, wie erwähnt, infolge der traumhaften Isolierung meines Innern alle fünf Sinne, man möchte fast sagen, zu Hause gelassen, kam es mir doch vor, als bemerkte ich alles um mich her mit mehr als gewöhnlicher Deutlichkeit, selbst dann noch, als der Mond, der schräg durchs Fenster schien, bereits untergegangen. Es war eine Merkfähigkeit ohne viel Drum und Dran, was vielleicht manchem nicht einleuchtet.

Die Sache ist aber sehr einfach. Man muß nur noch mehr darüber nachdenken.

Um mal zu prüfen, ob ich überhaupt noch reflexfähig, flog ich vor den Spiegel.

Richtig! Da war ich! Ein feines Zappermentskerlchen von mikroskopischer Niedlichkeit!

«Wie?» rief ich, «hat man denn, nachdem man seinen alten Menschen so gut wie abgewickelt, doch noch immer was an sich? – Warrrum nicht gaarrrr!»

Hier unterbrach mich plötzlich eine Stimme mit den Worten:

Eduard schnarche nicht so!!

Nur derjenige, welcher vielleicht mal zufällig durch ein redendes Nebelhorn in seinem Mittagsschläfchen gestört wurde, kann sich eine ungefähre Vorstellung davon machen, wie sehr dies Wort mein innerstes Wesen, man hätte meinen sollen für immer, ins Stocken brachte. Wohl drei ganze Sekunden verliefen, bis ich wieder zu mir selbst kam.

Die Sache hier paßte mir nicht. Ohne Rücksicht auf Frau und Kind beschloß ich auf Reisen zu gehn.

Telegraphisch gedankenhaft tat ich einen Seitenwitscher direkt durch die Wand, denn das war mir wie gar nichts, und befand mich sofort in einer freundlichen Gegend, im Gebiete der Zahlen, wo ein hübsches arithmetisches Städtchen lag. –

Drollig! Daß im Traume selbst Schnörkel lebendig werden! –

Der Morgen brach an. Einige unbenannte Akkerbürger vor dem Tore bearbeiteten schon zu so früher Stunde ihr Einmaleins. Diese Leutchen vermehren sich schlecht und recht, und wenn sie auch nicht viel hinter sich bringen, so wollen sie auch nicht hoch hinaus.

Mehr schon auf Rang und Stand geben die städtischen Beamten. Man sprach viel über eine gewisse Null, die schon manchem redlichen Kerl im Wege gestanden, und wenn einer befördert würde, sagten sie, der's nicht verdient hätte, dann steckte, so gewiß, wie zwei mal zwei vier ist, die alte intrigante Null dahinter.

Im Villenviertel hausen die Vornehmen, die ihren Stammbaum bis in die ältesten Abc-Bücher verfolgen können. Ein gewisser x ist der Gesuchteste von allen, doch so zurückhaltend, daß täglich wohl tausend Narren nach ihm fragen, ehe ein Weiser ihn treffen kann.

Andere sind fast zudringlich zu nennen. Zwei, denen ich auf der Promenade begegnete, stellten sich mir gleich zweimal vor. Erst der Herr a und dann der Herr b und dann der Herr b und drauf der Herr a, und dann fragten sie mit süffisanter Miene, ob das nicht ganz gleich sei, nämlich $a + b = b + a$?

«Mir schon!» gab ich höflich zur Antwort. Und doch wußt ich nur zu gut, daß die Sache, wenigstens in einer Beziehung, nicht richtig war.

Aber solch kleine Ungenauigkeiten aus verbindlicher Rücksicht können auch im Traume wohl mal vorkommen. –

Ich begab mich auf den Markt, wo die benannten Zahlen ihr geschäftliches Wesen treiben.

In glitschiger Eile kam mir eine Wurst im Preise von 93 ₰ entgegengelaufen. 17 Schneidergesellen, die mit gespreizten Beinen, gespreizten Scheren und gespreizten Mäulern hinter ihr her waren, faßten sie beim Zipfel. Sie hätten ihr Geld bezahlt, schrien sie, und nun wollten sie schnippschnapp dividieren. «Das geht ja nicht auf!» keuchte die Wurst, welche Angstfett schwitzte, denn die begierigen Schneider hatten sie bereits angeprickelt mit ihren Scheren; macht 34 Löcher. Jetzt kam ein rechenkundiger Schreiber dazu. Er trug eine schwefelgelbe Hose zu 45 ₰ die Elle, einen gepumpten Frack und einen unbezahlten Zylinder. Sofort stellte er eine falsche Gleichung auf und brachte dabei die Wurst auf seine Seite. Die Schneider verstanden das schlecht. Sie kürzten ihm den Schniepel, sie schnitten ihm die Knöpfe von der Hose, sie trennten die Hinternaht auf, und wär er nicht eilig, unter Zurücklassung der Wurst, in ein unendlich kleines Nebengäßchen gesprungen, sie hätten ihn richtig aufgelöst. Nun aber, als sie eben wieder die Wurst ins Auge faßten, erhub sich ein neues Geschrei. Es war die Metzgersgattin = 275 ℔ Lebendgewicht. Sie hätte kein Geld gesehen, tobte sie, und 93 ₰ gleich so nur in den rauchenden Schornstein zu schreiben, das ginge gegen ihr menschliches Defizit. Sofort, gegen die runde Summe ihres empörten Busens gerichtet, erklirrten die Scheren der beleidigten Schneider. Der Lärm war groß. Die Menge wuchs. 50 Stück gesalzene Heringe, ½ Schock Eier, 3 Dutzend Harzkäse, 1 Pulle Schnaps, ¾ ℔ Amtbutter, 6 ℔ Bauernbutter, 15 Lot Schnupftabak und zahlreiche Ditos vermehrten den Aufruhr.

Hart bedrängt von den spitzigen Scheren der Schneider, tat die Metzgerin einen Rückschritt. Sie tritt auf die ¾ ℔ Amtbutter, gleitet aus, setzt sich in die 6 ℔ Bauernbutter, zieht im Fallen 2 Lot Schnupftabak in die Nase, in jedes Loch eins, muß niesen, schlägt infolgedessen einen Purzelbaum vornüber, zerdrückt 3 Harzkäse und die Schluckpulle und trifft mit ihren zwei schwunghaften Absätzen zwei Heringen dermaßen auf die Bauchflossen, daß ihnen ihre zwei armen Seelen aus dem Leib rutschten, wie geschmiert. Plötzlich, als die Verwicklung am schwierigsten schien, zerstreut sich die Menge. Eine überwiegende Größe, der Stadtsoldat, ist hinzugekommen. Schleunig drücken sich die Heringe in ihre Tonne; die Schneider, mit den noch schnell erwischten zwei Seelen, machen sich dünne; die Käse verduften; der Schnupftabak verkrümelt sich; aber sämtliche Eier, die nun doch weniger gut rochen, als man's ihnen bei Lebzeiten allgemein zugetraut, verquirlt mit den sonst noch Verdrückten und Verunglückten, blieben zermatscht auf dem Platze; während die Metzgersfrau, die inmitten der ganzen Bescherung saß, die erschlaffte Wurst in der erhobenen Rechten schwang und in einem fort plärrte: «Es gibt keine Richtigkeit mehr in der Stadt, und das sag Ich!», bei welcher Gelegenheit ihr die zwei Lot

Schnupftabak wieder aus der Nase liefen, aus jedem Loch eins, und auch noch glücklich entwischten. Der Stadtsoldat, seiner Aufgabe völlig gewachsen, notierte sich die entseelten Heringe, behielt die Käse, die Butter und die Glasscherben einfach im Kopfe, addierte Frau und Wurst, setzte sie in Klammern und transportierte sie auf die Stadtwaage, wo man richtig die eine zu schwer, die andere zu leicht erfand. Subtraktion war die gerichtliche Folge. Die Wurst wurde abgezogen für den Fiskus, der Rest, wegen Verleumdung der Obrigkeit, dreimal kreuzweis durchgestrichen, und zwar mit Tinte, der brave Stadtsoldat dagegen vom unendlich großen Bürgermeister noch selbigen Tages zur dritten Potenz erhoben.

Übrigens schwebten vor der Verrechnungskammer gleichzeitig noch mehrere Fälle, die ebenso prompt erledigt wurden.

Jugendliche Schiefertafelschnitzer verknurrte man einfach zur Durchwischung mit Spucke; schon ältere in Blei zur eindringlichen Radierung mit Gummi, erstmalig mit weichem, bei Wiederholung mit hartem.

Was aber die weiblichen Additionsexempel anbelangt, deren sehr viele vorgeführt wurden, so mußten sie allesamt freigesprochen werden, weil sie sämtlich ihr geistiges Alibi nachweisen konnten.

Es fanden sich hübsche Lustgärten in dieser Stadt und Obstbäume voll goldener Prozentchen, und auf und nieder an papierenen Leitern stiegen die Dividenden, und einige fielen herunter, und dann rieben sie sich die Verlustseite und hinkten traurig nach Hause.

Kummer und Elend gab's auch sonst noch genug. An allen Straßenecken hockten die gebrochenen Zahlen; arme geschwollene Nenner, die ihre kleinen schmächtigen Zählerchen auf dem Buckel trugen und mich flehentlich ansahn. Es ließ mich kühl. Ich hatte kein Geld bei mir; aber wenn auch, gegeben hätt ich doch nichts.

Ich hatte meine Natur verändert; denn daß es mir sonst da, wo die Not groß ist, auf zwei Pfennige nicht ankommt, das wißt Ihr, meine Lieben!

Es mochte so nachmittags gegen fünf Uhr sein, als ich weiterreiste und, eine unbestimmte Gegend durchstreifend, auf der Gemeindetrift anlangte, wo grad das Völklein der Punkte sein übliches Freischießen feierte. Schwarz war heute der Punkt, worauf's ankommt, und Tüpfel war Schützenkönig.

Je kleiner die Leute, je größer das Pläsier. Alles krimmelte und wimmelte durcheinander, wie fröhliche Infusorien in einer alten Regentonne.

Im Zelte ging's hoch her. Mit mückenhafter Gelenkigkeit wirbelten die «denkenden Punkte» mit ihren geliebten kleinen Ideen über den Tanzboden dahin. Auch ich engagierte eine, die schimmelte, ein simples Dorfkind, und walzte ein paarmal herum mit ihr.

Noch gewandter und windiger als wir, und das will doch was sagen, trieben die nur gedachten, die rein mathematischen Punkte ihre terpsichorischen Künste. Sie waren aber dermaßen schüchtern, daß sie immer kleiner und kleiner wurden, je mehr man sie ansah; ja, einer verschwand gänzlich, als ich ihn schärfer ins Auge faßte. –

Gelungene Burschen, diese Art Punkte! Der alte Brenneke, mein Mathematiklehrer, pflegte freilich zu sagen: «Wer sich keinen Punkt denken kann, der ist einfach zu faul dazu!» Ich hab's oft versucht seitdem. Aber just dann, wenn ich denke, ich hätt ihn, just dann hab ich gar nichts. Und überhaupt, meine Freunde! Geht's uns nicht so mit allen Dingen, denen wir gründlich zu Leibe rücken, daß sie grad dann, wenn wir sie mit dem zärtlichsten Scharfsinn erfassen möchten, sich heimtückisch zurückziehn in den Schlupfwinkel der Unbegreiflichkeit, um spurlos zu verschwinden, wie der bezauberte Hase, den der Jäger nie treffen kann? Ihr nickt; ich auch. –

Mehr behäbig, so fuhr Freund Eduard in der Erzählung seines Traumes fort, als diese gedachten Punkte zeigten sich die gemachten in Tusche und Tinte. Sie saßen still und versimpelt auf ihren Reißbrettern an der Wand herum und freuten sich, daß sie überhaupt da waren.

Die kritischen Punkte dagegen, mit ihren boshaften Gesichtern, standen natürlich jedem im Wege. Einer von ihnen, ein besonders frecher, trat einer noch hübsch jugendlichen Idee auf die Schleppe und zugleich ihrem denkenden Herrn dermaßen aufs Hühnerauge, daß ihm die Gründe stockten, sein Geschrei also losging. Da sämtliche Streit- und Ehrenpunkte, deren viele zugegen, sich dreinmischten, so gab's einen netten, aufgeweckten Skandal, der alle erfreute, welche dabeistanden. Der Kontrapunkt ließ weiterblasen. Ich wandte mich einer entfernteren Gesellschaft zu.

Es waren Atome, die eben zur Française antraten. Mit großer Sicherheit tanzten sie ihre verzwickten molekülarischen Touren durch, und als sie aufhörten und sich niedersetzten, war's allen hübsch warm geworden. Sie sind nicht so stupid, wie man sonst wohl zu glauben pflegt, sondern haben ihre interessanten und interessierten Seiten, so daß selbst so was wie ein zärtliches Verhältnis zwischen ihnen nicht selten ist.

Eine ihrer Damen kam mir bekannt vor. Wo hatt ich sie nur gesehen? Richtig! Bei Leibnizens. Die alte Monade, und ordentlich wieder jung geworden! Schon hat auch sie mich erkannt. Sie fliegt auf mich zu, sie umklammert mich mit ihren mageren Valenzen, sie preßt mir einen rotglühenden Kuß auf die Lippen und ruft schwärmerisch:

«Mein süßer Freund! Oh, laß uns ewig zusammenhaften!»

Ich verhielt mich abstoßend. Mit unglaublicher Schnelligkeit schoß ich oben durchs Zeltdach und eilte sodann, nicht ohne ängstliche Rückblicke, in die möglichste Ferne hinaus. Wie sich zeigte, nicht ganz allein.

Dicht neben mir ließ sich ein kümmerliches Hüsteln vernehmen. Es war der mathematische Punkt, den ich vorhin zu fixieren versuchte. Zu Hause, so klagte er lispelnd, brächte er's doch zu nichts. Nun wollte er mal sehn, ob dort drunten in der geometrischen Ebene für ihn nichts zu machen sei.

Da lag sie vor uns, die Horizontalebene, im Glanze der sinkenden Abendsonne. Kein Baum, kein Strauch, kein Fabrikschornstein ragte draus hervor. Alles flach, wie Judenmatzen, ja noch zehntausendmal flacher; und doch befanden wir uns am Eingang eines betriebsamen Städtchens, welches nur platt auf der Seite lag.

Das Tor, welches wir passieren mußten, hatte nur Breite, aber nicht die mindeste Höhe. Es war so niedrig, daß ich mir, obgleich ich mich bückte, doch noch die Glatze etwas abschabte, und selbst mein winziger Begleiter konnte nur eben drunter durch. Er fand noch am selben Abend eine Anstellung bei einem tüchtigen Geometer, der ihn sofort in die Reißfeder nahm, um ihn an den Ort seiner künftigen Wirksamkeit zu übertragen, wozu ich ihm besten Erfolg wünschte. Ich selber suchte, da es schon spät, eine naheliegende Herberge auf.

Hier nun trat mir zum ersten Mal in Gestalt des Herrn Oberkellners eine richtige mathematische grade Linie entgegen. Etwas Schlankeres gibt's nicht. Mir fiel dabei ein, was Peter, mein kleiner Neffe, mal sagte.

«Onkel Eduard!» sagte er. «Ein Geist muß aber recht mager sein, weil man ihn gar nicht sieht!»

Und wie lächerlich dünn so ein mathematischer Strich ist, das sah ich so recht des Nachts, als ich zu Bette gegangen. In der Kammer nebenan schliefen ihrer dreißig in einer Bettstelle, die

nicht breiter war als ein Zigarrenetui, und doch
blieb noch Platz übrig. Freilich, erst schalten sie
sich, denn es war ein Pole dabei, der an unruhigen Träumen litt und sich viel hin und her
wälzte, bis sie ihn schließlich durch zwei Punkte
festlegten; dann gab er Ruh. Ich bemühte mich,
seinen Namen auszusprechen: «Chrr – Chrrr –
Chrrrrr –»

Im selben Augenblick ließ sich wieder die
Stimme vernehmen:

Eduard schnarche nicht so!!

Ich fuhr heftig zusammen. Aber während ich
das erste Mal fast volle drei Sekunden nötig
hatte, um mein inneres Gleichgewicht wiederzu-
finden, braucht ich diesmal kaum zwei; dann
ging ich schon wieder meinen gewohnten Gedanken nach, als sei weiter nichts vorgefallen.

Vielleicht, meine Freunde, möchte nun dieser
oder jener unter Euch geneigt sein, von mir zu
erfahren, woher die erwähnte Stimme denn wohl
eigentlich kommen konnte. Darauf erwidere ich,
daß ich in der Regel viel zuviel Takt besitze, um
auch nur die allergeringste Mitteilung über
Dinge zu machen, die keinen andern was angehn.
Entschuldigt meine Entschiedenheit! –

Am nächsten Morgen besah ich mir die Stadt.
Selbstverständlich muß jedermann platt auf dem
Bauche rutschen. Vornehme und Geringe sind
auf den ersten Blick nur schwer zu unterschei-
den, und wer genötigt ist, höflich zu sein, muß
riesig aufpassen; denn da nichts Höhe hat, also
gar keinen Schatten wirft, so erscheint vorläufig
jeder, auch der quadratisch Gehaltvollste und

Eckigste, der einem begegnet, als gewöhnlicher Strich.

Natürlich zieht der Mangel an Schatten auch den Mangel an Photographen nach sich, und so müssen denn die Leute den schönen Zimmerschmuck entbehren, wofür wir unserseits diesen Künstlern so dankbar sind. Aber man behilft sich, so gut es geht. Man läßt seinen Schreiner kommen; man läßt sich ausmessen; er macht einen kleinen proportionalen Abriß in das Album des betreffenden Freundes, notiert den wirklichen Quadratinhalt nebst Jahr und Datum in die Mitte der werten Figur, und das Andenken ist fertig.

Was nun das ewige Rutschen betrifft, so wollte mir ein Eingeborener, der durchaus treuherzig und vollkommen glaubwürdig aussah, die feste Versicherung geben, daß es, obwohl hier jeder von Haus aus unendlich dünn sei, doch einige Briefträger gäbe, die sich mit der Zeit so abgeschabt hätten, daß sie auf ihre alten Tage nur halb so dünn wären wie möglich.

Dies schien mir bemerkenswert wegen der Kongruenz. Denn erwies sich die Angabe als richtig, so war eine tatsächliche Deckung ganz gleicher Figuren, welche mir bei den äußerst gedrückten Ortsverhältnissen unmöglich schien, doch unter Umständen nicht ausgeschlossen. Ich erkundigte mich nach dem Kongruenzamte, eine Einrichtung, die ungefähr unserm Standesamte entsprechen würde. Da mir niemand Auskunft zu geben vermochte, wandte ich mich direkt an den Magistrat.

«Solche Dummheiten», hieß es, «machen wir hier nicht. Die das wollen, müssen sich gefälligst in die dritte Dimension bemühn, und die Symmetrischen erst recht!»

Ihr altes Ratszimmer war ungemein dumpf und niedrig. Daher empfahl ich mich umgehends mit einem lustigen Vertikalsprunge nach oben durch den Plafond und atmete auf im dreidimensionalen Raume, wo stereometrische Freiheit herrschte, wo der Kongruenz räumlich gleichgestimmter Paare keine Ehehindernisse im Wege standen.

So dacht ich. Aber Ausnahmen, wie überall, gab's leider auch hier.

Grad kamen zwei sphärische Dreiecke, eins genau das geliebte Spiegelbild des andern, sehr gerötet vom Kongruenzamte, wo man sie abgewiesen. Sie trug ein schön krumm gebügeltes Sacktuch von unendlich durchsichtigem Batist und weinte die landesüblichen Tränen, gleich niedlichen Seifenbläschen, die der Zephir entführte. Ein Paar unendlich feiner Handschuhe, ein linker und ein rechter, er Brautführer, sie Kranzjungfer, versuchten ihr Trost zu spenden, indem sie sagten: Ihnen ginge es ja auch so, und wenn alle Stricke rissen, dann könnte man ja immer noch durchbrennen in die vierte Dimension, wo nichts mehr unmöglich sei.

«Ach!» schluchzte die Braut. «Wer weiß, wie es da aussieht!» Und ihre Tränen säuselten weiter.

Fürwahr, ein herbes Schicksal! Aber, meine

Freunde, seien wir nicht zu voreilig mit unserem sonst löblichen Mitgefühl. Es war alles nur Getus.

Nämlich die Bewohner dieses unwesentlichen Landes sind hohl. Es scheint Sonne und Mond hindurch, und wer hinter ihnen steht, der kann ihnen mit Leichtigkeit die Knöpfe vorn an der Weste zählen. Einer durchschaut den andern; und doch reden diese Leute, die sich durch und durch kennen, die nicht so viel Eingeweide haben wie ein ausgepustetes Sperlingsei, von dem edlen Drange ihres Inneren und sagen sich darüber die schönsten Flattusen. Ja, einer war da, der wollte behaupten, er hätte einen fünf Pfund schweren Gallenstein und verfluchte sein Dasein und schnitt Gesichter, und seine Familie sprang nur so, wenn er pfiff, und tat ganz so, als wär's so, und seine Nachbarn machten ihm Kondolenzvisiten unter kläglichem Mienenspiel.

Wie heuchlerisch man hier ist und zugleich wie wesenlos, das bewiesen so recht zwei alte Freundinnen, die sich in den Tod nicht ausstehn konnten, und nun, nach langer Trennung, sich wieder begegneten. Sie küßten sich so herzlich und durchdringend, daß ihnen die gegenseitigen Nasen eine Elle lang hinten aus den gegenseitigen Chignons hervorstanden.

Schwere gab's hier nicht. Man bewegt sich am Boden oder in der Luft, gleichviel, mit einer unabhängigen Leichtigkeit, wie sie nur bei solch rein förmlichen Blasengestalten und Windbeuteln sich denken läßt.

Ich sah einen neckischen alten Geißbock, der

turmhohe Sätze machte. Und was die Flöhe sind, wer da nicht aufpaßt beim ersten Griff, weg hupfen's bis in die Wolken.

Zwar hupfen konnt ich auch, wie nur einer. Aber mit mir war das was anderes. Ich hatte Fond. –

Wie Ihr seht, meine Lieben; eine Ausrede zugunsten der eigenen Vortrefflichkeit stellt selbst im Traume sich ein! –

Übrigens hatt ich die leeren Gestalten dieser eingebildeten Welt jetzt satt gekriegt und beeilte mich wegzukommen. Am Ausgange wurde ich mit einer fetten Baßstimme von einem Unbekannten angeredet, der so rund und dick war, daß er die ganze Türe versperrte.

Er entpuppte sich als mein ehemaliger Reisebegleiter, das mathematische Pünktchen.

Durch eine gewandte Drehung in der Ebene hatte er's dort bald zu einem umfangreichen Kreise gebracht, war darauf in den dreidimensionalen Raum ausgewandert, hatte sich hier durch ähnliche Umtriebe zur wohlbeleibten Kugel entwickelt und wollte sich nun mit Hilfe eines geeigneten Mediums materialisieren lassen, um dann später, ein Streber wie er war, als Globus an die Realschule zu gehn.

Aus dem nichtssagenden Kerlchen war ein richtiger Protz geworden, der mich behaglich wohltuend zu behandeln gedachte. Da ich mir das aber von einem bloß aufgeblasenen Punkte, denn das sind alle seinesgleichen, nicht gefallen lassen wollte, so tat ich, ohne mich weiter zu verabschieden, einen eleganten Seitensatz durch die

Bretterwand, hinter welcher, so meint ich, die vollständige Welt lag. Es war aber nur Stückwerk.

Zunächst geriet ich in ein Kommunalwesen von lauter Köpfen, die sich auf der Höhe eines Berges in einem altdeutschen Gehölze eingenistet hatten. Hinter jedem Ohre besitzt jeder einen Flügel; eine zweckentsprechende Umbildung des bekannten Muskels, den wir Kopfnicker nennen. An den Sümpfen herum sitzen die Wasserköpfe, blinzeln träge mit den Augen und lassen sich die Sonne ins Maul scheinen. Querköpfe, welche die Eitelkeit ihrer Meinung besitzen, streiten und stoßen sich in der Luft herum; fast jeder hat Beulen grün und blau. Sie leben von Wind. Was sie sonst brauchen, verdienen sie sich als Redner und Bänkelsänger. Zum Ohrfeigen, zum Hinausschmeißen, zum Balbieren und Frisieren mieten sie sich die geeigneten Hände; ebenso, um sich die Nase putzen zu lassen, was besonders kostspielig, wenn einer den Schnupfen hat. Hosenstoffe gebrauchen sie nicht. Manche sind niedlich. Ihrer zwei, ein Männchen und ein Weibchen, saßen zärtlich zusammengeschmiegt in einem Baum voll grüner Notenblätter und sangen das schöne Duett: «Du hast mein Herz und ich das deine», und wie's weiter geht.

Etwas tiefer am Berg hinab, in Hütten und Krambuden, leben, weben und schweben die Hände apart für sich. Sie sind teils Schreiber und Schrupper und sonst dergleichen für die Köpfe weiter oben, teils Strumpfwirker und Streichmusikanten und sonst dergleichen für die Füße, die unten im Tale hausen. Ihre Geschicklichkeit ist mitunter nicht unerheblich. Ein Barbier, der mit wenig Seife viel Schaum schlagen konnte, war kürzlich unter die Literaten gegangen. Er hatte großen Erfolg, wie ich hörte, trug bereits drei Brillantringe an jedem Finger und wollte sich demnächst mit einer Köchin verheiraten, die ohne Schwierigkeit ein einziges Eiweiß zu mehr als fünfzig Schaumklößen aufbauschte, also auch noch was leisten konnte. –

Übrigens muß ich sagen, meine Freunde, prätendierten eigentlich diese sich immerhin nicht als ganz unreell aufspielenden Extremitäten ein recht unverschämt unbefangenes Dasein. Das lästige Gummibändel z. B., womit sonst die Frackschöße aller Dinge hienieden, kein Mensch weiß wie, am Kernpunkt der Erde haften, schienen sie gänzlich zu ignorieren, während die Köpfe wenigstens Flügel hatten. Und doch fiel mir's nicht auf in meinem Traume, und doch hielt ich mich für sehr scharfsichtig, und doch war ich's oft gar nicht; genau so, wie's uns geht, wenn wir wachen.

Eben, als ich mich von hier entfernt hatte, umwölkte sich der Himmel. Es donnerte und blitzte. Es war eins jener schrecklichen Unwetter, die dem Wanderer, dem Mitgliede des Alpenklubs, der auf steilen Pfaden ohne Führer herniedersteigt, so häufig verderblich werden. Meiner Wenigkeit dagegen war es sogar ganz lieb, als mich nun plötzlich ein heftiger Windstoß ins Tal entführte, wo das heiterste Wetter herrschte.

Auf einem sanft ansteigenden Wiesenflecke,

umgeben von zopfigen Hecken, tanzten die zierlichsten Füße in rosa Trikot ein anmutiges Kunstballett. Einige fette Hämmel, wie auch viele kleine Meerschweinchen, sahen zu, und zwei größere Zunftverbände von wohlgeleiteten Händen sorgten für Musik und ergiebigen Beifall.

Noch ehe das Stück zu Ende, verließ ich das Gebiet der aparten Körperteile vermittelst eines parabolischen Sprungs über die benachbarten Berge in die gewöhnliche Welt hinein, wo jeder seine gesunden Gliedmaßen beieinander hat.

Wohl zehn Meter hoch schwebt ich nun über einem regelmäßig karierten Ackergefilde, in dessen Mitte ein freundliches Dörfchen lag.

Es war Sommer. Schon zog hie und da auf sanft bewegter Luft ein silbernes Fädchen dahin. Auf eins derselben ließ ich mich nieder, neben einer kleinen verschrumpften Spinne, die, kaum daß sie mich bemerkt hatte, sich auch schon gedrungen fühlte, mich mit der Geschichte ihres Lebens zu beglücken.

Einst, so fing sie an zu wehmüteln, vor circa zweitausend Jahren, da sei sie eine ungewöhnlich reizende Walküre gewesen, hochsausend auf stolzem Roß und beliebt bei den Mannsleuten. Dann, als sie alt geworden, habe sich keiner mehr um sie bekümmert, außer der Teufel. So wäre sie zur Hexe geworden und wär durch die Lüfte geritten auf dem Besenstiel, in böswilliger Absicht. Aber selbst der Teufel, nachdem sie ihren tausendsten Geburtstag gefeiert, sei ihr nicht treu geblieben. Da habe sie den Salbentopf hergekriegt und habe sich wirkungsvoll murmelnd in eine Spinne verwandelt und sich dann rückwärts dies Luftschiff verfertigt und segle mit gutem Winde all die Zeit her, und wenn die Leute riefen: Altweibersommer!, so sei ihr das schnuppe. Apa!

«Madam!» sprach ich. «Sie haben was durchgemacht. Reisen Sie glücklich!»

Damit sprang ich ab und setzte mich auf den vorstehenden Ast einer stattlichen Linde.

Drunten am Boden kneteten zwei Bauernknaben schöne Klöße aus Lehm, den sie selber befeuchtet hatten. Ein Zwist brach aus. Sie klatschten sich ihr Backwerk auf die beiderseitigen Nasen, und die Töne, die sie dabei ausstießen, lauteten a! e! i! o! u!

Im Wipfel saß ein liebendes Taubenpärchen. Oben hoch drüber kreiste spähend ein Habicht.

«Nurdu, nurdu!» girrte zärtlich der Täuberich. «Hihi!» kreischt der Habicht und hat ihn.

In Anbetracht der soeben vernommenen Naturlaute schickte ich mich an, eine wichtige Bemerkung zu machen.

«Der Urrsprrung der Sprrraaache» – fing ich an –

Eduard schnarche nicht so!

unterbrach mich schon wieder die Stimme. Ich fuhr zusammen. Doch während ich das vorige Mal fast zwei volle Sekunden nötig hatte, um meine Haltung wiederzugewinnen, braucht ich diesmal nur eine.

Als ich mich gesammelt hatte, saß ich auf der

Spitze eines Grashalms am Rande eines Teiches, der inmitten eines hübschen Gehöftes lag.

Drei lebenslustige Fliegen schwärmten dicht über dem Wasser. Drei genußfrohe Fischlein erschnappten sie. Indem, so schwammen drei Enten herbei. Jedwede erfaßte ein Fischlein beim Frack, erhob den Schnabel und ließ es hinunterglitschen ins dunkle Selbst hinab. Die erste hieß Mäs, die zweite hieß Bäs, die dritte hieß Tricktracktrilljäs. Diese letztere nun, um den Grund des Wassers zu erforschen, nahm eine Stellung an, wobei sich der Kopf nach abwärts richtet.

«Guck mal!» schnatterte die Frau Mäs der Frau Bäs ins Ohr. «Was hat unsere Frau Tricktracktrilljäs für ein dickes Gesäß!»

Hätten sie ahnen können, was die nächste Zukunft unter der Schürze trug, sie hätten wohl nicht so lieblos geurteilt über die körperlichen Verhältnisse einer Freundin, welche nun bald ebenso tot sein sollte wie sie selber. Die freundliche Bauersfrau nämlich trat aus der Türe des Hauses, lockte unter dem Vorwande von Brotkrumen die Schnabeltiere in den Küchenraum und hackte ihnen die Köpfe ab.

Sie hackte sich aber auch, weil sie natürlich mal wieder zu hastig war, dabei in den Zeigefinger. Das Beil war rostig. Der Finger verdickte sich. Schon zeigten sich alle Symptome einer geschwollenen Blutwurst.

Der Dokter kam. Er wußte Bescheid. Erst schnitt er ihr den Finger ab, aber es half nicht; dann ging er höher und schnitt ihr den Ärmel ab, aber es half nicht; dann schnitt er ihr den Kopf ab, aber es half nicht; dann ging er tiefer und schnitt ihr die Trikottaille ab, und dann schnitt er ihr die wollenen Strümpfe ab, aber es half nicht; als er aber an die empfindlichen Hühneraugen kam, vernahm man einen durchdringenden Schrei, und im Umsehn war sie tot.

Der Bauer war untröstlich; denn das Honorar betrug 53 Mk. 75₰. Der Dokter steckte das Honorar in sein braunledernes Portemonnaie; der Bauer schluchzte. Der Dokter steckte sein braunledernes Portemonnaie in die Hosentasche; der Bauer sank auf einen geflochtenen Rohrstuhl und starrte seelenlos in die verödete Welt hinaus.

Der Dokter besaß Takt. Andante ritt er vom Hofe weg, und erst dann, als er die Landstraße erreichte, fing er scherzando zu traben an, und zwar englisch. Er wußte noch nicht, daß seine Hosentasche im stillen ein Loch hatte.

Inzwischen begab sich der betrübte Witwer in den Schweinestall und besah seine Ferkeln. Es waren ihrer dreizehn, à Stück 22 Mk. Seine Tränen flossen langsamer. Als er wieder ins Freie trat, war er ein neuer Mensch geworden.

Ich flog ins Nachbarhaus.

Der Landmann, welcher hier wohnte, war ein Vetter des vorigen. Er hackte Holz entzwei, während seine Gemahlin sich mal eben entfernt hatte, um im nahen Gebüsch für die Meckerziege ein schmackhaftes Futter zu pflücken. «Oh, meine Mamme ist weg!» schrie das Kind und kam aus dem Hause gelaufen und weinte sehr heftig. «Da weinst du über!» sprach der besonnene Vater. «Mach dich doch nicht lächerlich!» –

Dieser Vater, so scheint's, hatte bereits den Gipfel der ehelichen Zärtlichkeit erklommen, wo die Schneeregion anfängt.

Ich flog ins Nachbarhaus.

Der Landmann, welcher hier wohnte, war ein Onkel des vorigen. Soeben, mit dem Stabe in der Hand, von einem erfolgreichen Besuche der Schenke zurückkehrend, betrat er das Zimmer, wo ihn seine zahlreiche Familie voller Spannung erwartete. Er warf seinen Hut auf die Erde und rief: «Wer ihn aufhebt, kriegt Hiebe, wer ihn liegen läßt, auch!» Er war ein höchst zuverlässiger Mann. Er hielt sein Wort. –

Ach, meine Lieben! Wie oft im Leben wirft uns das Schicksal seinen tragischen Hut vor die Füße, und wir mögen tun, was wir wollen, Verdruß gibt's doch. –

Ich flog ins Nachbarhaus.

Im Kuhstall, den er soeben gereinigt, steht ein denkender Greis. Er schließt die Luke. «Merkwürdig!» sprach er und stützte das Kinn auf die Mistgabel. «Merkwürdig! Wenn man die Klappe zumacht, daß es dann dunkel wird!» Und so stand er noch lange und dachte und dachte; als ob es nicht schon Sorgen genug gäbe in der Welt, auch ohne das. Und es war sehr düster in diesem Kuhstalle.

Ich flog ins Nachbarhaus.

Die hübsche stramme Bäuerin hat ihr hübsches strammes Bübchen auf dem Schoße liegen, sein Gesichtchen nach unten gekehrt. Sie lüftet ihm das Hemdchen; sie reibt ihm den Rücken; er strampelt mit den Beinen vor lauter Behagen.

«Oh, tu tu tu mit tein ticken tinketen Popösichen!» so ruft sie in mütterlich-kindischem Stoppeldeutsch; und während sie dies tut, gibt sie dem Herzensbengel bei jedem Worte einen klatschenden Schmatz auf die rosigen Hinterbäckchen. –

Ach, meine Freunde! Wie viel Liebes und Gutes passiert uns doch in der Jugend, worauf wir im Alter nicht mehr mit Sicherheit rechnen dürfen! –

Ich flog ins Nachbarhaus.

Ein zehnjähriger Junge kommt grad aus der Schule, und noch ganz rot vor Begeisterung ruft er: «Höre mal, Vater! Unser Schulmeister hat aber einen ganz verflixten Stock. Hier vorne schlägt er hin und da hinten kneipt es!!»

Dieser heimtückische Stock stammte vermutlich aus der nämlichen Hecke, wo die abscheulichen Menschen ihre ironischen Gerten schneiden, die auch immer so hintenherum kommen. Ein treuherziger Mensch tut so was nicht. –

Ich flog – doch der Abwechselung wegen will ich lieber mal sagen: ich schwirrte.

Ich schwirrte ins Nachbarhaus.

Im wöhnlichen Stübchen voll sumsender Fliegen steht das tätige Mütterlein. Sie sucht Fliegenbeine aus der Butter, die sie demnächst zu kneten gedenkt; denn Reinlichkeit ist die Zierde der Hausfrau. Aber ihr Stolz ist die Klugheit. Mit mildem Kartoffelbrei füllt sie die Butterwälze, denn morgen ist Markttag in der Stadt.

Ich schwirrte ins Nachbarhaus.

Des Bauern Töchterlein sitzt am Klavier. Es

klopft. «Sind der Herr Vater zu Hause?» so fragte der Hammelkäufer. «Bedaure sehr!» erwidert sie zierlich. «Papa fährt Mist!» –

Ein erfreuliches Beispiel frisch aufblühender Bildungsverhältnisse, die noch etwas von dem kräftigen Dufte des humushaltigen Erdreichs an sich haben, worauf sie gewachsen sind. –

Ich schwirrte ins Nachbarhaus.

Ein altes ehrwürdiges Gebäude. Der Besitzer schien etwas zerstreut zu sein. Er hält eine lange Unschlittkerze in der Hand, umwickelt sie unten mit Werg, das er mit Petroleum tränkt, steigt damit unters Dach, stellt sie sorgsam ins Stroh, zündet sie an, greift zu Hut und Stock, schließt das Tor und geht über Feld.

Solche Art Leute, dachte ich, sind doch zuweilen recht unvorsichtig. Ich flog dem Manne ans Ohr und warnte ihn, nicht aus Mitleid, sondern bloß, um zu zeigen, daß er der Dümmere und ich der Gescheitere sei. Ich war nicht vorhanden für ihn. Es war klar. Durch die Konzentration meines Inneren unter Zurücklassung des Äußeren hatte ich die Fähigkeit zum Wechselverkehr mit der gewöhnlichen Menschheit verloren.

Ich schwirrte ins Nachbarhaus.

Und dies war das Wirtshaus. Am Haupttische tranken sich drei lustige Gesellen zu. Sie können wohl lachen. Sie haben in der Früh drei handfeste Meineide abgeliefert und bereits wieder drei neue in Akkord gekriegt. Am Tisch im Winkel saß ein bescheidener Wandersmann. Nachdem er langsam aber gründlich seine Mahlzeit beendigt, steht er auf, um zu zahlen. Er läßt sich auf ein falsches Fünfmarkstück herausgeben und entfernt sich mit einem herzlichen «Gottbefohlen».

Auch ich machte, daß ich wegkam, und sah mal zu, was auf der Landstraße passierte.

Schlicht und sinnig, den Korb gefüllt mit den Produkten seiner Kunstfertigkeit, wandelt des Weges daher der Besen- und Rutenbinder. Wie's das Geschäft so mit sich bringt, denkt er viel nach über die Erziehung des Menschengeschlechts. Sein Blick ist zur Erde gerichtet. Infolgedessen hat er Gelegenheit, einen Gegenstand zu bemerken, den der flüchtige Beobachter vermutlich für nichts weiter angesprochen hätte als einen Roßapfel in gedrückten Verhältnissen. Doch der aufmerksame Naturfreund, gewohnt, stets scharf zu prüfen, was vorkommt, erkannte sofort sein eigentliches Wesen. Es ist ein braunledernes Portemonnaie. Er blickt umher, und da die Wetteraussichten ringsum günstig sind, hebt er's auf und läßt es sanft in das Rohr seines Stiefels gleiten.

«Da wird er nicht dümmer nach!» so sprach er bedeutsam im wohlwollenden Hinblick auf den der's verloren und in Erwägung der oft so heilsamen Folgen eines gehabten Verlustes. Und schon kommt der Dokter daher geritten, und zwar im Galopp. Er fragt, ob nichts gefunden sei.

«Nein, Herr!» entgegnet der Besenknüpfer mit überzeugender Mimik, und fort sprengt der Dokter mit ängstlicher Schnelligkeit.

So hatte der Weise einem seiner unerfahrenen Mitmenschen eine wertvolle Lehre gespendet, ohne ihn in die peinliche Lage zu bringen, sich bedanken zu müssen. Er konnte aber auch, nachdem er eine gute Tat verrichtet, zugleich mit dem angenehmen Bewußtsein nach Hause zurückkehren, daß dieselbe nicht unbelohnt geblieben, was sonst so selten ist; und daß er sich auch fernerhin ein enthaltsames Schweigen auferlegt haben wird, das darf man ihm bei seinen Fähigkeiten wohl zutraun. –

An der Gegend, über der ich schwebte, konnte ich nicht viel Rares finden. Doch auf die Gegend kommt's nicht an; denn, wie die Tante zu sagen pflegt:

«Wer nur das richtige Auge hat, kann überall einen ‹reizenden Blick› haben.»

So ging's auch dem gebildeten Landwirt, der mir auf der Straße entgegenkam. Er hatte seine Kartoffeln besichtigt. Sie standen prachtvoll. Durch seine transparenten Ohren scheint die verklärende Abendsonne. Er ist glücklich.

«Oh, wie schön ist doch die Welt!» ruft er schwärmerisch. «Oh, so schön! So schön! A a!»

Er hatte den Stellwagen nicht bemerkt, der hinter ihm herfuhr. Dieser fuhr ihm ein Bein ab.

Zum Glück war der Dokter, dem beim Anblick eines neuen Patienten wieder Friede und Heiterkeit, die noch soeben vermißten, auf der denkenden Stirne glänzten, sofort zur Stelle, um den nötigen Verband anzulegen.

Mittlerweile war es Nacht geworden. Im Dörfchen brannte ein Haus ab.

«Aha!» rief ich beim Anblick der Flammen. «Unvorsichtigkeit ist eine hervorragende Eigenschaft derjenigen Menschen, welche morgen genau wissen, was sie heute zu tun haben. Hehe!»

Fast hätte mich in diesem Augenblick eine alte Fledermaus erschnappt und aufgefressen, weil sie mich wahrscheinlich für eine kleinere Abart der Kleidermotte ansah; aber ich war schneller als sie und flog in einen dichten Wald und legte mich in das Näpfchen einer ausgefallenen Eichel; und hier, dacht ich, kannst du, wenn auch nicht aus Bedürfnis, so doch aus Prinzip, deiner nächtlichen Ruhe pflegen. Der Mond war aufgegangen und spiegelte sein fettes, glänzendes Gesicht in einem Wassertümpel, den wilde Rosen umkränzten. Schon hatt ich die Absicht, mich in die allergrößten Gedanken zu vertiefen, da ging der Spektakel los.

Siebenundneunzig dumpftönende Unken, dreihundertvierundvierzig hellquarkende Wasserfrösche und zweitausendzweihundertundzweiundzwanzig hochzirpende Grillen gebrauchten ihre ausreichenden Stimmittel und emsigen Kunstgelenke zum Vortrage einer symphonischen Dichtung. Ein hohler Weidenbaum mit seinen zwei unteren Seitenästen dirigierte. Sein künstlerischer Chignon wehte im Winde der Begeisterung. Die Sache war langwierig; aber schließlich ging ihnen doch der Faden aus, und das bisher nur mit Mühe unterdrückte Bedürfnis des Beifalls konnte sich Luft machen.

Entzückt und befriedigt raschelten die Rosen mit den Blättern und dufteten sogar, was die wilden sonst kaum zu tun pflegen.

«Brravo!» quackten, wie aus einem Munde, fünf dicke grüne Laubfrösche. «Brravo! Geschmackvoll! Geschmackvoll!» Und sieben alte graue Käuze, die im Hinterteil einer morschen Erle ihre Logenplätze hatten, quiekten maßgebend über alle hinweg:

«Manjifiek! Manjifiek!»

Ich meinerseits, um doch auch ein hohes Verständnis zu zeigen, suchte mein schönstes falsches Pathos hervor und brüllte, wie laut oder wie leise, das weiß ich nicht mehr: «Offenbaarrung! Musikalische Offenbaaarrrung!» –

Eduard schnarche nicht so!

ließ sich wieder mal die Stimme vernehmen. Kaum, daß ich danach hinhörte. Ich saß gemütlich in meinem Eichelnäpfchen, höchst sorglos versimpelt in den Gedankengang, der mir grad Spaß machte.

Müdigkeit, hatt ich bisher immer geglaubt, gäb's für mich nicht. Nun aber sollt ich so recht erfahren, welch unwiderstehlich wohltätige Wirkungen eine gute Musik hat. Schon nach fünf Minuten war ich in einen richtigen rücksichtslosen Schlummer versunken. –

Ich mußte wohl ausgiebig geschlafen haben, denn als ich erwachte und mir gewissermaßen die Augen rieb, stand die Sonne schon tief am westlichen Himmel.

In bummligem Fortschritt schwebt ich nun einer bedeutenden Stadt entgegen, deren hochragende Türme und hochrauchende Schornsteine ich gestern schon von weitem bemerkt hatte.

Eben kam der nachmittägliche Kurierzug über die Brücke dahergebraust.

Im ersten Coupee hatte ein gewiegter Geschäftsmann Platz genommen, der, nachdem er seine Angelegenheiten geregelt hatte, nun inkognito das Ausland zu bereisen gedachte.

Im zweiten Coupee saß ein gerötetes Hochzeitspärchen; im dritten noch eins.

Im vierten erzählten sich drei Weinreisende ihre bewährten Anekdoten; im fünften noch drei; im sechsten noch drei.

Sämtliche noch übrige Coupees waren voll besetzt von einer Kunstgenossenschaft von Taschendieben, die nach dem internationalen Musikfeste wollten.

Auf dem Bahndamme standen mehrere Personen. Ein Greis ohne Hoffnung, eine Frau ohne Hut, ein Spieler ohne Geld, zwei Liebende ohne Aussichten und zwei kleine Mädchen mit schlechten Zeugnissen.

Als der Zug vorüber war, kam der Bahnwärter und sammelte die Köpfe. Er hatte bereits einen hübschen Korb voll in seinem Häuschen stehn.

In den Anlagen der Handelsgärtnerei, die in der Nähe der Brücke lag, wandeln zwei Damen, Frau Präsidentin nebst Tochter. Letztere hatte sich Pflaumen gekauft. «Oh, Mama!» spricht sie beklommen. «Ich kriege so –.» «Pfui, Pauline!» unterbrach sie die zartfühlende Mutter. «Von so etwas spricht man nicht!» «Guten Morgen!» schnarrte des Gärtners zahmer Rabe dazwischen. «Oh, sieh mal, Mama!» rief die bereits wieder heitere Pauline. «Welch ein himmlischer Vogel!

Bitte, gutes Pappchen, sprich doch noch mal!»
«Drrreck!» schnarrte der Rabe. «Komm her, mein
Kind!» sprach die indignierte Frau Präsidentin.
«Jetzt wird er gemein!»

Hieran bemerkt ich so recht, daß ich mich
nicht mehr im Bezirke der annähernd zwang-
losen Gemütsäußerungen befand, sondern vielmehr in der Nähe einer feinen und hochgebilde-
ten Metropole.

Mir entgegen aus dem Tore bewegte sich ein
herrlicher Trauerzug. Im Sarge befand sich ein
angesehener aber toter Bankier, beweint und begleitet von hoch und gering. Ich konnte deutlich
bemerken, wie er aussah. Er lächelte so recht
pfiffig und selbstzufrieden in sich hinein, als ob
er sich amüsierte, daß er ein solch schönes Begräbnis weg hatte und ein so langes Gefolge und
daß so viele geschmackvolle Kränze seinen Tri-
umphwagen schmückten.

Das wäre was gewesen für Peter, meinen kleinen Neffen! Die Freude hätte ich ihm wohl gönnen mögen! Als vergangenen Herbst die alte
Frau Amtmann zur letzten Ruhe bestattet wurde, rief er entzückt: «Ah! Was hat unsere selige Frau Amtmann für eine prachtvolle Kom-
mode!» Wohnungsumzüge und Leichenzüge hält
er für die zwei unterhaltlichsten Schaustellungen
dieser Welt; und eine gewisse Ähnlichkeit zwischen beiden läßt sich ja auch nicht ableugnen,
obwohl der ruhige Erfolg vielleicht mehr auf
seiten der letzteren ist.

Ich flog weiter. Eine leichte heidnische Dunst-
wolke mit einem aromatischen Anhauch von

Pomade und Knoblauch, die über der christlichen Stadt schwebte, umfing mich.

Auf Straßen und Promenaden flutet das bunte Publikum und ergießt sich in die hochragenden Speise- und Schenkpaläste, die fürstlich geschmückten, wo der altbewährte Grundsatz gilt: Lieber ein bissel zu gut gegessen, als wie zu erbärmlich getrunken.

Freilich, manch Ach und Krach, was anscheinend vielleicht stören könnte, ist auch in der Nähe; wer aber mal einen gesunden Appetit hat, den geniert es nicht viel, wenn er auch mal ein paar unglückliche Fliegen in der Suppe findet.

Das Geschäft steht in Blüte; der Israelit gleichfalls. Warum wollte er auch nicht? Seine Sandalenfüße, seine getreulich überlieferte Nase, die merklich abgewetzt wurde vom wehenden Wüstensande, dem die Väter einst vierzig Jahre lang entgegenmarschierten, geben ihm das Zeugnis einer schönen Beständigkeit. Mit Vorsicht wählt er die Kalle, und nimmt er sie mal, so pflegt er sie auch zu behalten, es sei wie's sei, und nicht, wie die andern, so häufig zu wechseln. Nüchtern geht er zu Bett, wenn die andern noch saufen; alert steht er auf, wenn die andern noch dösig sind. Schlau ist er, wie nur was, und wo's was zu verdienen gibt, da läßt er nicht aus, bis «die Seel' im Kasten springt».

Daß man sich durch dergleichen bürgerliche Tugenden nicht viel beliebter macht als Ratten und Mäuse, ist allerdings selbstverständlich. Übrigens befand ich mich in diesem Augenblicke grade über dem Hause eines antisemitischen Bauunternehmers, und so witscht ich mal eben durchs Dach hinein.

Im vierten Stock legt ein Fräulein Hut und Handschuh ab. Sie hat Einkäufe gemacht, unter andern ein Glas voll Salpetersäure. Nicht ohne einen gewissen Zug von Entschlossenheit sieht sie dem Besuche ihres Verlobten entgegen. –

Eine kleine Betriebsstörung im Verkehr zweier Herzen kann immerhin vorkommen. –

Im dritten Stock öffnet sich hastig die Türe des Eßzimmers. «Babett!» ruft eine weibliche Stimme. «Komm mit dem Wischtuch! Mein Mann hat das Sauerkraut an die Wand geschmissen!»

Ach, wie bald verläßt der Friede den häuslichen Herd, wenn er an maßgebender Stelle keine kulinarischen Kenntnisse vorfindet!

Im zweiten Stock – Madam sind ins Theater gefahren – führt sich das Kindermädchen den Inhalt der Saugflasche zu. Das Mädchen ist fett, der Säugling mager. Der Säugling schreit auch. –

Allerdings! Die Säuglinge schreien mitunter. Aber, wie man auch sonst über Säuglinge denken mag, so rechte Denunzianten, gottlob, das sind sie noch nicht. –

Im ersten Stock, beim Scheine der Lampe, sitzt ein altes trauliches Ehepaar. Fast fünfzig sind's her, daß sie sich liebend verbunden haben. Sie muß niesen. «War das eine Katze, die da prustet?» fragt er. «War das ein Esel, der da fragt?» spricht sie. –

So soll's sein! Wenn man auch früher verliebt war, das schadet nichts, wenn man nur später gemütlich wird. –

Im Erdgeschoß befinden sich Geschäftsräume. Bequem im Sessel ruht der Kassier. Er hat soeben unter Aufwand seiner vorzüglichsten Geisteskräfte eine neue Art helldunkler Buchführung erfunden, die genau so aussieht, als ob alles in Ordnung wäre, und raucht nun zur Erholung eine echte Havanna.

Es poltert auf der Treppe.

Als ich das Haus verließ, sprang ein Herr aus der Tür, der emsig wischte und spuckte.

Ich beschloß, das Theater zu besuchen. Ich kam am Gefängnis vorbei. Unter gefälliger Nachhilfe dem schlichten Omnibus entsteigend, wurde eben ein neuer Gast abgeliefert. Es ist der Landbewohner von gestern, der seine Kerze so unvorsichtig ins Stroh gestellt. Oder sollte ich mich doch am Ende in den Absichten dieses Mannes – Unmöglich! Das konnt ich mir im Traume nicht zumuten. –

Wie Ihr seht, meine Freunde! Als Inspektor bei der Brandkasse hätten sie mich auch nicht gebrauchen können. –

Im Theater gab man ein frisch importiertes Stück, wo es grausam natürlich drin zuging. Als es zu Ende, traten mehrere Dichter, die sich auch schon immer was vorgenommen hatten, ohne recht zu wissen wieso, voll entschiedener Klarheit auf die Straße heraus. «Nur immer natürlich, Kinder!» rief einer. «Ein natürliches Bauernmädel, und spränge es im Lehm herum bis an die Knie, dringt mehr zum Herzen und ist mir zehntausendmal lieber als elftausend einbalsamierte Prinzessinnen, die an Drähten tanzen!»

Und dann stellten sie sich alle in einen Kreis und sangen, und ich sang mit: «Natur und nur Natuurrr!»

Eduard schnarche nicht so!

ließ sich sofort die Stimme vernehmen. «Schon recht!» dacht ich und hörte nicht weiter hin, sondern blieb bei dem, was ich mir vorgenommen hatte. –

Was nun aber das Kunstwerk betrifft, meine Lieben, so meine ich, es sei damit ungefähr so, wie mit dem Sauerkraut. Ein Kunstwerk, möcht ich sagen, müßte gekocht sein am Feuer der Natur, dann hingestellt in den Vorratsschrank der Erinnerung, dann dreimal aufgewärmt im goldenen Topfe der Phantasie, dann serviert von wohlgeformten Händen, und schließlich müßte es dankbar genossen werden mit gutem Appetit. –

Nachdem sich Freund Eduard dieser Meinung entledigt hatte, fuhr er fort in der Erzählung seines Traumes, wie folgt:

Unbefangen im Bewußtsein meiner, sozusagen, Nichtweiterbemerkbarkeit, huscht ich in einen schönen Salon hinein, welcher festlich gefüllt war. Und das muß ich gestehn, dieses flimmernde Flunkerwerk von Lächeln, Fädeln und Komplimentieren, nicht selten mit der Angel im Wurm, fand meinen ganzen verständnisvollen Beifall. –

Was ist doch der «alte Adam» für ein prächtiger Kerl! Er rackert sich ab, er hackt und gräbt und schabt und schindet, er schlägt sich und verträgt sich, jahrelang, generationenlang, je nach Glück und Geschick, hat er aber mal was auf die hohe Kante gelegt, hat er Geld und Zeit, flugs schruppt er sich und macht sich schmuck, daß man kaum noch sieht, was eigentlich dran ist. Und «Eva»? Wer weiß, was Grazie heißt, wem es jemals vergönnt war zu bemerken, mit welch zweckmäßiger Anmut sie die immerhin etwas verdächtigen Erbstücke einer paradiesischen Vergangenheit teils traulich zu umwölken, teils freundlich zu enthüllen, teils anheimelnd zu schmücken versteht, dem wird es weder unerklärlich noch unverzeihlich erscheinen, daß ich, als der unerbittliche Morgen ans Fenster klopfte, nur mit Bedauern eine Kulturstätte verließ, wo mir's so wohl war, trotzdem mich doch niemand beachtet hatte.

Noch sind Markt und Gassen umschleiert von erfrischendem Nebeldunst. Doch schon, geweckt und angetrieben durch den gewinnverheißenden Handelsgeist oder durch einen vorsorglichen Hinblick auf den leider unvermeidlich bevorstehenden Tagesbedarf der häuslichen Wirtschaft, hat mancher sein nächtliches Lager verlassen, um auf dem Markte womöglich der erste zu sein. Ein freundlicher Kleinbürger, vermutlich ein Junggesell, hat sich bereits sein Päckchen Butter erstanden und tritt befriedigt die Heimkehr an. Doch prüft er noch einmal unter Zuhilfenahme des Zeigefingers. Der Erfolg ist schreckhaft. Das Auge starrt, der Mund steht geöffnet. Er eilt auf den Markt zurück. Er umhalst die ländliche Butterfrau. Er drückt ihr Haupt an seinen Busen. Und während er dies mit der Linken tut, schmiert ihr seine Rechte unter fortwährend mahlender Kreisbewegung die «gefüllte» Butterwälze in das ängstlich gerötete Angesicht. Die Frau kam mir bekannt vor. Der herbeigerufene Schutzmann knüpfte mit ihr ein näheres Verhältnis an.

Zu gleicher Zeit entstand vor einem in der Nähe liegenden geschmackvollen Rokokohause ein wehmütig klagendes Volksgetümmel. Meist Witwen und Waisen. Bankiersfirma. Geschäft geschlossen. Besitzer gestern begraben. Passiva bedeutend.

Doch die Sonne, den Nebel zerteilend, schien nun strahlend an den Tempel der Wissenschaft, dem mein nächster Besuch galt.

Ich sah sie, ich sah sie leibhaftig, die hohen Forscher, ich sah sie sitzen zwischen ihren Mikroskopen, Retorten und Meerschweinchen; ich erwog den Nutzen, den Vorschub, den berechtigten Stolz und alles, was ihnen die Menschheit sonst noch zu verdanken hat, und in gedrückter Ehrfurcht verließ ich die geheiligten Räume.

Aber ein Kritiker – denn Flöhe gibt's überall – sagte zu einem andern, mit dem er vorüberging: «Da drinnen hocken sie. Zahlen im Kopf, Bazillen im Herzen. Alles pulverisieren sie: Gott, Geist und Goethe. Und dann die Besengilde, die gelehrte, die den Kehricht zusammenfittchet vor den Hintertüren der Jahrtausende. – Siehst du das Fuhrwerk da? Siehst du den Ziegenbock, der jeden Morgen sein Wägelchen Milch in die Stadt zieht? Sieht er nicht so stolz aus, als ob er selber gemolken wäre?»

Ich flog ins Museum, in die Verpflegungsanstalt für bejahrte Gemälde, und als ich sie mit Verständnis besichtigt hatte, begab ich mich nebenan in die Bilderklinik, wo die Bresthaften geflickt und kuriert werden. «Restauriert und überlackiert!» so seufzte ein würdiger Kunstfreund. «Und wenn's gut geht, ein paar geistige Pinselhaare bleiben immer drauf kleben!»

Wie? dacht ich. Soll denn Tobias seinen alten Vater nicht salben, der blind ist? Soll denn eine liebende Enkelin ihre gute Großmutter nicht schminken, wenn sie runzlicht geworden? Und, für alle Fälle, was Neues gibt's auch noch. Wo hängt es? Im Kunstverein.

Witsch! war ich da. Der Anblick, der mir zuteil wurde, steht unauslöschlich in meiner Seele geschrieben. Alles mußt ich loben; das herbe Elend, wie es leibt und lebt; die anregenden Visionen der Mystik; ja beinah auch die anziehenden Gestalten der Frauenwelt, die so unbefangen dastanden, obgleich sie aus der Überschwemmung der Kleider nichts weiter als das nackte Leben gerettet hatten.

Jedoch leider traf ich auch hier wieder störende Leute, denen die Tätigkeit ihrer kunstfertigen Mitmenschen nicht recht war.

So ein ruppiger alter Junge schnüffelte an allen Bildern herum und suchte nach Zweideutigkeiten, um sich sittlich zu entrüsten. Man nannte ihn den «Mann mit der schmutzigen Brille», weil er überall den Unrat wittert, den er mitbringt.

Und noch ein anderer war da mit einem Gesicht so boshaft wie das eines tausendjährigen

Kolkraben, der im Reviere das entscheidende Wort führt. «Nichts als Quark!» krächzte er um sich blickend. «Malen kann jeder, geschickt sind viele, gescheit sind wenige, ein Mensch ist keiner. Gebt mir einen ganzen Menschen, ein komplettes Individuum, das sich aufs Malen verlegt, und so unerschöpflich im Finden, Formen und Färben, daß alles aus ist. Das ist's, was ich von der Kunst verlange!»

Was so ein Schlingel, dacht ich, nicht alles von der Kunst verlangt und noch mehr von seinem Schöpfer, denen er noch nie was geschenkt hat.

Zwei berühmte Künstler, die eben vorüberschritten, machten dem Kritikus zwei ergebenste Bücklinge; denn Furcht heißt die Verfasserin des Komplimentierbuchs für alle. Als sie unter sich waren, nannten sie ihn Schafskopf. –

Wie Ihr wohl bemerkt haben werdet, meine Freunde, war ich entrüstet, und komplett war ich auch nicht. Entrüstung ist ein erregter Zustand der Seele, der meist dann eintritt, wenn man erwischt wird. –

Mit der Politik gab ich mich nur so viel ab, als nötig, um zu wissen, was ungefähr los war. Vor wenigen Tagen war der größte Mann seines Volkes vom Bocke gestiegen und hatte die Zügel der Welt aus den Händen gelegt. Nun, hätte man meinen sollen, gäb's ein Gerassel und Kopfüberkopfunter. Doch nein! Jeder schimpfte und schacherte und scharwenzelte so weiter und spielte Skat und Klavier oder sein Los bei Kohn und leerte sein Schöppchen, genau wie vorher, und der große Allerweltskarren rollte die Straße entlang, ohne merklich zu knarren, als wäre er mit Talg geschmiert.

Die Welt ist wie Brei. Zieht man den Löffel heraus, und wär's der größte, gleich klappt die Geschichte wieder zusammen, als wenn gar nichts passiert wäre.

Während ich noch hierüber nachdachte, fiel mir plötzlich was ein. So viel Wunderbares und Herrliches mir nämlich bisher auch begegnet war, ein wahrhaft guter Mensch war mir nicht vorgekommen. Nicht, daß ich mich so recht herzlich danach gesehnt hätte; es war nur der Vollständigkeit wegen.

Wie ich munkeln hörte, sollte einer da und da, Hausnummer so und so, gleich draußen vor der Stadt leben; ein auffälliger Menschenfreund, dem der Besitz eine Last sei und das Verteilen ein Bedürfnis, und ich beeilte mich, ihm sofort einen heimlichen Besuch abzustatten.

Er hatte grad von der Heerstraße, die vor seiner Türe vorüberführte, fünf das Land durchstreifende Wanderer hereingeholt. «Brüder!» so sprach er mild. «Tut, als ob ihr zu Hause wärt. Wir wollen alle gleich viel haben!»

Die Fremden zeigten sich einverstanden. Man aß gemeinsam, man trank gemeinsam, man rauchte gemeinsam, und was die Stiefel anlangt, so wurde freudig beschlossen, daß sie in der Früh gemeinsam geputzt werden sollten.

Da der Fall immerhin merkwürdig schien, beschloß ich, bis zum folgenden Tage zu bleiben.

Am nächsten Morgen versammelten sich die sechs Herren im gemeinsamen Frühstückszimmer, und als der Menschenfreund seine fünf Brüder ebenso propper gekleidet sah wie sich selbst, trat ihm eine Träne ins Auge, und jedem die Hand reichend, sprach er seine Freude darüber aus, daß nun jeder befriedigt sei.

Ein gewesener Maurerparlier fing an, sich zu räuspern. «Ja!» sprach er. «Das ist wohl so! Indessen, da du deinerseits, mein Bruder, nun so lange Zeit mehr gehabt hast als wir, wär's da nicht recht und billig, wenn wir unserseits nun auch mal ebenso lange Zeit mehr hätten als du?»

Der gerechte Menschenfreund, dem inzwischen noch eine zweite Träne ins Auge getreten, nickte ihm Beifall zu.

Demnach trank jeder seinen Mokka, ausgenommen der Menschenfreund, demnach nahm jeder seinen Kognak, ausgenommen der Menschenfreund, demnach rauchte jeder seine Havanna, ausgenommen der Menschenfreund, demnach putzte keiner die Stiefel, ausgenommen der Menschenfreund.

Als dieser nun seine fünf Brüder noch propperer dastehen sah als sich selber, trat ihm eine dritte Träne ins Auge, und jeden umarmend, drückt er jedem seine Freude darüber aus, daß endlich jeder befriedigt sei.

Hier fing der Maurerparlier wieder an sich zu räuspern und sagte, ja, das wäre wohl so, aber jetzt sollte er sich mal draußen unters Fenster stellen, und dann wollten sie ihm mal richtig auf den Kopf spucken und wollten mal zusehen, ob der Herr Bruder noch stolz sei.

Der Menschenfreund, dem inzwischen noch

eine vierte Träne ins Auge getreten, zeigte sich abgeneigt.

Als das die fünf Brüder bemerkten und sahen, daß er sich sträuben wollte, faßte ihn einer hinten am Rockkragen und zog dran, bis die Ohren oben verschwanden, und ein anderer faßte ihn hinten am Hosenbund und zog dran, bis die Waden unten zum Vorschein kamen, und so führten sie ihn rings in der Stube herum und ließen ihn «stolz gehen», wie sie es nannten, und dann hielten sie ihn horizontal in der Schwebe und trugen ihn auf den Hausflur, und dann zählten sie eins, zwei, drei, indem sie ihn pendulieren ließen, und bei drei flog er zum Tore hinaus und tat einen günstigen Fall in warmen Spinat und erschreckte eine Kuh, die sich hier einen Augenblick verweilt hatte, und als er so dalag, rannen ihm die angesammelten vier Tränen auf einmal aus den Augen heraus, und schimpfen tat er auch. Daraus, daß er letzteres tat, sah ich nur zu deutlich, daß er doch kein recht guter Mensch war. –

Wer der Gerechtigkeit folgen will durch dick und dünn, muß lange Stiefel haben. Habt Ihr welche? Habe ich welche? Ach, meine Lieben! Lasset uns mit den Köpfen schütteln! –

In meinem Traume aber hatte ich die Hoffnung, einen guten Menschen zu finden, noch nicht aufgegeben. Ich folgte auf gut Glück einem Kollektanten, der mit seiner Sammelliste in eine nahe gelegene Villa ging.

Der nicht unbeleibte Besitzer derselben gab eine Mark für die äußere Mission und fünfzig Pfennige für die innere. Nachdem er dies getan und der Kollektant sich entfernt hatte, verfiel er in Schwermut. «Ich bin zu gut! Ich bin viel zu gut!» rief er seufzend und war ganz gerührt über sich selber wegen seiner fast strafbaren Herzensgüte.

Ich war befriedigt. Ich hatte sogar einen mehr als guten Menschen gesehn.

Erleichtert, sozusagen, flog ich nach dem Nymphengarten, wo vor versammelten Zuschauern ein Ballon in die Lüfte stieg.

Der großartige Anblick brachte plötzlich einen kleinen Plan in mir zur Reife, den ich längst schon gehegt hatte. Ich wollte doch eben mal nachsehn, ob die Welt eigentlich ein Ende hätte oder nicht.

Pfeilschnell stieg ich auf und befand mich sogleich in unmittelbarer Nähe des Ballons. Wir schwebten über der Stadt. Den Fallschirm in kundigen Händen, sprang der Luftschiffer aus der Gondel. Der Schirm versagte; und der kühne Aeronaut, soeben noch schnell nach oben strebend, strebt nun noch schneller nach unten mit einer zunehmenden Geschwindigkeit, die er kaum selber zu ermessen vermag. Er setzt sich auf den spitzigen Blitzableiter der Synagoge. Er zappelt unwillig mit Händen und Füßen, denn er war Antisemit. Dann ließ er nach und gab sich zufrieden. –

Ja, meine Lieben! Im ersten Augenblicke ist einem manches nicht angenehm, aber mit der Zeit gewöhnt man sich an alles.

Ach ja! – Nicht lange, so hatt ich ihn und seinen

Luftball, ja sogar den atmosphärischen Dunstkreis unseres Erdballes weit hinter mir.

Es sauste bereits ein Komet an mir vorüber, jedoch so eilig, daß ich nur konstatieren konnte, es war eine runde, hohle, durchscheinende Kuppel von Milchglas, die ein Loch hatte, aus dem geräuschvoll ein leuchtendes Gas entströmte, welches nach hinten den Schweif, nach vorne, vermutlich durch Rückstoß, die rapide Bewegung dieses merkwürdigen Sternes erzeugte.

Wenige Sekunden später passiert ich den Tierkreis.

Die hübsche «Jungfrau» mit den gesunden «Zwillingen», auf jedem Arm einen, schielte zärtlich nach dem «Schützen» hinüber, einem schmukken, blonden, krausköpfigen Burschen, dessen Flügel schön bunt, dessen Köcher, Bogen und Pfeile von Gold sind.

Nicht weit davon in seiner Butike saß der schlaue krummnasige «Wassermann» – Juden gibt's doch allerwärts! – und regulierte die «Waage» zu seinen Gunsten.

Nun aber tat ich einen Satz, den ich mir selber, und das will was heißen, kaum zugetraut hätte. Der Aufschwung, den ich mir gegeben, war dermaßen kräftig, daß ich nicht bloß die äußere Kruste der Welt durchstieß, sondern auch noch eine erkleckliche Strecke weit hinausflog in den leeren unermeßlichen Raum. Hier stand ich still, drehte mich um und verschnaufte mich. Durch die gemachte Anstrengung war ich weißglühend geworden. Und nun kam der erhabenste Augenblick meines Lebens.

Von meinem Ich allein, von einem einzigen Punkte aus, durch die unendliche Nacht, warf ich einen elektrisch leuchtenden Strahlenkegel auf die Weltkugel, die in ziemlicher Entfernung mir grad gegenüber lag. Sie hatte wirklich ein Ende und sah von weitem aus wie ein nicht unbedeutender Knödel, durchspickt mit Semmelbrocken.

Tief versunken in das überwältigende Schauspiel, hatt ich fast nicht beachtet, daß ich anfing mich abzukühlen. Mein Licht brannte matter. Die Aussicht, im nächsten Augenblicke ganz allein in der leeren Dunkelheit zu sitzen, wo es obendrein kalt wurde, erschreckte mich doch. Es war die höchste Zeit.

So schnell ich nur konnte, eilt ich der Welt wieder zu und fand auch glücklich das Loch wieder, wo ich herausgekommen. Ich bohrte tiefer und tiefer; aber noch geblendet von meinem eigenen Lichte von vorhin, kam mir alles so dunkel vor. Ich tappte hierhin und dahin. Endlich fühlte ich was Rauhes. Es war der Schwanz des «Kleinen Bären». Sofort orientierte ich mich, rutschte ein gutes Stück weit an der Himmelsachse hinunter und sprang dann, sobald unser kleines Erdel in Sicht kam, nach seitwärts in der Richtung der gemäßigten Zone hinab.

Die geographische Lage des Ortes, wo ich mich niederließ, war mir ganz und gar unbekannt. Ich weiß nur, daß ich auf der linken Hand eines jungen Mädchens saß, welches mich scharf fixierte, während es mit der Rechten zu einem Klapse ausholte, der mich sicher zermatscht hätte, wie eine Stechmücke, wär ich nicht schnell auf und davon gewitscht.

So war ich denn zum erstenmal auf meiner Reise unter Menschen geraten, welche scharfsinnig genug waren, mich trotz meiner Wenigkeit zu bemerken.

Um zu probieren, ob ich auch verstanden wurde, näherte ich mich einem Schäfer, der, unter einem schattigen Baume liegend, sein Vesperbrot verzehrte, bestehend aus einer Flasche Rotwein nebst drei gebratenen Tauben.

Ohne irgendwelches Erstaunen, ohne seine Tätigkeit im geringsten zu unterbrechen, nickte er mir auf meinen Gruß: Prostemahlzeit! sein gemütsruhiges: Danke! zu.

Während er nach Erledigung der Flasche seine dritte Taube entknöchelte, sagt ich zu ihm:

«Ihr lebt hier, scheint's, im Reiche der Behaglichkeit, guter Freund!»

«Mag wohl sein!» gab er schon halb träumend zur Antwort. Dann mümmelte er noch ein Weilchen so hin an dem letzten Taubenflügel, der ihm halb aus dem Munde stand, und verfiel in einen dermaßen erquicklichen Schlummer, daß es weithin vernehmlich war.

Eduard schnarche nicht so!
ließ sich wieder die Stimme verlauten.

Wieso? dacht ich und flog wohlgemut weiter, um über Sitten und Bräuche des Landes meine näheren Erkundigungen einzuziehn.

Durch das einmütige Zusammenwirken sämtlicher Forscher auf sämtlichen Gebieten der Wissenschaft war hier in der Tat ein solch angenehmes Kommunalwesen zustande gekommen, daß selbst ein im Hergebrachten verhärteter Kopf hätte zugeben müssen, es sei mehr, als er jemals für möglich gehalten. Gewöhnliches Mehl, soviel man brauchte, wurde einfach aus Sägespänen gemacht, das feinere für die Konditer auf etwas weitläufigerem Wege aus Bettstroh und Seegrasmatratzen. Zucker hatte man gelernt ohne weiteres herzustellen, ohne auch nur einer einzigen Rübe ein gutes Wort geben zu müssen. Aber das Wichtigste war, daß man keine Kohlen mehr nötig hatte. Vermittelst sinnreicher Brennglasapparate sammelte man während der guten Jahreszeit nicht bloß so viel Sonnenwärme, als zum Betriebe aller Maschinen, Öfen, Lampen, Töpfe und Wärmflaschen des Landes erforderlich war, sondern auch zu bloßen Belustigungszwecken noch immer was drüber. Daß dadurch den Leuten hier die Einrichtung einer bequemen bürgerlichen Gemeinschaft bedeutend erleichtert wurde, war überall ersichtlich. Man tut gleich wenig und hat gleich viel. Nur der, welcher grad Dünger fährt, kriegt einen Schnaps extra. Mit dem fünfunddreißigsten Jahre zieht man auf die Leibzucht. Stehlen hat keiner mehr nötig; höchstens wird von kleinen Knaben noch mal hin und wieder eine Zigarre stibitzt. Man betrachtet dergleichen als angeborenen Schwachsinn, wo der Betreffende im Grunde nichts für kann, und bringt ihn deshalb in die Anstalt für Staatstrottel zu den übrigen. Auch andere Krankheiten gibt's wohl noch, doch hat man Mittel gefunden, daß keine mehr weh tut, und was das Faulfieber betrifft, welches, besonders in den wärmeren Monaten, nicht eben sehr selten ist, so kuriert man es nach und nach durch Wohlwollen und nachsichtige Behandlung. Man muß nur Geduld haben.

Der Tod ist freilich auch hierzulande nicht ausgeschlossen; nur ist man viel zu aufgeklärt und besitzt im Hinblick auf die Höhe der eigenen Leistungen ein viel zu edles Selbstgefühl, um sich der Befürchtung hinzugeben, es könne hernach am Ende doch etwas passieren, woran niemand eine rechte Freude hat.

So weit wäre ja alles recht schön! dacht ich. Aber wie sah's aus mit der Neidhammelei der Dummen gegen die Gescheiten und der Garstigen gegen die Wohlgeformten, besonders bei den Herren? Wie, vor allen Dingen, verhielt es sich mit der Strebsamkeit der Liebe, so daß der Zappermentshansel immer oben drauf sein möchte im Herzen der Grete und es partout nicht leiden will, daß sie den Malefizjochen noch lieber hat als ihn?

«Jah!» sagte mir ein phlegmatischer Leibzüchter. «War schlimm! Früher auch viel Last gehabt damit. Jetzt vorbei. Schon längst die Kon-kurrrrenz-drrrüüse –»

Eduard schnarche nicht so!

rief die Stimme. Ich hörte aber nicht hin danach.

«– die Konkurrenzdrüse entdeckt!» fuhr der Leibzüchter fort; und dann beschrieb er das Weitere. Sie sitzt hinter dem einen Ohre, tief in der Gehirnkapsel. Ausbohrung obligatorisch. Erfolg durchschlagend.

Er hatte recht. Mit dem Gedrängel und der Haßpasserei war's aus daselbst. Man gönnte jedem seine Schönheit und seine Gescheitheit und seine Frau auch, sie mochte so verlockend sein, wie sie wollte, und ob die Grete den Hans kriegte oder den Jochen, oder den alten Nepomuk, das war ihr und überhaupt jedem egal.

So lebten denn da herum die Leute in einer solch wöhnlichen und wohldurchdachten Gemeinschaft, daß sie unsern Herrgott und seine zehn Gebote nicht mehr nötig hatten.

Nur eins war schade. Das Lachen hatte aufgehört. Zwar hat man Lachklubs und Lachkränzchen für jung und alt; man läßt sich den dümmsten Stoffel und die garstigste Trine aus dem Spital kommen und besichtigt sie von allen Seiten; man lacht, aber es geht nicht so recht. Es ist ein heiseres, hölzernes, heuchlerisches Lachen.

Und natürlich, meine Lieben! Jenes selige Gefühl, wobei das ganze Gesicht glanzstrahlend aus dem Leime geht; jenes wonnige Bewußtsein, daß wir wen vor uns haben, der noch dümmer oder häßlicher ist als wir selber; diese aufrichtige Freude an der Bestätigung unserer überwiegenden Konkurrenzfähigkeit, deren lauten oder leisen Ausdruck wir Lachen oder Schmunzeln nennen, konnte unter derartig geregelten Verhältnissen nicht mehr vorkommen. Daß sich aber dagegen eine gewisse sanfte Eintönigkeit herbeischleichen würde, deren Wert man nur selten zu schätzen weiß, das ließ sich wohl annehmen.

Und so war's. Sie hatten gemütliche Parkanlagen; aber an jedem Baum hing wer. Die Eingeborenen freilich spazierten herum dazwischen und hatten nichts weiter dabei. Ich konnte mich aber nicht recht daran gewöhnen.

Es war eine größere Insel, auf der ich mich befand. Ich flog übers Meer.

Unterwegs, als ich bei einer ganz kleinen Insel vorüberkam, sah ich mehrere antike Sirenen auf ihren Nestern sitzen. Ihre Gesichter waren faltig, wie dem Großvater sein lederner Tobaksbeutel, und Stimme hatten sie auch nicht mehr, sondern schnatterten wie die Gänse. Da sie nicht länger, weder durch Gesang noch durch Händewinken und Augenzwinkern, den Schiffer bezaubern konnten, versuchten sie's vermittelst goldener Eier, die sie selber gelegt hatten, und als ich mich auf nichts einließ, schmissen sie damit, und ich merkte wohl an einem, welches dicht an mir vorbeiflog, daß sie nicht echt waren, und freute mich, daß mich keins traf, wegen meiner Geringfügigkeit, und so erreicht ich wohlbehalten das Festland, ohne vergüldet zu werden.

Zunächst besucht ich, um endlich mal zu erfahren, was eine Sache ist, abgesehen davon, wie sie uns vorkommt, einen weitberühmten Naturphilosophen, der mir zu diesem Zwecke besonders empfohlen war.

Derselbe begrüßte mich unter der Haustür und führte mich, als er gehört, was ich wollte, sogleich mit überlegener Höflichkeit in sein geräumiges Arbeitszimmer.

Er trug ein rotes Samtkäppchen mit grüner

Hahnenfeder, einen Schlafrock von Maulwurfsfellen, eine hirschlederne Hose und spitze Pantoffeln von Krokodilshaut. Seine Nase glich der Mohrrübe, sein Auge der Walnuß, sein Mund der Sparbüchse, sein Bart den Fischgräten, und auf dem Kinn hatte er eine Warze sitzen, die aussah wie ein vollgesogener Zeck.

Obgleich sein Benehmen durchaus ernsthaft erschien, war mir's doch, als müßte sich unter der Haut seines ehrwürdigen Gesichtes ein verschmitztes Lächeln verbergen; ein Argwohn, der zusehends verschwand, als ich die wundersamen Gegenstände bemerkte, welche dieser außerordentliche Mann nicht bloß zu sammeln gewußt, sondern auch auf das liebenswürdigbereitwilligste zu zeigen geruhte.

Auf Tischen, Stühlen, Schränken standen und lagen durcheinander Bücher, Präparate in Spiritus, ausgestopfte Vögel, Automaten und sonstige Schosen.

Drei Papageien, die stets wiederholten, was der Meister gesagt hatte, schaukelten sich auf einer schwebenden Stange.

«Vorerst, mein Wertester», so begann er, «betrachtet Euch gefälligst dies automatische Kunstwerk!»

Knarrend zog er es auf. Es war ein Fischreiher, in einer Schale voll Wasser stehend, worin sich ein Aal befand. Der Reiher bückte sich, erfaßte den Aal, hob ihn in die Höhe, verschluckte ihn und stand dann, gleichsam befriedigt, in Gedanken. Aber bereits im nächsten Augenblicke schlüpfte der geschmeidige Fisch wieder hinten heraus. Wieder mit unfehlbarer Sicherheit ergriff ihn der langgeschnäbelte Vogel, ließ ihn hinuntergleiten und wartete sinnend den Erfolg ab, und wieder kam der Schlangenfisch am angeführten Orte zum Vorschein, um nochmals verschlungen zu werden, und so ging's fort und fort.

«Dies», erklärte der Meister, «ist der ‹Kreislauf der Dinge›!»

Darauf nahm er ein unscheinbares Gerät vom Schranke. Es war eine kleine Wehmühle. Er blies den Staub davon, hielt sie mir vor und sprach bedeutungsvoll:

«Hier, mein Geschätzter, seht Ihr das ‹Ding an sich›, das vielberufene, welches vor mir noch niemand erkannt hat.»

Er drückte auf einen Knopf. Die Mühle fing langsam zu fächeln an. Ein ungemein wohliges Gefühl überkam mich, als würd ich von zarten Händen so recht sanft hinter den Ohren gekraut.

Er drückte zum zweiten Male auf den Knopf. Nur das feinste Diner kann der Zunge ein solches Wohlgefallen bereiten, wie es mir jetzt zuteil wurde.

Er drückte zum dritten Male. Nun kam der Geruchsinn an die Reihe. Erschrocken blickt ich den Meister an. Doch nicht der leiseste Zug einer verdächtigen Heiterkeit störte den Ausdruck seines ehrbaren Gesichtes.

Schon berührte er den Knopf zum vierten Male. Ein prachtvoller Parademarsch erklang.

Er drückte zum fünften Mal. Ein Feuerwerk

sprühte auf, so herrlich, daß es sich der Prinz an seinem Geburtstage nicht schöner hätte wünschen können.

«So ist denn», sprach er erklärend, «alles das, was zwischen uns und den Dingen an sich passiert, nichts weiter als eine Bewegung, bald schneller, bald langsamer, in einer Äther- oder Luftschicht, die bald dicker, bald dünner ist.»

«Auch die Gedanken?» fragt ich.

«Auch sie!» erwiderte der Meister. «Wir werden gleich sehen!»

Er stellte die Wehmühle weg und kriegte eine Windmühle her. Sie war nach dem gleichen System gearbeitet wie diejenigen, welche man in die Wipfel der Kirschbäume stellt, um die Spatzen zu verscheuchen, nur war sie viel kleiner und hatte Flügel von Papier. Indem er mir dieselbe entgegenhielt, rief er ermunternd:

«Wohlan, mein Bester! Jetzt denkt mal drauf los!»

Ich nahm mich zusammen und dachte, was ich nur konnte, und je eifriger ich dachte, je eifriger drehten sich die Papierflügel der Mühle, und klappern tat sie, daß es selbst ein erfahrener alter Sperling nicht gewagt hätte, in ihre Nähe zu kommen.

«Je mehr Wind, je mehr Lärm!» sprach der Gelehrte erläuternd.

«Und Lust und Leid des Herzens», forschte ich weiter, «sind die gleichfalls Bewegung?»

«Gewiß!» erhielt ich zur Antwort. «Nur schraubenförmig!»

Damit nahm er vom Gesimse ein zierliches

Gestell, worin horizontal ein Pfropfenzieher lag, den man vermittelst einer Kurbel in drehende Bewegung setzen konnte.

«Nur zu!» rief ich erwartungsvoll.

Er schloß das linke Auge und fixierte mich blinzelnd mit dem rechten.

«So geht es noch nicht!» sprach er zögernd. «Denn wie ich bemerke, mein Lieber, ist Eure Konstitution etwas anders beschaffen, als wie es sonst üblich ist. Darum bitt ich, zuvörderst hier Platz zu nehmen in dem Sessel der höheren Empfindsamkeit!»

Dies war ein ungemein weich gepolsterter Lehnstuhl. Ich ließ mich darauf nieder. Der Meister näherte sich mit der Schraube und fing an vorwärts zu drehen.

Ein unsagbar peinliches Gefühl durchbohrte mein innerstes Wesen. Ich hätte laut aufschreien mögen. Es war, als wäre meine alte Großtante gestorben.

«Der Schmerz ist positiv!» sprach der Meister gelassen.

Und nun drehte er rückwärts. Der Schmerz ließ nach. Es durchströmte mich, wie ein großes unerwartetes Glück. Es war, als hätte mir die Selige eine halbe Million vermacht.

«Die Freude ist negativ!» erklärte der Meister, indem er die Seelenschraube wieder an ihren Platz stellte.

Um die Geduld des freundlichen Gelehrten nicht übermäßig in Anspruch zu nehmen, hielt ich es jetzt für angemessen, mich bestens zu empfehlen.

«Noch eins!» sprach er und führte mich an seinen Schreibtisch.

In einem großen Glase voll Spiritus saß ein wunderliches Geschöpf, welches die größte Ähnlichkeit hatte mit einem überreifen Kürbis, woran unten, scheinbar als Gliedmaßen, ein paar kümmerliche Ranken hingen.

«Dies», so demonstrierte der Meister, «ist der Mensch von vor tausend Millionen Jahren, ehe er herabsank zum verächtlichen Lanzettierchen, von welch letzterem wir uns wenigstens in der Gegenwart so weit wieder aufgerappelt haben, daß wir hoffen dürfen, auch in der Zukunft noch mal wieder etwas Rechtes zu werden.»

«Schön ist er nicht!» meint ich enttäuscht.

«Aber schlau!» fiel mir der Forscher ins Wort. «Ich hab ihm den Kopf visitiert. Die zweifelhafte Unterscheidung zwischen hier und dort, zwischen heute und übermorgen, die uns jetzt so viele Verlegenheiten bereitet, gab's damals nicht; die Frage, ob zwei mal zwei vier sei, oder sonst was, ließ man unentschieden; und was die Grundsätze der Geometrie betrifft, so kann ich wenigstens so viel mit Bestimmtheit versichern, daß zu jenen Zeiten die krümmste Linie der kürzeste Weg zwischen zwei Punkten war.»

Hier machte der Naturphilosoph eine Pause, die mir Zeit ließ, ihm meine Bewunderung auszudrücken und zugleich noch ein weiteres Problem zu berühren.

«Hochverehrtester!» hub ich an. «Darf ich mir zum Schluß noch eine kleine Anfrage gestatten?»

Er nickte verbindlich.

«Wie», fragt ich, «steht es mit der Ethik? Was muß der Mensch tun, daß es ihm schließlich und ein für allemal gut geht?»

Ohne sich lange zu besinnen, öffnete der Weise eine Schublade, nahm eine Flöte heraus, schrob sie auf seine Nase, kniff den Mund zu, blies die Backen auf und fing an zu fingern und zu trillern und zu quinquilieren, wie ein gut geschulter Kanarienvogel, der auf der Geflügelausstellung den ersten Preis gekriegt hat.

Als er hiermit aufgehört, fragte er kurz:

«Verstanden? Überzeugt?»

«Nicht so ganz!» gab ich verlegen zur Antwort.

Nun begann er aufs neue, indem er abwechselnd sang und flötete und dabei den Kopf gar gefällig von einer Seite zur andern wiegte:

«Wer nicht auf gute Gründe hört,
                        trideldi!
Dem werde einfach zugekehrt,
                        trideldi!
Die Seite, welche wir benützen,
Um drauf zu liegen und zu sitzen,
                        triddellitt!»

Hiermit brach er kurz ab, legte die Flöte beiseite, drehte sich um, wickelte sich stramm in seinen Schlafrock, nahm eine gebückte Stellung an, krähte wie ein alter Cochinchinagockel und verschwand im Hinterstübchen.

Die Papageien krähten gleichfalls. Einen Augenblick stand ich starr. Dann entfernt ich mich mit fabelhafter Geschwindigkeit.

Links vor mir lag ein anmutiges Tal, durchschnitten von einer breiten, musterhaft angelegten Chaussee, an deren Seiten die köstlichsten Obstbäume standen; rechts aber erhob sich, allmählich ansteigend, das Gebirge, immer höher und höher, bis es zuletzt fern oben in den Wolken verschwand.

Zu Fuß, zu Roß, zu Wagen bewegte sich eine Menge fröhlich erhitzter Menschenkinder den breiten Weg entlang, als ob irgendwo etwas Besonderes los wäre; alle in der nämlichen Richtung. Nur einer kam zurückgelaufen. Er sah lumpig, geschunden und verstört aus, sprang über den Graben und rannte querfeldein, wie besessen, ohne sich umzusehn. «Der Franzel ist närrisch geworden!» sagten die Leute so beiläufig und zogen lachend vorüber.

Bald bemerkt ich, wo sie hin wollten.

Ungefähr da, wo der breite Weg, dem felsigen Walde sich nähernd, in einen dunkelen Tunnel verlief, stand das Wirtshaus «Zum lustigen Hinterfuß», ein altes, geräumiges, neu wieder aufgeputztes Gebäude und allgemein beliebt als Vergnügungsort schon seit undenklichen Zeiten.

Der Wirt, im übrigen ein jovialer Mann, zog das eine Bein etwas nach. Er hatte mal in seiner Jugend, so wurde gemunkelt, bei einer Schlägerei, die nicht günstig für ihn ablief, einen ekligen Fall getan.

Seine sieben reizenden Töchter, die man scherzweise die «sieben Todsünden» zu nennen pflegte und die dem väterlichen Geschäfte natürlich sehr förderlich waren, begrüßten mit Kußhänden vom hohen Balkon herab die ankommenden Gäste.

Unten aber, aus einem Fenster des Erdgeschosses, wo sich die Küche befand, streckte eine verwitterte Hexe, die uralte Großmutter des Wirts, ihren spähenden Kopf hervor. Sie war die Köchin des Hotels, und ihre Nase war schwarz von Ofenruß.

Obgleich sich in den Gesellschaftsräumen des gastlichen Hauses eine etwas drückende Schwüle bemerklich machte, herrschte doch durchgehends unter jung und alt und hoch und niedrig die ungezwungenste Heiterkeit. Besonders abends, nachdem bei festlicher Beleuchtung Musik und Tanz begonnen, ging es so lustig zu, daß vom «Heimgehn» nicht gern wer was hören wollte, und als dennoch einer sich erhob und auf etwas Derartiges anspielte, riefen einige: Maul halten! und raus mit ihm! aber die meisten hörten gar nicht hin, sondern taten genauso, als ob dies einer wäre, der nicht da ist.

Unter den anwesenden Gästen erkannte ich verschiedene Personen, die mir während meiner Reise schon mal vorgekommen waren, z. B. den optimistischen Landwirt, der unter den Stellwagen geriet. Er wurde glücklich geheilt. Das Bein war krumm geblieben. Doch bekam er, wie er triumphierend erzählte, im Spätherbst die dicksten Kartoffeln.

Wie es im Traume zu geschehen pflegt, empfand ich über diese Begegnungen nicht das mindeste Erstaunen. Nur eins machte mich stutzig. Nämlich der viel zu gute Mensch, dessen Vorhandensein mich damals so ausnehmend befriedigt hatte, daß der auch mit mir hier war und sogar mit einer von den Töchtern des Wirtes in einer lauschigen Nische Champagner trank, das konnt ich nicht klein kriegen.

Nachdenklich und erhitzt flog ich zum Dach hinaus, um mich in der Nachtluft etwas abzukühlen, und setzte mich auf die Wetterfahne, und wie sie sich drehte, ging es immer: Züh, knarrr! Züh, knarrr!

Eduard schnarche nicht so!!

ließ sich wieder mal die bewußte Stimme vernehmen. «Schon recht!» dacht ich und fuhr Karussell auf der wirbelnden Fahne, daß es noch viel ärger knarrte als zuvor.

Von hier bemerkte ich etwas immerhin Auffälliges.

Es mochte so um Mitternacht sein, als ein eigentümlicher Hotelomnibus an der Hintertür vorfuhr. Er war schwarz angestrichen und hatte silberne Beschläge. Er war nicht zum Sitzen eingerichtet, sondern zum Liegen. Er wurde nicht hinten aufgemacht, sondern oben. Er holte keine Gäste her, sondern brachte nur welche weg. Einige derselben, die «abgefallen» waren, wurden von den Hausknechten herbeigetragen und hineingelegt. Der Kutscher, mit schwarzem Hut und schwarzem Mantel, sah recht vergnügt aus, obgleich er so blaß und mager war wie ein Hungerapostel. Er rief seinen gleichfalls mageren Rappen ein hohl klingendes Hü! zu, und langsam bewegte sich das Fuhrwerk in den «Tunnel» hinein.

Inzwischen nahm das Tanzvergnügen seinen ungestörten Fortgang.

Morgens früh, sobald es anfing zu dämmern, begab ich mich ein paar Meilen zurück und suchte den Fußweg auf, welcher, rechts neben der Chaussee allmählich im Walde aufsteigend, nach der «Bergstadt» führte, von der ich so viel Rühmliches und Wunderbares gehört hatte, daß ich den Entschluß faßte, sie aufzusuchen.

Ich gesellte mich zu vier munteren Wanderburschen, die auch schon dahin unterwegs waren. Sie sahen sehr unternehmend aus und hatten ein großes Wort und sagten, da wollten sie bis Mittag schon droben sein, noch ehe der Löffel ins Warme ginge. Sie erzählten mir auch gleich, wie sie hießen und wo sie her wären und was sie für ein Metier hatten.

Es waren vier «gute Vorsätze».

Sie stammten aus einer fetten Gegend, aus Hinnum bei Herrum, wo man die guten Schmalzküchen backt und die Kirchweih acht Tage dauert.

Der eine hieß Willich, der andere hieß Wolltich, der dritte hieß Wennaber und der vierte hieß Wohlgemut.

Willich hatte eine rote Nase, Wolltich ein rundes Bäuchlein, Wennaber eine schwarze Hornbrille, und wie verdammt hübsch der Wohlgemut aussah, das wußte er schon selber.

Natürlich fragten sie jetzt auch nach meinen Verhältnissen, worauf ich erwiderte: «Ich bin aus leer, und denke sehr und weiß noch mehr, wie ich aber heiße, das sag ich euch nicht.»

«Dann soll er Spirrlifix heißen!» rief der neckische Wohlgemut.

Und darüber lachten die drei andern, daß dem Willich die Nase blau wurde, dem Wolltich drei Knöpfe aus der Weste sprangen und dem Wennaber die Brille anlief vor Freudentränen.

Ich war nicht erbaut von solchen Späßen. Ich schwang mich nach oben und schwebte mindestens drei Meter hoch über der Gesellschaft.

Unter lebhaften Gesprächen marschierten sie bergan.

Mittlerweile stieg die Sonne auch höher und schien schon recht warm durch die Bäume. Wolltich der Dicke zog seine Joppe aus und hing sie an den Stock; Wohlgemut fing an zu flöten.

«Jungens, rennt nicht so!» sagte Willich. «Ich habe mir am linken Hacken eine Blase gelaufen!»

«Wenn wir nur kein Gewitter kriegen!» meinte der bedenkliche Wennaber.

Unter etwas weniger belebten Gesprächen marschierten sie bergan. Inzwischen stieg die Sonne noch höher und schien brühwarm durch die Bäume.

Willich blieb stehn.

«Was meint ihr zu dieser?» sprach er lächelnd und zog eine bedeutende Flasche hervor.

Wolltich blieb auch stehen.

«Was meint ihr zu der?» sprach er schmunzelnd und zog eine noch bedeutendere Wurst aus dem Ranzen.

Wennaber blieb gleichfalls stehen.

«Wenn wir nur nicht –», fing er zögernd an, aber Wohlgemut, der ebenfalls stehengeblieben, schnitt ihm das Wort ab und rief freudig: «Heraus mit der Klinge!» und klappte unternehmend sein Taschenmesser auf.

Dann suchten sie sich ein kühles Plätzchen, breiteten ihre Schnupftücher auf den Rasen und servierten das Frühstück. Ich setzte mich auf einen dürren Ast und sah zu.

«Spirrlifix, komm runter!» rief mir der gutmütige Wolltich zu und zeigte die Wurst her, und Willich schwenkte die Flasche.

Ich dankte. Ich war erhaben über dergleichen.

«Wer nichts mag, ist der Beste!» scherzte Wohlgemut, und das brachte Wolltich ins Lachen, und dann kriegte dieser einen Hustenschauer, und der ängstliche Wennaber klopfte ihm den Rücken, daß er nur wieder zu Atem kam.

Und nun langten sie zu und zeigten, was sie konnten, und daß sie tatkräftige Leute waren, wenn's ernstlich drauf ankam.

Willich ließ den Wein leben, Wohlgemut die Weiber und Wennaber fing an: «Es lebe die Weis- -», aber ehe er ausgesprochen, schrie Wolltich: «Es lebe die Wurst!»

Darauf, als sie sich ausreichend erquickt hatten, marschierten sie unter den lebhaftesten Gesprächen wieder bergan.

Inzwischen stieg die Sonne so hoch, wie sie nur konnte. Fast perpendikulär von oben blickte sie durchdringend auf die Schädel der Wanderer. Das Gespräch stockte. Die Schritte erlahmten.

Zuerst blieb Willich zurück. Rechts vom Wege stand ein dicker Baum. Hinter diesen setzte sich Willich, zog seinen linken Schuh aus und rieb sich überhaupt mit Hirschtalg ein.

Dann blieb Wolltich zurück. Rechts vom Wege stand noch ein dicker Baum. Hinter diesen setzte sich Wolltich.

Wennaber und Wohlgemut, welche nichts davon gemerkt hatten, marschierten schweigsam bergan.

Wir zogen am Rande eines sandigen Abhangs hin, der sich bis unten ins Tal erstreckte, und befanden uns nun an einer Stelle, von wo man eine dankbare Aussicht nach links hatte. Am Fuße des Berges sah man deutlich das reizende Etablissement liegen, welches ich in der Frühe verlassen hatte. Es tönte Musik herauf. Es war Gartenkonzert.

Jetzt blieb Wohlgemut auch zurück. Rechts am Wege stand noch ein dritter dicker Baum. Hinter diesen stellte sich Wohlgemut, kriegte sein Perspektiv heraus, und als er durch dasselbe bemerkte, daß unten im Garten viele hübsche Mädchen saßen, schob er's wieder ein, schlich sich an den Abhang und ließ sich hinunterrutschen.

Willich, der eben wieder hinter seinem Baume hervortrat und sogleich sah, wo Wohlgemut hin wollte, fing gleichfalls das Rutschen an, und Wolltich, der ebenfalls wieder hinter seinem Baume hervorgetreten war und dem die Sache auch gleich einleuchtete, rutschte auch hinterher.

So marschierte denn nun der nachdenkliche Wennaber, welcher die Abwesenheit seiner Kollegen nicht beachtet hatte, nur allein noch bergan.

«Kinder!» sprach er. «Je mehr ich mir diese Sache, die wir vorhaben, überlege, je mehr finde ich, daß diese Sache, die wir vorhaben, sehr zweifelhaft ist. Wie denkt ihr darüber?»

Bei diesen Worten drehte er sich um, und als er niemanden sah, sprach er:

«Meine Brille ist angelaufen, denn ich habe transpiriert!»

Er setzte sie ab und putzte sie mit Hilfe seines Rockschlappens, und dann setzte er sie wieder auf. Aber seine Kollegen konnte er nicht dadurch wahrnehmen. Doch ja! Dort unten rutschen sie.

Wennaber war sehr geneigt zum Überlegen, wenn er aber mal wußte, was er eigentlich wollte, dann war sein Entschluß kurz, fest und unabänderlich.

So auch jetzt. Er setzte sich rittlings auf seinen Wanderstab und rutschte gleichfalls den Berg hinunter und kam fast noch eher an als die drei andern.

Ich stieg weiter. Der Weg machte eine steile Wendung nach rechts hinauf.

Auf einmal gab's ein Gerassel. Erst kam mir etwas Steingeröll entgegengekollert, dann ein Sack voll Geld, dann ein runder Filzhut, dann eine goldene Schnupftabaksdose, dann ein runder Herr mit einem mannigfaltigen Charivari an der Uhrkette, was hauptsächlich das Rasseln tat, und dann rutschten sie alle nacheinander den Abhang hinunter, bis unten in den Chausseegraben.

Hier angelangt inmitten seiner Effekten, verharrte der Reisende zunächst in einer liegenden Stellung. Darnach setzte er sich zunächst auf den Geldsack und nahm eine Prise und besah sich die Rutschbahn, die er soeben durchmessen hatte. Darnach klopfte er seinen staubigen Filzhut aus, warf den Sack auf die Schulter und begab sich in das Wirtshaus «Zum lustigen Hinterfuß».

Ich stieg weiter. Der Weg wurde steiler und steiler.

Vor mir schritt ein Wanderer, ein Handelsmann, wie's schien, welcher eine Kiepe mit Glaswaren auf dem Rücken trug. Er ging mühsam und bedächtig, und als er einen passenden Baumstumpf fand, stellte er die Kiepe darauf und setzte sich ins Gras daneben, um auszuruhn.

«Ach Gott!» sprach er seufzend. «Wie muß der Mensch sich plagen!» Sofort, nachdem er diese Äußerung getan hatte, kam ein Wirbelwind durchs Gebüsch dahergerauscht und warf den Korb auf die Erde, daß alle Gläser zerbrachen.

«Sieh!» rief der erschrockene Handelsmann. «Kaum sagt man ein Wort, so stößt Er einem die Kiepe auch noch um!»

Er war sehr niedergeschlagen. Aber bald faßte er sich wieder, ging an den sandigen Abhang, setzte sich in die leere Kiepe, benutzte seinen Stecken als Steuer und kutschierte eilig ins Tal hinunter. Es dauerte auch nicht lange, so sah ich ihn drunten im Wirtsgarten, und der Herr mit dem Charivari und die vier guten Vorsätze hießen ihn bestens willkommen. Es mußten wohl alte Bekannte sein. Und die Musik spielte grade ein herrliches Potpourri.

Ich stieg weiter. Die Bäume wurden knorriger, die Felsen schroffer.

In einer Höhle, auf seinem Sitze festgebunden, den Rücken nach dem Lichte, das Gesicht nach der Wand gekehrt, saß der unglückliche Mensch, der, nun schon mehr als zehntausendmal wiedergeboren, doch noch immer von den Dingen, welche draußen vorbeipassierten, nichts weiter zu erkennen vermochte als ihre Schatten, die sie vor ihm an die Wand warfen.

Als ich vor der Öffnung der Höhle einige Sekunden stillstand, hielt er mich für einen schwarzen Fliegenklecks an seiner Mauer und begrüßte mich als solchen.

Mit überlegenem Lächeln verließ ich ihn.

Noch ehe ich um die nächste Felsenecke gebogen, vernahm ich ein klatschendes Geräusch, ähnlich dem, welches die Köchin verursacht, wenn sie den Braten klopft.

Nicht lange, so befand ich mich einem tätigen Manne gegenüber, der sich vermittelst eines Ochsenziemers dermaßen den entblößten Rücken zerpeitschte, daß man wohl sah, es waren Schläge, die Öl gaben.

«Was treibt Ihr denn da, guter Freund?» so fragt ich ihn.

«Das Leben ist ein Esel! Ich prügle ihn durch!» so schrie er und arbeitete weiter.

Ich begab mich höher hinauf.

Nicht lange war ich gestiegen, als ich auf

einem kahlen Platze einen kahlen Mann sitzen sah, der immer in dieselbe Stelle guckte.

«Was treibt Ihr denn da, bester Freund?» so fragt ich ihn.

«Das Leben ist ein Irrtum! Ich denke ihn weg!» gab er zur Antwort. Er hatte sich schon alle Haare weggedacht und dachte doch immer noch weiter.

Ich begab mich höher hinauf; und alsbald, so erreicht ich eine verfallene Einsiedelei, worin auf einem bemoosten Steine ein bemooster Klausner sich niedergelassen, der kein Glied rührte.

«Was treibt Ihr denn da, alter Freund?» so fragt ich ihn.

«Das Leben ist eine Schuld! Ich sitze sie ab!» so gab er zur Antwort und saß ruhig weiter.

Er mußte wohl schon lange gesessen haben, denn ein Faulbaum war ihm kreuz und quer durch die Kutte gewachsen, und in seiner Kapuze saß ein Wiedehopfsnest mit sechs Jungen, die sich weiter keinen Zwang antaten.

Nicht lange, nachdem ich diesen würdigen Eremiten respektvoll verlassen hatte, wurde der Wald weniger knorrig und plötzlich ganz hell.

Vor mir ausgebreitet lag eine weite, grüne, blumenreiche Wiese, in deren Mitte sich ein mächtiges Schloß erhob. Es hatte weder Fenster, noch Scharten, noch Schornsteine, sondern nur ein einziges fest verschlossenes Tor, zu dem eine Zugbrücke über den Graben führte. Es war aus blankem Stahl erbaut und so hart, daß ich trotz verschiedener Anläufe, die ich nahm, doch partout nicht hineinkonnte. Eine peinliche Tatsache. Die Freiheit des unverfrorenen Überalldurchkommens, auf die ich mir immer was eingebildet, war entweder merklich geschwunden, oder es gab Sachen, die mir sowieso schon zu fest waren.

Ich fragte einen steinalten Förster, der am Rande des Waldes stand, was denn das hier eigentlich wäre. Er schien nicht gut hören zu können, legte die Hand hinters Ohr, sah mich stumpfsinnig an und sog dabei heftig an seiner kurzen Pfeife, die er jedenfalls lange nicht rein gemacht hatte. Sie gurgelte und schmurgelte.

Eduard schnarche nicht so!
rief die Stimme. Ich hörte nicht weiter hin, sondern fragte den Förster zum zweiten Male:

«Alter Knasterbart! Könnt Ihr mir nicht sagen, was das hier für ein Schloß ist?»

«Kleiner Junker!» gab er zur Antwort. «Zu denen, die das nicht wissen, gehöre auch ich. Dahingegen mein Großvater, der hat mir oft gesagt, daß er es auch nicht wüßte, aber was sein Großvater gewesen wäre, der hätte ihm oft erzählt, es wäre so alt, daß das Ende davon weg wäre; und daß da ein heimlicher Tunnel wäre zwischen dem Schloß hier oben und dem Wirtshaus da unten, das hat er auch noch gesagt!»

«Was?» dacht ich. «Kleiner Junker?» Ich drehte dem alten Trottel den Rücken zu und sah nach dem Schlosse.

Auf der Wiese trieben sich viele kleine pechschwarze Teufelchen umher. Sie schwangen Netze, erhaschten Schmetterlinge und spießten sie auf feine Insektennadeln.

Jetzt öffnete sich das Tor. Ein langer Zug von ganz kleinen rosigen Kinderchen drängte heraus über die Brücke. Sofort ein heiteres Spiel beginnend, purzelten sie lachend zwischen den Blumen herum. Aber auch die Teufelchen kamen herbeigesprungen und neckten und balgten sich mit ihnen, und da die Teufelchen abfärbten, so kriegte jedes seinen kleinen Wischer weg, als hätten sie «schwarzen Peter» gespielt.

Auf den Bäumen, welche die Wiese begrenzten, saßen zahlreiche Storchnester. In jedem stand ein Storch auf einem Bein und sah bedächtig prüfend den kindlichen Spielen zu. Plötzlich flogen sie alle zusammen auf die Wiese hinunter. Jeder nahm sein Bübchen oder Mädchen, welches er sich ausgesucht hatte, in den langen Schnabel, und fort ging's hoch über den Wald weg.

Ein allgemeines Wehgeschrei erfüllte die Lüfte. Und die Teufelchen schrien lustig hinterher:

Storch Storch Stöckerbein
Kehr bei meiner Großmutter ein!
Triffst du sie zu Hause,
Laß dich von ihr lause.

Und dann schlugen sie freudige Purzelbäume mit großer Behendigkeit.

Da der Fußweg, welchen ich bislang verfolgt hatte, hier zu Ende war und ich über die Stadt am Berge auch keine nähere Auskunft erwarten konnte, schwenkte ich auf gut Glück etwas nach rechts in den Wald hinein, wo ich denn nach kurzer Zeit an einen Wildbach gelangte, der rauschend vorüberreilte.

Ein dichtes Dorngestrüpp versperrte mir die Aussicht. Als ich mich mühsam hindurchgearbeitet, tat sich weithin das Land auf; und nun sah ich erst, daß an der rechten Seite des Gebirges aus dem tiefen fernen Tale noch ein zweiter Pfad zu der beträchtlichen Höhe führte, die ich von links her erreicht hatte.

Der Pfad war sehr schmal. Stille Pilger, jeder sein Päckchen tragend, zogen herauf.

«Nur langsam, Freundchen! Ich will auch noch mit!» rief ich, als sie an mir vorüberkamen, einem der Wanderer zu.

Mit ruhig mildem Blicke mich ansehend sprach er: «Armer Fremdling! Du hast kein Herz!»

Betroffen blieb ich stehn und sah ihnen nach. Sie wandelten bescheiden ihres Weges weiter. Sie kamen an das Wasser. Ein schmaler Steg führte hinüber. Hinter dem Stege, in einem Gemäuer, tat sich ein enges Pförtchen auf. Die Pilger traten ein. Das Pförtchen schloß sich wieder.

Neugierig, wie ich war, versucht ich gleichfalls hineinzugelangen; aber das Pförtchen hatte nicht einmal ein Schlüsselloch, und auch die Mauer, welche sich rechts und links unabsehbar weit ausdehnte, war undurchdringlich für mich. Ich erhob mich und schaute hinüber. Eine herrliche Tempelstadt, ganz aus Edelsteinen erbaut und durchleuchtet von wunderbarem Lichte, viel schöner als Sonnenschein, stieg zum Gipfel des majestätischen Berges empor.

Mit kräftigem Schwunge versucht ich dahin zu fliegen. Ein heftiger Stoß war die Folge. Über der ersten Mauer stand noch eine zweite, die ich nicht bemerkt hatte, unendlich hoch, vom reinsten, durchsichtigsten Kristall.

Eine Weile noch schwirrt ich dran auf und nieder, wie eine Stubenfliege an der Fensterscheibe, dann fiel ich erschöpft zu Boden, daß es klirrte, wie eine «tönende Schelle». –

Da lag er nun, der kleine eingebildete Reiseonkel; ein Häufchen, kaum der Rede wert, und doch beleidigt über die ungefällige Hartnäckigkeit mancher Dinge, die ihm verquer kamen!

Plötzlich kam was über mich, wie ein Schatten. Als ich aufblickte, war's einer von den kleinen abscheulichen schwarzen Teufeln von vorhin auf der Wiese.

«Aha! Bist da, du Lump!» schrie er und zog sein grinsendes Maulwerk auseinander, daß es von Ostern bis Pfingsten reichte.

Erschreckt und verdattert fing ich an zu schwitzen und zu stottern und zu beteuern und kläglich zu rufen: «Ich b-b-bin ja gar nicht so übel! Ich b-b-b-bin ja gar nicht so übel!»

«Also auch das noch!» kreischte der Schwarze. «Warte nur, dich wollen wir schon kriegen!» Und damit steckte er seine lange rote geräucherte Zunge heraus und hob sein Schmetterlingsnetz in die Höhe und wollte mich einfangen.

Ich, nicht faul, tat einen Satz hoch in die Luft; der Teufel auch. Ich flog im Zickzack; der Teufel auch. Dann schoß ich wieder tief in den Wald hinab; der Teufel auch. Ich lief um einen Baum herum, in einem fort, wohl hundertmal hintereinander; der Teufel auch; dicht hinter mir; und jetzt wär ich sicher erwischt worden, hätte nicht grad ein baumlanger Riese dagelegen, Maul offen, Augen zu, ein stattlicher Mann – mir war, als müßt ich ihn kennen – der fest zu schlafen schien.

Die Not war groß. Besinnungslos stürzte ich mich in den offenen Rachen hinein. –

Als ich wieder zu mir selbst gekommen, befand ich mich in einer Art von Oberstübchen mit zwei Fenstern. Der Morgen dämmerte herein. An den Wänden hingen Bilder, die, so schien's mir, nicht viel Ähnlichkeiten hatten mit dem, was sie vorstellten. Der Zeiger der Wanduhr stand auf halb sieben. Es war noch nicht aufgeräumt. Ein Geruch von gebrannten Kaffeebohnen machte sich bemerklich.

Noch halb und halb in Verwirrung stolperte ich die dunkele Treppe hinunter. Behutsam drückte ich eine Türe auf. Es war ein matt erhelltes Zimmer mit roten Vorhängen. Auf einem goldenen Thrönchen saß die schönste der Frauen, ein Abbild meiner angebeteten Elise.

Ich warf mich zu ihren Füßen. Anmutig lächelnd öffnete sie die Lippen.

Und wieder vernahm ich eine Stimme, aber sanft und lieblich, und es klang wie Flötentöne, als sie rief:

«*Eduard steh auf, der Kaffee ist fertig!*» –

Ich erwachte. Meine gute Elise, unsern Emil auf dem Arm, stand vor meinem Bette.

Wer war froher als ich. Ich hatte mein Herz wieder und Elisen ihr's und dem Emil sein's, und, Spaß beiseit, meine Freunde, nur wer ein Herz hat, kann so recht fühlen und sagen, und zwar von Herzen, daß er nichts taugt. Das Weitere findet sich.

Hiermit beschloß Freund Eduard die Geschichte seines Traumes.

Mit der größten Nachsicht hatten wir zugehört. Wir erwachten aus einer Art peinlicher Betäubung, in die man ja immer zu verfallen pflegt, wenn einer einem länger was vordröhnt, ohne daß man Gelegenheit findet, sein Wörtchen mit dreinzureden. Wir waren auch sonst nicht so befriedigt, wie es wohl wünschenswert. Wir hatten doch mancherlei Dinge vernommen, die dem Ohre eines feinen Jahrhunderts recht schmerzlich sind. Wozu so was? Und dann ferner. Warum gleich lumpig einhergehen und es jedermann merken lassen, daß die Bilanzen ein Defizit aufweisen? Würde es nicht vielmehr schicklich und vorteilhaft sein, sich fein und patent zu machen, wie es der Kredit des «Hauses» erfordert, dem als Teilhaber anzugehören wir sämtlich die Ehre haben?

Übrigens ist es nicht schlimm mehr, nun die Sache gedruckt ist; denn, man mag sagen, was man will, der passendste Stoff, um Schrullen, die sich nun mal nicht unterdrücken lassen, auf das bescheidenste drin einzuwickeln und im Notfall zu überreichen, ist der Stoff des Papiers.

Ein Buch ist ja keine Drehorgel, womit uns der Invalide unter dem Fenster unerbittlich die Ohren zermartert. Ein Buch ist sogar noch zurückhaltender als das doch immerhin mit einer gewissen offenen Begehrlichkeit von der Wand herabschauende Bildnis. Ein Buch, wenn es so zugeklappt daliegt, ist ein gebundenes, schlafendes, harmloses Tierchen, welches keinem was zuleide tut. Wer es nicht aufweckt, den gähnt es nicht an; wer ihm die Nase nicht grad zwischen die Kiefern steckt, den beißt's auch nicht.

Der Schmetterling

Kinder, in ihrer Einfalt, fragen immer und immer: Warum? Der Verständige tut das nicht mehr; denn jedes Warum, das weiß er längst, ist nur der Zipfel eines Fadens, der in den dicken Knäuel der Unendlichkeit ausläuft, mit dem keiner recht fertig wird, er mag wickeln und haspeln, so viel er nun will.

Vor Jahren freilich, als ich eben den kleinen Ausflug machte, von dem weiter unten berichtet wird, da dacht ich auch noch oft darüber nach, warum grad mir, einem so netten und vorzüglichen Menschen, das alles passieren mußte. Jetzt sitz ich da in sanfter Gelassenheit und flöte still vor mich hin, indem ich kurzweg annehme: Was im Kongreß aller Dinge beschlossen ist, das wird ja wohl auch zweckgemäß und heilsam sein.

Mein Name ist Peter. Ich bin geboren anno dazumal, als man die Fräuleins Mamsellchen nannte und die Gänse noch Adelheid hießen, auf einem einsamen Bauerngehöft, gleich links von der Welt und dann rechts um die Ecke, nicht weit von der guten Stadt Geckelbeck, wo sie alles am besten wissen.

Daselbst in der Nähe liegt auch der unergründliche Grummelsee, in dem bekanntlich der

Muddebutz, der langgeschwänzte, sein tückisches Wesen treibt. Frau Paddeke, die alte zuverlässige Botenfrau, hat ihn selbst mal gesehn, wie er den Kopf aus dem Wasser steckte; und scharf und listig hat er sie angeschaut, mit der überlegenen Ruhe und Kaltblütigkeit eines vieltausendjährigen Satans.

Meine Mutter starb früh. Der Vater und der brave Knecht Gottlieb bestellten fleißig die Felder. Mein hübsches Bäschen Katharine führte die häusliche Wirtschaft.

Da ich meinerseits, obwohl ich ein stämmiger Schlingel geworden, weder zum Pflügen noch zum Häckerlingschneiden die mindeste Neigung zeigte, schickte mich mein Vater in die Stadt zu Herrn Damisch, dem gelehrten Magister, der mich jedoch bereits nach ein paar Jahren, als nicht ganz zweckentsprechend, bestens dankend zurückgab.

Hierauf, nachdem ich so ein Jährchen verbummelt hatte, kam ich zu dem hochberühmten Schneidermeister Knippipp in die Lehre nebst Kost und Logis.

«Auch ein vornehmes Metier!» meinte der Vater. «So ein Schneider kann sein Brot im Trocknen verdienen, wie der feinste Schulmeister, ob's regnet oder schneit.»

Schon nach neun Monaten spülten mich die dünnen Wassersuppen der dicken Frau Meisterin wieder der Heimat zu.

Ich hatte mich feingemacht. Strohhut, himmelblauer Schniepel; stramme gelbe Nankinghose; rotbaumwollenes Sacktuch. Aber diesmal war der Vater wirklich sehr ärgerlich. Er griff zum Ochsenziemer; und er hätte sein böswilliges Vorhaben auch sicherlich ausgeführt, wenn ihn der brave Gottlieb und das gute Kathrinchen, er vorne, sie hinten, nicht entschieden gehemmt hätten.

Den Winter blieb ich zu Haus. Ohne grad viel aufs Essen zu geben, stand ich doch gern hinter dem hübschen Bäschen in der Küche herum. Mitunter nahm ich ihr eine Stecknadel weg und stach sie mir kaltblütig durchs Ohr. Auch tanzte ich zuweilen waghalsig auf dem gefährlichen Brunnenrande, und wenn das Kathrinchen zusah und es grauste ihr tüchtig, das war mir grad recht. Dann wieder konnt ich dastehn in tiefster Versimpelung, wie ein alter Reiher im Karpfenteich. Ein besonders hoher Genuß war mir's aber, so des Abends auf der Bank hinter dem Ofen zu liegen und zuzusehn, wie das Kathrinchen Bohnen aushülste und der Gottlieb Körbe flocht. Bei dem Anblick dieser kleinen, krausen, krispeligen Tätigkeit überkam mich immer so ein leises, feines, behagliches Gruseln. Oben in den Haarspitzen fing's an, kribbelte den Rücken hinunter und verbreitete sich über die ganze Haut, während meine Seele gar sanft aus den Augen hinauszog, um ganz bei der Sache zu sein, und mein Körper dalag, wie ein seliger Klotz. Eines Abends stieg ich auch mal heimlich in den Lindenbaum, weil ich gern mal sehen wollte, wie das Kathrinchen zu Bette ging. Sie betete grad ihren Rosenkranz. Als sie aber anfing sich auszuziehn und die Geschichte bedenklich wurde, macht ich Ahem! und Phütt! war die Lampe aus. Am andern Nachmittag wurde an einer grünen Gardine genäht.

Mein Stübchen lag oben im Giebel. In einem dicken Legendenbuche las ich bis spät in die Nacht hinein. Wenn dann der Wind sauste und der Schnee ans Fenster klisperte, fühlt ich mich so recht für mich als ein behaglicher Herr.

Die Hexen hatten ihren Strich da vorbei; sie zügelten zuweilen ihre Besen und lugten durch die Scheiben; meist alte Hutzelgesichter, als wären sie gedörrt worden am höllischen Feuer. Mal aber war's eine junge hübsche. Sie hatte eine Schnur von Goldmünzen ins Haar geflochten. Sie blinzelte und lachte. Ihre weißen Zähne blitzten, wie ihr das Licht ins Gesicht schien, gegen den dunkelen Hintergrund.

Als der Sommer kam, als die Welt eng wurde von Laub und Blüten, macht ich mir ein Netz und jagte nach Schmetterlingen. So herumzustreifen in leichtsinniger Freiheit, oder mich niederzulegen zu beliebiger Ruhe, das war mein Fach; und hupfen, wie der rührigste Heuschreck, das konnt ich auch.

Eines Sonntagsmorgens, während die andern zur Messe waren, macht ich mich hübsch und ging aus der Hintertür, das Netz in der Hand, den Frack voller Pflaumen. Hell schien die Sonne. Vom Garten ins Feld, vom Feld in die Wiesen dämelt ich glücklich dahin. Schmetterlinge flogen in Menge. Von Zeit zu Zeit erhascht ich einen, besah ihn und ließ ihn fliegen, denn von der gewöhnlichen Sorte hatt ich längst alle

Kasten voll. Aber jetzt, in der Ferne, flog einer auf, den kannt ich noch nicht. Ich los hinter ihm her über Hecken und Zäune, wohl zwei drei Stunden lang in einer Tour, bis mir's schließlich zu dumm wurde. Unwillig warf ich mich ins Gras. Oben in der Luft schwebte ein Habicht. Vertieft in seine sanften Bogenzüge, war ich bald eingedämmert. Als ich erwachte, wollte die Sonne schon untergehn, und da es die höchste Zeit war, nach Hause zu eilen, kletterte ich auf einen Baum am Rande des Waldes, um zu sehn, wo ich denn eigentlich wäre. Nichts als unbekannte Gegend in der Weite und Breite. Erst verdutzt, dann heiter und gleichgültig, ergab ich mich in mein Schicksal. Ich stieg herab, suchte einen gemütlichen Platz, setzte mich und fing an, Pflaumen zu essen. Plötzlich, mir stockte der Atem vor freudigem Schreck, kam er angeflattert, der reizende Schmetterling, geschmückt mit den schönsten Farben der Welt, und ließ sich frech auf der Spitze meines Fußes nieder. Leise hob ich das Netz; ich zielte bedachtsam. Witsch! dort flog er hin. Aber gut gezielt war's doch, denn mit dem eisernen Netzbügel hatt ich richtig die kleine Zehe gestreift, genau da, wo sie am allerempfindsamsten war. Ich sprang auf, tanzte auf einem Bein und pfiff dazu.

«Ähä!» lachte wer hinter mir. «Aufs Auge getroffen!»

Ein hübscher blasser Bursch, gekleidet wie ein Jägersmann, saß unter einer Buche.

«Ich bin der Peter!» sag ich und setze mich zu ihm.

«Und ich der Nazi!» sagt er.

Um seinen linken Arm ringelte sich eine silberglänzende Schlange, die auf dem Kopf ein goldenes Krönchen hatte, und auf seinen Knien hielt er ein Vogelnest mit kleinen blaugrünen Eiern darin.

«Ein verdächtiges Vieh!» sagt ich mißtrauisch. «Es beißt wohl auch?»

«Mich nie. Gelt, Cindili!» sprach er, indem er ihr ein Ei hinhielt.

Ich trug auf der bloßen Brust ein Medaillon, eine Goldmünze, das Geschenk eines Paten. Die Schlange machte sich lang danach.

«Sie wittert das Gold», sagte der Jäger.

«Teufel, duck dich!» rief ich und gab ihr mit dem Stiel meines Netzes einen kurzen Hieb über die Nase.

Zornig zischend fuhr sie zurück, wickelte sich los und schlüpfte raschelnd ins Gebüsch. Der Jäger, nachdem er mir vorher noch schnell einen Stoß auf den Magen versetzt hatte, daß ich die Beine aufkehrte, lief hinter ihr her.

Allmählich wurd es im Walde pechteertonnendunkel. Die Luft war mild. Ich lehnte mich an den Baumstamm und entschlief augenblicklich, ja, ich kann wohl sagen, noch eher.

Überhaupt, schlafen, das konnt ich ohne jede Mühwaltung; und fest schlief ich auch, fast so fest wie die Frau mit dem guten Gewissen, der die Ratten über Nacht die große Zeh abfraßen, ohne daß sie was merken tät.

Erst die Mittagssonne des nächsten Tages öffnete mir die Augen. Und wahrhaftig! da saß er schon wieder, drei Schritt weit weg, mein kunterbunter Schmetterling, auf einem violetten Distelkopfe, und fächelte und ließ seine ausgebreiteten Flügel verlockend in der Sonne schimmern. Mit kunstvoller List schlich ich näher. Vergebens. Genau eine Sekunde vorher, eh ich ihn erreichen konnte, flog er ab wie der Blitz, und dann noch einmal und noch einmal, und dann Fiwitz! mit einem eleganten Zickzackschwunge weg war er über eine haushohe Dornenhecke.

«Zu dumm!» dacht ich laut, denn ich war sehr erhitzt. «So ein klein winziges Luder; will sich nicht kriegen lassen; ist extra zum Wohle des Menschen geschaffen und verwendet doch seine schönen Talente nur für die eigenen selbstsüchtigen Zwecke. Es ist empörend!»

Im Eifer der Verfolgung hatt ich den einen Stiefel im Sumpf stecken lassen, und zwar tief, so daß ich erst eine Zeitlang tasten und grabbeln mußte in der schwarzen Suppe, eh ich ihn wiederfand. Ich schüttete den Froschlaich heraus, wusch mich und ging nun, nachdem ich mich abgekühlt und besänftigt hatte, in gemäßigtem Bummelschritt einem fernen Hügel entgegen, über den sich als heller Streifen die Landstraße hinzog. Hier hofft ich ortskundige Leute zu treffen, die mir sagen konnten, wie ich nach Hause käme.

Auf einem Meilensteine saß ein älterer Mann, der eine ungewöhnlich breitschirmige Mütze trug. Zwischen seinen Knien hielt er einen grauhaarigen Hund.

«Guter Vater!» sprach ich ihn an. «Ich möchte gern nach der Stadt Geckelbeck.»

«Genehmigt!» gab er zur Antwort.

«Könnt Ihr mir vielleicht zeigen, wo der Weg dahin geht?»

«Ne! Ich bin rundherum blind.»

«Schon lange?» fragt ich teilnahmsvoll.

«Fast neunundfünfzig Jahr; nächsten Donnerstag ist mein dreiundfünfzigster Geburtstag.»

«Was? Schon sechs Jahre vor Eurer Geburt?»

«Sogar sieben, richtig gerechnet. Ich wollte schon damals gern in die Welt hinein, tappte im Dunkeln nach der Tür, fiel mit dem Gesicht auf die Hörner des Stiefelknechts, und das Unglück war geschehn.»

«Dann laßt Euch raten, Alter!» sagt ich. «Und schielt nicht zu viel nach hübschen Mädchen, denn das hat schon manchen Jüngling zu Fall gebracht.»

«Faß!» schrie der Blinde und ließ den Hund los.

Ich aber nahm die Frackschöße unter den Arm, steckte mein Schmetterlingsnetz nach hinten zwischen den Beinen durch, wedelte damit und ging so in gebückter Stellung meines Weges weiter; eine Erscheinung, die dem Köter so neu

und unheimlich vorkam, daß er mit eingeklemmtem Schweife sofort wieder umkehrte.

Vor mir her schritt ein Bauer, der weder rechts noch links schaute, und da er einen ernsten, nachdenklichen und vertrauenerweckenden Eindruck machte, beschloß ich, an ihn meine Frage zu richten.

«He!» rief ich. Er gab nicht acht darauf. «He!» rief ich lauter. Er ließ sich nicht stören in seinen Betrachtungen. Jetzt, als ich dicht hinter ihm war, klappt ich ihm mein Netz über den Kopf. Oh, wie erschrak er da. Ich hörte deutlich, wie ihm das Herz in die Kniekehle fiel.

«Könnt Ihr mir nicht sagen, guter Freund, wo Geckelbeck liegt?» fragt ich und hob das Netz.

Er hatte sich umgedreht. Er kniff die Augen zu, riß den Mund auf, so daß seine dicke belegte Zunge zum Vorschein kam, steckte die Daumen in die Ohren, spreizte die Finger aus und schüttelte traurig mit dem Kopfe.

«Döskopp!» rief ich in meiner ersten Enttäuschung, sah dabei aber ungemein freundlich aus.

Der Taubstumme, der dies wohl für einen verbindlichen Abschiedsgruß hielt, zog ergebenst seine Zipfelkappe, obgleich er eine bedeutende Glatze hatte.

Der Abend kam. Auf einem Acker rupft ich mir ein halb Dutzend Rüben aus, und da ein starker Tau den Boden benetzte, stieg ich in eine Tanne, band mich fest mit den Frackschößen und machte mich sodann über die saftigen Feldfrüchte her, daß es knurschte und knatschte. Von der letzten, bei der ich entschlummert war, hing mir die Hälfte nebst dem Krautbüschel noch lang aus dem Munde heraus, als ich am andern Nachmittag wieder erwachte. Schnell stieg ich herab, erfrischte mich in einer Quelle und kehrte auf die Landstraße zurück. Ich befand mich in der heitersten Laune; ich wußte es, eine innere Stimme sagte es mir: Dir wird heut noch besonders was Gutes passieren.

In diesen angenehmen Vorahnungen störten mich die Klagelaute eines Bettlers, der, den Hut in der Hand, auf mich zukam.

«Junger Herr!» bat er. «Schenkt mir doch was. Ich habe sieben Frauen – ach ne! sieben Kinder und eine Frau, und meine Eltern sind tot, und meine Großeltern sind tot, und meine Onkels und Tanten sind tot, und ich hab niemanden in dieser weiten, harten, grausamen Welt, an den ich mich wenden könnte, als grad Euch, schöner Herr.»

Bei diesen Worten erwärmte sich meine angeborene Großartigkeit. Ich hatte siebzehn einzelne Kreuzer im Sack. Mit dem Gefühl einer behaglichen Erhabenheit warf ich zehn davon in den Filzhut des Bettlers.

Kaum war dies geschehen, so nahm er einen Kreuzer wieder heraus und legte ihn mir vor die Füße.

«Hier, mein Bester», sprach er, «schenk ich Euch den zehnten Teil meines Vermögens. Seid dankbar und vergeßt den edlen Geber nicht, der sich bescheiden zurückzieht.»

Nach kurzer Erstarrung lief ich hinter dem Kerl her, um ihm einen Tritt auf die Wind- und Wetterseite zu geben. Aber er hatte die Tasche voller Steine. Er traf so geschickt damit, daß mir, trotzdem ich das Netz vorhielt, schon beim zweiten Wurf ein ganz gesunder Vorderzahn direkt durch den Hals in die Luftröhre flog, worauf ich wohl eine Stunde lang husten mußte, ehe ich ihn wieder herauskriegte.

Ich pflückte mir Felderbsen in mein Netz, ließ die grünen, angenehm kühlen Pillen durch die entzündete Gurgel rollen und füllte mir so zugleich den begehrlichen Leib mit jungem Gemüse. Dann zog ich mich in ein Gehölz zurück und legte mich, das Gesicht nach oben, schlichtweg zur Ruhe nieder.

Den folgenden Tag hätte ich sicher verschnarcht, wär mir nicht gegen Mittag ein Maikäfer in den weitgeöffneten Mund gefallen. In dem Augenblick, als er sich anschickte, in die Tiefe meines Wesens hinunterzukrabbeln, erwachte ich. Der Wind schüttelte die Wipfel.

Übrigens knurrte mein Magen wegen fader Beköstigung, und so macht ich mich denn auf und ruhte nicht eher, bis ich in ein Wirtshaus gelangte, wo ich mir eben für meine letzten Kreuzer etwas Derbes bestellen wollte, als ein wohlgemästeter Bauer, der sehr lustig aussah, in die Stube trat und sich zu mir an den Tisch setzte.

«Euch ist wohl!» sag ich.

«Mit Recht!» sagt er. «Hab den Schimmel verkauft auf dem Markt.»

«Brav's Tier vermutlich.»

«Das grad nicht. Alle Woche mal, oder wenn's ihm grad einfällt, haut er die Sterne vom Himmel herunter und den Kalk aus der Wand.»

«Da habt Ihr den Käufer jedenfalls gewarnt.»

«Was!» entgegnete der Bauer und wurde ganz traurig und niedergeschlagen. «Gott erhalte jedem ehrlichen Christenmenschen seinen gesunden Verstand. Seh ich wirklich so dumm aus?»

«Hört mal!» sag ich. «Dann seid Ihr ja einer der größten Halunken, die auf den Hinterbeinen gehn zwischen Himmel und Hölle.»

«So hör ich's gern!» rief der Bauer und sein Gesicht klärte sich auf. «Gelt ja? Ich bin ein Teufelskerl. He, Wirt! Gebt diesem netten Herrn ein belegtes Butterbrot und ein Glas Bier auf meine Rechnung.»

Während ich aß, fiel es mir auf, daß der Mann beständig durchs Fenster schielte. Plötzlich schien ihm was einzufallen. Er zahlte und sagte, er müßte notwendig mal eben hinaus, aber käme gleich wieder. Kaum war er fort, so hörte man ein hastiges Pferdegetrappel von der Landstraße her. Ich trat vor die Haustür.

Ein Schimmelreiter ohne Hut war angekommen und fragte ganz außer Pust:

«War kein Bauer hier mit einem dicken Bauch,

einem dicken Stock und einer dicken Uhrkette?»

«Das stimmt!» sag ich. «Er ging nur mal eben zur Hintertür hinaus.»

«So ein Hundsfott!» schrie der Reiter. «So ein Mistfink! Lobt und preist mir der Kerl den Schimmel an, der den Teufel und seine Großmutter im Leib hat.»

«Ja!» sag ich gelassen: «Dummheit muß Pein leiden.»

Krebsrot vor Zorn hob der Schimmelreiter die Peitsche. Ich schwenkte mein Schmetterlingsnetz.

Auf dieses Zeichen schien der Schimmel gewartet zu haben. Er vergrellte die Augen, spitzte die Ohren, ging verquer, ging rückwärts, er drückte ein Fenster ein unter starkem Geklirr, er wieherte hinten und vorn, und dann, mit einem riesigen Potzwundersatze, weg war er über die Planke.

Ich lief, um nachzusehn, vor den Hof. Der Schimmel war nur noch ein undeutlicher Punkt ganz in der Ferne; der Reiter hing deutlich im Pflaumenbaum ganz in der Nähe.

Die folgende Nacht verschlief ich unter einer Wiesenhecke. Eine Grasmücke, das graue Vöglein mit schwarzem Käppchen, weckte mich in der Früh durch seinen lieblichen Gesang. Ich blieb noch liegen und horchte. Durch Zweige und zierliche Doldenpflanzen sah ich in die sonnige Welt. Heuschrecken geigten an ihren Flügeln, indem sie die Hinterbeine als Bogen benutzten. Schwebefliegen blieben stehn in der Luft und starrten mich an aus ihren Glotzaugen. Endlich erhob ich mich und nahm in einem klaren Wassertümpel mein Morgenbad. Natürlich, grad wie mir's am wohlsten drin ist, kommt mein ersehnter Schmetterling dahergeflogen und flattert mir neckisch vor der Nase herum. Ich heraus, zieh mich an, eile ihm nach, von Wiese zu Wiese, den ganzen Tag, bis dicht vor ein Städtchen. Hier schwang er sich über die Stadtmauer, hoch in die Lüfte, nach dem Wetterhahn hin auf der Spitze des Kirchturms.

Der Abend dämmerte bereits. Auf dem Walle lief ein Mann hin und her, einsam und unruhig. Er hatte den Zeigefinger an die Stirn gelegt und sagte in einem fort das Abc her, bald vor-, bald rückwärts. Ehe ich ihm ausweichen konnte, stieß er mir den Kopf vor die Brust. Nun riß er die Augen weit auf und schrie mich an:

«Ha! Wie heißt er?»

«Ich heiße Peter!» sag ich.

«Nein, Er, Er, mit dem ich vor zehn Jahren im Monat Mai drei Wochen lang herumgewandert bin an der polnischen Grenze.»

«Gewiß ein Herzensfreund.»

«Nein, gar nicht.»

«Oder er ist Euch was schuldig.»

«Keinen Heller.»

«Na!» sag ich. «Dann nennt ihn Hans und laßt ihn laufen, wohin er will.»

«Mensch!» rief er. «Ich bin Ausrufer in dieser Stadt. Lesen kann ich nicht; meine Frau sagt's mir vor, bis ich's auswendig kann; läßt's Gedächtnis nach, ist der Dienst verloren. Neulich, beim Kaffee, ich stecke die Pfeife an, da, so beiläufig, denk ich: Der, der, wie heißt er nur gleich? Und da hat's mich gehabt. Und ich seh ihn doch so deutlich vor mir, als wär's heut oder übermorgen. Er war links und kratzte sich auch so; er zwinkerte immer mit dem linken Auge, und sein linkes Bein war krumm, und im linken Ohrläppchen trug er einen Ring von Messing, und Schneider war er auch. Oh, der Name, der Name!»

Die Beschreibung paßte genau auf meinen früheren Meister.

«Hieß er nicht Knippipp?» sag ich so hin.

Ein heller Freudenblitz zuckte über sein blasses Angesicht. Mit den Worten: «Knippipp, ich habe dich wieder!» fiel er mir um den Hals und weinte einen Strom von Freudentränen hinten in meinen Kragen, daß es mir ganz heiß den Rükken hinabrieselte.

In der Fülle der Dankbarkeit ersuchte er mich, ihn nach Hause zu begleiten und bei ihm zu übernachten; und oh! wie freuten sich seine Frau und seine Kinder, als sie sahen, daß sie wieder einen vergnügten und brauchbaren Vater hatten.

Zu Abend gab es Zichorienkaffee mit den üblichen Zutaten. Die Kinder tranken sehr viel, und ich meinte, es sei wohl nicht ratsam, wenn sie kurz vor dem Schlafengehen so viel Dünnes kriegten; aber die Eltern waren der Ansicht, man müsse dem Drange der Natur freien Lauf lassen.

Als wir fertig waren, baten die drei Kleinsten: «Nicht wahr, Papa? Wir schlafen bei dem fremden Onkel!»

So geschah es denn auch. Die Nacht, die ich unter diesem gastlichen Dache zubrachte, war eine der unruhigsten, wärmsten und feuchtesten Sommernächte, die ich jemals erlebt habe. Bei Anbruch des Tages tranken wir wieder gemeinsam Kaffee und aßen Brot mit Zwetschenmus dazu. Die Kinder waren sehr zutunlich; besonders der Zweitjüngste spielte gar traulich zwischen meinen Frackschößen herum.

Daß meine einfachen Gastgeber, von denen ich einen zärtlichen Abschied nahm, über die Lage von Geckelbeck auch nicht die mindeste Auskunft zu geben vermochten, hatt ich mir gleich gedacht. So beschloß ich denn, eh ich wieder ins Weite zog, mich in der Stadt etwas näher zu erkundigen.

Ohne Erfolg befragt ich einen Lehrjungen, der die Läden aufmachte; einen Betrunkenen, der nach Hause ging; einen Großvater, der die Hand aus dem Fenster hielt, um zuzufühlen, ob's regnete. Zu guter Letzt wollt ich noch mal eben an eine vertrauenerweckende Haustür klopfen. Im selben Moment wurde sie aufgestoßen, und ein Dienstmädchen goß den Spüleimer aus. Hätt ich nicht flink die Beine ausgespreizt und einen ellenhohen Hupfer getan, so wär mir der vermischte Inhalt direkt auf den Magen geplatscht. Auf meine Anfrage wischte sich das gesunde Mädchen freilich mit seinem roten Arm ein paarmal nachdenklich unter der Nase her; indes von Geckelbeck wußte sie nichts, und einen, sagte sie, der es wüßte, oder einen wüßte, der es wüßte, wüßte sie auch nicht.

Ich schlenderte zum Tor hinaus. Von der Morgensonne beschienen, mitten auf der Chaussee, war eine Gesellschaft von Sperlingen mit der Obsternte beschäftigt. Es waren jene bemerkenswerten Früchte, genannt Roßäpfel, welche Winter und Sommer reifen. Dieser Anblick erinnerte mich lebhaft an meine ländliche Heimat.

Jetzt, dacht ich, sitzen sie wohl da um den Tisch herum und verzehren ihr Morgensüppchen und denken: Wo mag der Peter sein? Und der Vater wischt sich schweigend den Mund ab mit dem Rockschlappen, und der Gottlieb geht hin und mistet den Pferdestall, und mein gutes Kathrinchen füttert die Hühner, und das schwarze mit der Holle frißt ihr das Brot aus der Hand, aber das gelbe ohne Schwanz will nicht mitfressen, sondern steht traurig und aufgeblustert abseits, auf einem Bein, denn es hat noch immer den Pips.

Einige dicke heimwehmütige Tränen, ich muß es gestehn, rannen mir langsam über die Backen herunter. Ich zog das Taschentuch und rieb mir gründlich mein Angesicht. Es wurde mir so sonderbar schwarz vor den Augen, und jetzt merkt ich, was los war. Das kleine liebevolle Söhnchen meines vergeßlichen Gastfreundes hatte dem fremden Onkel, eh er Abschied nahm, noch heimlich in sein rotes baumwollenes Sacktuch einen tüchtigen Klecks Zwetschenmus eingewickelt und mit auf die Reise gegeben. Ich sah mich nach Wasser um. Ei sieh! Am Stamm eines Kastanienbaumes saß mein neckischer Schmetterling.

«Sitz du nur da!» murmelte ich verächtlich aus dem linken Mundwinkel. «Ich will dich nicht, und ich möchte dich nicht, und wenn du die Prinzessin Triliria selber wärst und brächtes bare fünfhundert Gulden mit in die Aussteuer und keine Schwiegermutter.»

Aber schon war ich in Schleichposition und gleich drauf in vollem Galopp. Inmitten eines kleinen Teiches endlich ließ sich das bunte Flattertier auf einem Schilfbüschel nieder und klappte seelenruhig die Flügel zusammen. Mindestens zwei Stunden saß ich am Ufer und wartete. Vergebens macht ich öfters Kischkisch! Und Steine zum Werfen waren nicht da. Endlich zog ich mich aus, nahm das Netz quer in den Mund und schwamm vorsichtig näher.

Unterdes macht ich eine Entdeckung, die mich veranlaßte, in Eile wieder umzukehren. Es war ein Blutegelteich. Bereits waren meine Beine und sonstigen Körperteile gespickt mit begierigen Säuglingen, und wohl mir, daß eine Grube voll Streusand in der Nähe lag, worin ich mich wälzen konnte. Als die Viecher den Sand zwi-

schen die Zähne kriegten, was ja niemand gern hat, ließen sie sofort locker und purzelten rücküber in den Staub, welcher sie dermaßen austrocknete, daß sie bald zehnmal dünner waren als vorher und tot obendrein.

Währenddem saß mein Schmetterling auf seinem Schilfstengel, als wollt er daselbst in aller Ruhe den Rest seiner Tage verleben mit voller Pension.

Schnell zog ich mich an und eilte in den Wald, um mir einen dürren handlichen Ast zu holen. Einer lag da, der war ganz morsch; ein zweiter lag da, der war mir zu zackicht; ein dritter saß noch am Baume fest. Ich hätte übrigens gar nicht so stark dran zu reißen brauchen, denn schon beim ersten Ruck gab er nach, so daß ich mit unerwarteter Geschwindigkeit auf den zweiten zackichten zu sitzen kam, der glücklicherweise ebenso morsch war wie der erste.

In der Hand den erwählten Knittel, lief ich nun unverzüglich an den Teich zurück, um durch einen wohlgezielten Wurf den hinterlistig geruhsamen Schmetterling aus seiner Sicherheit aufzuscheuchen. Sein Platz stand leer. Ich legte mich hin, wo ich stand, und schlief sofort ein, trotz meines Ärgers und des vernehmlichen Gebells meines unbefriedigten Magens.

Ausnahmsweise recht früh, schon im Laufe des Vormittags, erwacht ich. Nachdem ich mir das

Zwetschenmus, das inzwischen zu einer harten Kruste erstarrt war, mit Sand aus dem Gesichte gerieben, denn ich zog doch eine Reinigung auf trockenem Wege einer solchen mit dem Wasser des verdächtigen Teiches vor, begab ich mich auf die Suche nach einem Rübenacker, wo ich zu frühstücken gedachte. Ich fand einen Landmann dasitzend, der eben sein Sacktuch aufknüpfte und für den Morgenimbiß ein erhebliches Stück Speck entwickelte. Sofort sammelte sich in meiner Mundhöhle die zur Verdauung so nützliche Feuchtigkeit. Ich bot ihm drei Kreuzer, wenn er mir was abgäbe. Er tat's umsonst, fügte noch eine knusprige Brotrinde hinzu und wünschte mir gute Verrichtung.

Munter dreinhauend spaziert ich weiter. Den letzten Rest der Mahlzeit, nämlich die treffliche, zähe, salzige Schwarte, schob ich hinter die Backenzähne, so daß ich die Freude hatte, noch eine Zeitlang dran lutschen zu können.

Dicht vor einem Dörflein begegneten mir zwei unbeschäftigte Enten, die lediglich zum Zeichen ihres Vorhandenseins durchdringend trompeteten. Da ich nunmehr die Schwarte bis aufs äußerste ausgebeutet hatte, nach menschlichen Begriffen, warf ich sie hin. Die geistesgegenwärtigste der zwei Schnattertaschen erwischte sie und eilte damit, vermutlich weil sie nichts abgeben wollte, durch das Loch einer Hecke. Die zweite, die wohl auch keinem andern was gönnte, wackelte emsig hinterher. Ich, natürlich, als Naturbeobachter, legte mich auf den Bauch und steckte den wißbegierigen Kopf durch die nämliche Öffnung. Mir gegenüber, an einer gemütlichen Pfütze, sah ich zwei Häuschen stehn, und jedes Häuschen hatte ein Fenster, und hinter jedem Fenster lauerte ein Bub, ein roter und ein schwarzhaariger, und vor jedem Häuschen erhob sich ein beträchtlicher Düngerhaufen, und auf jedem Düngerhaufen stand ein Gokkel, ein dicker und ein dünner, inmitten seiner Hühner, die eben ihre Scharrtätigkeit unterbrachen, um gespannt zuzusehn, was die zwei Enten da machten.

Vergebens bemühte sich die erste, durch Druck und Schluck die Schwarte hinter die Binde zu kriegen; sie war grad so um ein Achtelzöllchen zu breit. Hiernach durfte die zweite, die mit neidischer Ungeduld des Ergebnis erwartet hatte, ans schwierige Werk gehn. Schlau, wie sie war, tauchte sie das widerspenstige Ding zuerst in die Pfütze, um's glitschig zu machen, und dann streckte sie den Schnabel kerzengrad in die Höhe und ruckte und zuckte; aber es ging halt nicht; und dann kehrten die beiden Enten kurz um und rüttelten verächtlich mit den Schwänzen, als sei ihnen an der ganzen Sach überhaupt nie was gelegen gewesen.

Kaum hatten dies die Hühner erspäht, so rannten sie herbei und versuchten gleichfalls ihr Glück, eins nach dem andern, wohl ihrer zwanzig; indes alle Hiebe und Stöße scheiterten an der zähen Hartnäckigkeit dieser Schwarte. Zuletzt kam ein munteres Schweinchen dahergetrabt und verzehrte sie mit spielender Geläufigkeit; und so blieb sie doch in der Verwandtschaft.

Während dieser Zeit hatten sich die beiderseitigen Gockel unverwandt angeschaut mit teuflischen Blicken; ohne Zweifel, weil sie sich schon lange nicht gut waren von wegen der Damen. Plötzlich krähte der Dicke im Cochinchinabaß: «Kockero-koh!»

Dieser verhaßte Laut gab dem Dünnen einen furchtbaren Riß. Mit unwiderstehlichem Vorstoß griff er den Dicken so heftig an, daß sich dieser aufs Laufen verlegte um die Pfütze herum. Der Dünne kam nach. Gewiß zehn Minuten lang liefen sie Karussell; bis der Dicke, dem vor Mattigkeit schon längst der Schnabel weit offen stand, unversehens unter Aufwand seiner letzten Kräfte seitab auf das Dach flog, wo er ein mächtiges «Kockerokoh!» erschallen ließ, damit nur ja keiner glauben sollte, er hätte den kürzeren gezogen.

Sofort schwang sich der Dünne auf den Gipfel des feindlichen Düngerhaufens; jedenfalls mit der Absicht, von dieser Höhe herab durch ein durchdringendes Kickerikih! im Tenor der Welt seinen Sieg zu verkünden.

Ehe er noch damit anfangen konnte, sah er sich veranlaßt, laut krächzend in die Höhe zu fliegen.

Der rothaarige Knabe, heimlich heranschleichend mit der Peitsche, versetzte ihm einen empfindlichen Klaps um die mageren Beine. Aber schon, aus dem Nachbarhaus, war der Schwarzkopf mit einer Haselgerte als Rächer des seinerseitigen Gockels herbeigekommen und erteilte dem Rothaarigen, grad da, wo die Hose am strammsten saß, einen einschneidenden Hieb. Hell pfiffen und klatschten die Waffen. Man wurde intimer; man griff zu Haar und Ohren; man wälzte sich in die Pfütze, aus dem Kampf zu Lande wurde ein Seegefecht. Für mich ein spannendes Schauspiel. Ich war so begeistert, daß ich ermunternd ausrief: «Fest, fest! Nur nicht auslassen!»

Im selben Augenblick ruhte der Streit. Mein Kopf wurde bemerkt; eilig zog ich ihn zurück. Aber sogleich waren die Schlingel hinter mir her. Sie warfen mich mit Erdklößen; ich drehte mich um und ermahnte sie, artig zu sein; sie schimpften mich Stadtfrack! Ich verwies sie ernstlich zur Ruhe, und nun schrien sie «Haarbeutel! Haarbeutel!», als ob ich betrunken wäre. Schleunige Flucht schien mir ratsam zu sein. Bald war ich weit voraus. Im Gehölz fand ich einen Baum, der von oben her hohl war. Umgehend saß ich drin, wie der Tobak im Pfeifenkopf, nicht zu fest und nicht zu locker.

Zwar die bösen Knaben folgten mir und kicherten und flüsterten sogar noch eine Zeitlang um den Baum herum; aber ich war ihnen zu schlau gewesen, denn ohne mich weiter zu belästigen zogen sie ab.

Mein Platz schien mir so recht geeignet zum Übernachten, und eben war ich im Begriff, recht behaglich zu entschlummern, als ich unten was krabbeln fühlte.

«Zapperment!» dacht ich gleich. «Dies sind Ameisen.»

Schleunig suchte ich mich emporzuarbeiten,

um mir eine anderweitige Schlafstelle zu suchen; aber der Frack unterhalb mußte sich festgehakt haben und ließ mich nicht hochkommen, und ausziehn konnt ich ihn auch nicht, denn der Spielraum für die Ellenbogen war zu gering.

Indem, so hört ich Stimmen. Wie ich durch einen Spalt bemerken konnte, waren es zwei Kerls, die einen Esel am Strick hatten. Sie banden ihn an einen Ast dicht vor meiner Nase.

«Haha!» lachte der eine. «Den hätten wir ihm mal listig wegstibitzt.»

«Wird keine Sünd sein!» meinte der andere. «Der alte Schlumann hat Geld wie Heu.»

Dann öffneten sie ihren Quersack, setzten sich und fingen an, fröhlich zu Nacht zu essen.

Unterdes hatten die Ameisen ihre Heerscharen vollzählig entwickelt. Sie krabbelten nicht bloß, sie zwickten nicht bloß, nein, sie ätzten mich auch mit ihrer höllischen Säure, und zwar an den empfindlichsten Stellen. Alle sonstigen Besorgnisse beiseite setzend, brüllte ich um Hülfe.

Die Spitzbuben, aufs äußerste erschreckt durch diese gräßlichen Laute, um so mehr, als sie kein gutes Gewissen hatten, flohen eilig, ohne den

Esel erst loszubinden, in das tiefste Dickicht des Waldes hinein. Ich schrie unaufhörlich, und der Esel fing auch an.

In diesem Augenblick kam ein Mann mit einer Laterne. Er streichelte den Esel und beleuchtete ihn von allen Seiten, und dann beleuchtete er auch mich in meiner Bedrängnis.

«Komm hervor aus dem Rohr!» sprach er ernst.

«Der Frack, der Frack!» schrie ich. «Der leidts halt nicht.»

«Da werden wir mal nachsehen!» sprach er gelassen. «Ja, dies ist erklärlich; denn hier aus dem Astloch steht er heraus, zu einem Knoten verknüpft, und ein Stäbchen steckt als Riegel dahinter.»

«Das haben die verdammten Bengels getan!» rief ich entrüstet.

Es war die höchste Zeit, daß ich loskam. Wie ein Pfropfen aus der Flasche flog ich zum Loch heraus, und der alte Schlumann, denn der mußt es sein, brach einen Zweig ab und klopfte mich aus, wie ein Sofakissen, wo die Motten drinsitzen.

Er trug Rohrstiefel, einen Staubmantel von Glanztaft und einen breitkrempigen Hut. Es war ein ansehnlicher Herr von fünfzig bis sechzig Jahren mit graumeliertem Bart und Augen voll ruhiger Schlauheit. Wohlwollend grüßend, bestieg er seinen Esel, ermunterte ihn mit den Worten: «Hü, Bileam!» und ritt langsam in der Richtung des Dorfes fort.

Die Diebe hatten unter anderm ein kaltes

Hähnchen zurückgelassen. Ich ging damit abseits, verzehrte es, wühlte mich in trockenes Laub, legte mich aufs Gesicht, damit mir nicht wieder was in den Mund fiel, und schlief unverzüglich ein.

Es mochte halbwegs Mittag sein, als ich durch ein empfindliches Schmerzgefühl an beiden Seiten des Kopfes geweckt wurde. Zwei Schweine waren eben dabei, mir die Ohren, die sie vermutlich für Pfifferlinge hielten, vom Kopfe zu fressen, hatten aber erst ganz wenig heruntergeknabbert. Im Kreise um mich her wühlte die übrige Herde.
Der Hirt, ein kleiner alter Mann mit einem dreieckigen Hut, strickte an einem blauen Strumpfe; und bei diesem treuherzigen Naturmenschen beschloß ich mich noch mal ernstlich zu erkundigen, ob er nicht wüßte, wo die Stadt Geckelbeck läge.
Das, sagte er, könnte er mir ganz genau sagen, denn vor dreißig Jahren hätte er dort mal siebzehn Ferkel gekauft, und sie wären auch alle gut eingeschlagen bis auf eins, das hätten die andern immer vom Troge gebissen, und da hätt es vor lauter Hunger am Montag vor Martini einen zinnernen Löffel gefressen und am Dienstag eine Kneipzange und am Mittwoch dem Sepp sein Taschenpistol, den Lauf zuerst, und wie es an dem Zündhütchen geknuspert hätte, wär der Schuß losgegangen, mitten durch die inneren Teile und noch weit hinten hinaus.
«Seht!» fuhr er fort. «Dort zwischen den Bäu-

men hindurch, grad wo ich mit diesem Strickstock hinzeige, da liegt Dösingen, und zwei Stunden hinter Dösingen kommt Juxum, und dann kommt sechs Wochen lang nichts, und dann kommt der hohe Dumms, wo's oben immer so neblig ist, und von da sieht man erst recht nichts, und – –»

«Danke, lieber Mann!» unterbrach ich ihn. «Und, bitte, haltet Euch bedeckt!»

Hierbei trieb ich ihm mit der flachen Hand seinen dreieckigen Hut über Nase und Ohren, und als er schimpfen wollte, konnte er es nicht, weil ihm die Nase über das Maul gerutscht war.

Als ich den Wald verließ, lag die angenehmste Landschaft vor mir ausgebreitet; Wiesen, von Hecken umgeben; ein See; ein Dorf im Dunst der Ferne. Die Nacht war schwül gewesen; der Tag wurde es noch mehr. Die Schwalben flogen tief; und eine graue Wolke, wie ein Sack voll Bohnen, stand lauernd am Horizont. Die Sonne verfinsterte sich; ein Schatten machte sich über die Gegend breit; die Wolke, nunmehr mit einer langen gelblichen Schleppe geziert, war drohend heraufgestiegen. In ihrem Innern grollte es bereits; ein Wind erhob sich, und dann kam rauschend und prasselnd die ganze Bescherung.

In der Wiese, wo ich mich befand, war Heu gemacht; an der Hecke bemerkt ich eine kleine Hütte von Zweigen; ich schlüpfte spornstreichs hinein.

So geht's, wenn man nicht erst zusieht! Ich fiel direkt in zwei offene Weiberarme und wurde auch umgehend so heftig gedrückt und abge-

küßt, daß ich, der so was nicht gewohnt war, in die peinlichste Angst geriet.

«Hö! Hö!» schrie ich aus Leibeskräften. «Satan, laß los!»

Gleichzeitig schlug ein blendender Blitz in den nächstliegenden Heuhaufen, und ein Donnergepolter folgte nach, als wäre das Weltall von der Treppe gefallen.

Meine zärtliche Unbekannte ließ mich los und sprang vor die Hütte.

«Ätsch! Fehlgeschossen! Hier saß ich!» rief sie spottend in die Wolken hinauf, und dann tanzte sie lachend um den brennenden Heuschober.

Die blitzenden Zähne; das schwarze Haar, durchflochten mit goldenen Münzen; unter dem grauen, flatternden Röcklein die zierlichen Füße; dies alles, kann ich wohl sagen, schien mir äußerst bemerkenswert.

Mit dem letzten Krach war das Wetter vorübergezogen. Vergnüglich und unbefangen, als sei zwischen uns beiden nichts vorgefallen, setzte sich das Mädel wieder zu mir in die Hütte. Sie machte die Schürze auf. Es waren gedörrte Birnen drin, meine Lieblingsfrüchte, und als ich sie essen sah, wollt ich auch zulangen. Aber jedesmal kniff sie die Knie zusammen, zischte mich an und gab mir neckisch einen Knips vor die Nase. Schließlich erwischt ich doch eine beim Stiel. Sofort krümmte sich diese Birne und biß mich in den Finger, daß das Blut herausspritzte. Ich hatte eine Maus beim Schwanze. «Au!» rief ich und schlenkerte sie weit weg. «Wart, Hex, jetzt krieg ich dich!»

Aber schon war die hübsche Zauberin aufgesprungen und hatte mir sämtliche Birnen vor die Füße geschüttet. Dies Mäusegekrabbel! Die meisten liefen weg; nur eine war mir unter der Hose hinaufgeklettert, das Rückgrat entlang, bis an die Krawatte, wo sie nicht weiterkonnte, und nagte hier wie verrückt, um herauszukommen, und bevor ich mich noch ausziehen konnte, hatte sie auch schon, wie sich später zeigte, ein zirkelrundes Loch durch Hemd, Weste und Frack gefressen.

Als ich mich von dieser Aufregung wieder einigermaßen gesammelt hatte, sah ich mich um nach dem Blitzmädel, der Hexe; denn ich hatte Mut gefaßt und wollte ihr mal recht ins Gewissen reden von wegen der Zauberei, und darnach, so nahm ich mir vor, wollte ich ihr zur Strafe für ihre Schändlichkeit einige herzhafte Küsse geben. Ich suchte und suchte, in der Hütte, in der Hecke. Nichts Lebendiges war zu bemerken, außer ein Laubfrosch, ein Zaunigel, viele Maikäfer und der Schwanz einer silbergrauen Schlange, die grad in einem Mausloch verschwand.

Weiterhin schlich der Jägernazi herum, als ob er was verloren hätte. Er sah recht verstört aus und ging an mir vorbei, ohne mich zu beachten.

Auch ich war etwas trübselig geworden; denn nicht nur spukte mir das Mädel im Schädel, sondern als ich Frack, Hemd und Weste ablegte, um den Mäuseschaden zu besichtigen, fehlte mir auch mein goldenes Medaillon, das ich bisher immer so sorgsam bewahrt hatte.

Nach dem Gewitter hatte sich die Luft empfindlich abgekühlt, so daß mir abends die Zähne im Munde klapperten. Daher schien es mir ratsam, mich nach einem Quartier umzusehn, wo ich unter Dach und Fach übernachten konnte. Ich versteckte mein Netz, näherte mich einem einsamen Bauernhofe und besah die Gelegenheit. Aus einer offenen Luke im Giebel hing Stroh heraus; eine Leiter stand davor. Zu Nacht, als alles still geworden, stieg ich hinauf. Es war ein einfacher Bretterboden. Ich machte mich so leicht wie möglich. Kracks! da brach ich schon durch.

Ich fiel weich, auf ein Bett, wie ich merkte. Aha! dacht ich. Das trifft sich gut! Dies ist sicher die Fremdenkammer! und wollte mir's bequem machen. Aber neben mir rührte sich was.

«Kunrad!» rief eine Weiberstimme. «Kunrad, der Sack ist durch die Decke gefallen.»

«Dummheit! Du träumst! Dreh dich um!» gab eine schläfrige Männerstimme zur Antwort.

«Kunrad!» kreischte die Frau. «Der Sack hat Haare auf dem Kopf!!»

«Ich komm schon!» klang's munter aus dem anderen Bette herüber.

Es schien mir nicht ratsam, noch länger zu verweilen. Ich trat klirrend in ein Gefäß voll Flüssigkeit; ich tappte mit den Händen in fünf, sechs offene Mäuler. Die Kinder heulten, die Frau schrie: «Ein Dieb! Ein Dieb!» und der Bauer fluchte und schwur, daß er ihn schon kriegen und durch und durch stechen wollte, wenn er nur gleich einen Säbel hätte. Zum Glück fand ich eine Tür, die in den Nebenraum führte. Hier kriegt ich den Kopf einer Kuh zwischen die Arme, und als ich das haarige Gesicht und die zwei harten Hörner fühlte, erschrak ich und dachte schon, es sei der kräftige Knecht mit der Heugabel. Das bekannte Hamuh! gab mir die Besonnenheit zurück. Ich sprang aus der Klappe und schlich mich hinter dem Schweinstall herum durch den Gemüsegarten ins Feld. Alles was Stimme hatte war wach geworden; Hund, Hühner, Schweine, Kühe, Ziegen und Gänse; aber am längsten hört ich noch die leidenschaftlichen Äußerungen der Familie, die aus weitgeöffneten Mäulern und Fenstern hinter mir herschimpfte.

Ohne erst mein Netz zu holen, lief ich und lief ich die halbe Nacht hindurch, bis ich einen Teich erreichte, in dessen Nähe ein Mühlrad rauschte.

Schön gelb und rund, gleich dem Eierkuchen in der Pfanne, ehe er völlig gereift ist, schwebte der Mond im Himmelsraum. Ich war ungemein wach und warm geworden. So setzt ich mich denn auf das Wehr und hörte zu, was sich die Frösche erzählten, die ihre gesellige Unterhaltung, worin sie durch meine Ankunft gestört waren, alsbald wieder anknüpften.

«Frau Mecke! Frau Mecke!» fing die eine Fröschin zur andern an. «Was ba-backt Ihr denn morgen?»

«Krapfen! Krapfen! Frau Knack!» entgegnete die Frau Mecke.

«Akkurat mein Geschmack!» quackte die Frau Knack.

Und kaum, daß sie diese Ansicht geäußert hatte, so stimmten sämtliche Frösche ihr bei und erklärten laut und einstimmig, die Frau Knack-ack-ack-ack hätte den wahren Geschmack-ack-ack-ack, und da blieben sie bei und hörten nicht auf, bis ich gegen Morgen einen dicken Stein holte und mitten ins Wasser plumpste.

Inzwischen hatt ich allerlei in Erwägung gezogen. Durch die vorwiegend pflanzliche Nahrung war meine Natur doch sehr merklich ermattet. Auch bedurfte meine Wäsche, die nur aus $\frac{1}{12}$ Dutzend Hemden und $\frac{1}{12}$ Dutzend Paar Strümpfen bestand, recht dringend der Ergänzung. Daher beschloß ich, mir in der Mühle einen Dienst zu suchen.

Auf meine Anfrage, ob's nichts zu flicken und zu stopfen gäbe, gab der Müller die freudige Antwort:

«Nur herein, mein Sohn; es ist ein gesegnetes Mäusejahr; kein Sack ohne Löcher!»

Drei Wochen lang hantiert ich emsig mit Nadel und Zwirn; aber die sitzende Lebensweise gab mir auch die beste Gelegenheit, in aller Stille an die reizende Hexe zu denken und allerlei Pläne zu schmieden, wie ich sie wieder erwischen könnte. Unwiderstehlich erwachte die Wanderlust; die Beine fingen an zu zappeln, wie fleißige Weberbeine, und eines schönen Morgens stand ich reisefertig da, mit einem neuen Netz in der Hand, und sprach:

«Meister! Ewig können wir nicht beieinander sein. Gehabt Euch wohl!»

Nachdem ich meinen Lohn erhalten, spaziert ich mit munteren Schritten den Bach entlang. Ich war ordentlich plus und prall geworden. Und pfeifen tat ich, und zwar schöner als je, denn grad durch das ärgerliche Loch, was mir der Strolch in die Zähne geworfen, bracht ich nun die kunstvollsten Töne hervor.

Die Landschaft, in die ich zuerst gelangte, sah sehr einförmig aus. Die Kartoffeln standen gut; indes ungewöhnlich viele Schnecken gab es daselbst, die, wie mir schien, noch viel langsamer krochen als anderswo.

Bald erreichte ich ein idyllisches Dörflein. Alle Häuser hingen gemütlich schief auf der Seite; desgleichen die Wetterhähne auf den Dächern. Auf den Türschwellen im warmen Sonnenschein hockten die Mütter und besahen so beiläufig den Kindern die Köpfe, während die Mannsbilder draußen auf der Bank saßen und versuchten, in dieselbe Stelle zu spucken, was, wenn es gelingt, ja den Ehrgeiz befriedigt. Nur einer machte sich etwas Bewegung auf der Gasse. Er ließ seinen Stock fallen. Mühsam und seufzend hob er ihn auf; aber dann ging er auch gleich ins Wirtshaus zu seiner Erholung.

Ein Dickwamps sah schläfrig zum Fenster heraus.

«Ihr da, mit dem Dings da!» sprach er mich an. «Ihr könntet mir zu etwas behülflich sein.»

Ich trat ins Haus. In langgedehnter, zähflüssiger Rede tat er mir kund, um was es sich handelte: Er hätte eine Kanarienvogelhecke oben unter dem Dach, die möchte er gern, von wegen des lästigen Treppensteigens, nach unten verlegen, aber das Viehzeug, um es einzufangen, sei gar zu flüchtig für ihn, und da wär ich mit meinem Netz grad recht gekommen.

Ich stieg voran die Treppe hinauf. Er ließ sich nachschleppen, indem er meine Frackschöße erfaßte, und es wundert mich nur, daß dieselben bei der Gelegenheit nicht ausgerupft und entwurzelt sind. Trotzdem, als wir die Dachkammer erreichten, mußte ich ihm erst lange den Rücken klopfen, bis er wieder zu Atem kam; so dick war der Kerl.

Mit Leichtigkeit, vermittels meines Netzes, erhascht ich sämtliche Vögel, es mochten ihrer zwanzig bis dreißig sein, und steckte sie in einen Beutel, den ich auf einen Stuhl niederlegte. Nur ein altes schlaues Weibchen konnt ich noch immer nicht kriegen.

Der Dicke, der starr und träge zugesehn, wie

ich so herumfuchtelte, mochte
davon wohl etwas schwindlig
und müde geworden sein. Mit
dem Seufzer Achja! ließ er sich
in voller Sitzbreite auf den
Stuhl niedersinken, wo der
Beutel drauf lag. Keinen Ton
gaben sie von sich, die armen
Vöglein. Er merkte auch nichts,
sondern saß friedlich da mit
halbgeschlossenen Augen, und als ich ihm ängstlich mitteilte, daß fast sein ganzer Singverein unter ihm läge, sprach er langsam und seelenruhig:

«Dann pfeifen's nimmer, das weiß ich gewiß!»

«Na!» rief ich. «So bleibt meinetwegen sitzen bis Ostern übers Jahr. Wünsch angenehme Ruh!» Das alte Kanarienweibchen hatte sich ihm frech auf den Kopf gesetzt und pickte an dem Quast seiner Zipfelmütze. So verließ ich die zwei.

Am Ende des Orts war ein stattlicher Neubau im Werden. Drei Zementtonnen lagen da; aus zwei derselben schaute je ein Paar Stiefel hervor. Ein einziger Maurer stand auf der Leiter mit dem Lot in der Hand und visierte lange mit großer Genauigkeit. Hierbei entglitt ihm die Schnur. Langsam stieg er herab; langsam wickelte er sie auf; langsam stieg er wieder nach oben. Als er bis zur Mitte der Leiter emporgeklommen, entfiel ihm das Lot zum zweiten Male. Er nahm eine Prise, sah in die Sonne, wartete fünf Minuten vergeblich auf die Wohltat des Niesens, stieg langsam herab, machte Schicht, und alsbald schaute auch aus der dritten Tonne ein Paar Stiefel hervor.

Um alles dies mit Muße in Betrachtung zu ziehn, hatt ich auf einem Steinhaufen Platz genommen. Ein Hausierer, der einen Packen mit Wollwaren trug, setzte sich zu mir.

«Merkwürdiger Ort, dies Dösingen!» fing er an. «Den Flachsbau haben sie längst aufgegeben; war ihnen zu langwierig; flicken die Schweinställe mit den Hecheln, die Zacken nach innen gekehrt; Rüsseltiere wühlten sonst immer die Wände durch; Gänsezucht vorherrschend jetzt, der Bettfedern wegen. Bequeme Leute; wenn sie gähnen, lassen sie meist gleich das Maul offen fürs nächste Mal. Hier verkauf ich die meisten Nachtmützen.»

«Was wird denn das für ein Haus da?» fragt ich.

«Trottelheim. Der reiche Schröpf läßt's bau'n, der Klügste im ganzen Dorf, seit er das große Los gewann. Diese wohltätige Anstalt, pflegt er zu sagen, ist nicht bloß für andere, sondern eventuell auch für mich, nach meinem Tode natürlich; denn, sagt er, wenn man auch als gescheiter Kerl stirbt, man weiß nie, ob man nicht als Trottel wieder auflebt.»

Der Hausierer erhob sich. Ich erhob mich gleichfalls und fragte ihn, wie das nächste Dorf hieße.

«Juxum!» gab er zur Antwort. «Lustiges Nest!»

Schon von weitem konnte man sehn, daß es ein fröhliches Dörfchen war. Die Saaten standen üppig; auf jeder Blume saß ein Schmetterling; in jedem Baum saß ein zwitscherndes Vöglein; rot schimmerten die Dächer und hellgrün die Fensterläden.

Ein munterer Greis gesellte sich zu mir. Auf meine Frage, wie er es angefangen, so alt zu werden, erwiderte er schmunzelnd:

«Regelmäßig weiterleben ist die Hauptsache. Ich esse, trinke, schlafe regelmäßig, und wenn meine Frau stirbt, so heirate ich regelmäßig wieder. Jetzt hab ich die fünfte. Ich bin der Bäcker Pretzel. Dort liegt das Wirtshaus. Gleich komm ich nach.»

Auf Grund meiner Ersparnisse in der Mühle konnt ich mir schon was erlauben. Ich kehrte ein. Da der lange Stammtisch, bis auf den Ehrenplatz, schon besetzt war, drückt ich mich auf die Bank hinter der Tür.

«Frau Wirtin!» sprach ich bescheiden. «Ich hätte gern ein Butterbrot mit Schlackwurst.»

«Schlackwurst? Das glaub ich schon. Schlackwurst ist gut!» rief laut lachend die dicke Wirtin. «Aber unsere Schlackwurst, mein Schatz, die essen wir selber!»

Dieser Scherz erregte bei der anwesenden Gesellschaft das herzlichste Gelächter. Alle bestätigten es, daß die Schlackwurst sehr schmackhaft, ja, die Königin unter den Würsten sei. Da die Wirtin ferner erklärte, sie habe es sich zur Regel gemacht, auch ihre Butter lediglich selbst zu genießen, so mußt ich mit einem Stück Hausbrot und einem kleinen Schnapse vorliebnehmen.

Die Schwarzwälder Uhr hakte aus, um fünf zu schlagen.

«Gleich wird Bäcker Pretzel kommen!» bemerkte die Wirtin. «Seit nun bereits fünfzig Jahren, präzis um Schlag fünf, setzt er sich hier auf seinen Platz und trinkt regelmäßig seine fünf Schnäpse.»

«Das ist wie mit den ewigen Naturgesetzen!» erklärte der schnauzbärtige Förster. «Nicht wahr, Herr Apotheker?»

«Jawohl!» bestätigte dieser. «Man weiß, wie's war, also weiß man, wie's kommt. Was sagt Ihr dazu, Küster?»

«Tja tja tja!» sprach der bedenkliche Küster. «Ich hoffe, es gibt Ausnahmen von der Regel. Seit fünfzig Jahren hab ich sechzig Taler Gehalt; vielleicht – –»

«Ah drum!» lachten alle.

Die Uhr schlug fünf. Es faßte wer draußen auf die Türklinke.

«Hurrah!» hieß es. «Da kommt Pretzel. Jetzt wird's lustig!»

Die Tür ging auf. Ein Bäckerjunge trat ein und teilte mit, daß der alte Pretzel soeben gestorben sei.

Auf einen Augenblick des Schweigens folgte ein allgemeines Gelächter. Man lachte über sich selber, daß man so dumm gewesen war zu glauben, es gäbe was Gewisses in dieser Welt, und am End, meinte man, hätte der Küster doch vielleicht recht gehabt.

Am heftigsten lachte ein grau gekleideter Gast, so heftig, daß er ins Husten kam.

«Na freilich!» rief man. «Bäcker Prillke kann wohl lachen; jetzt hat er die Kundschaft allein.»

Die Fröhlichkeit steigerte sich noch, als jetzt im Nebensaal ein Klarinettenbläser und eine Harfenistin sich hören ließen. Die Burschen und Dirnen aus der Nachbarschaft drängten herein; bald wogte der Tanz; ich kriegte auch Lust dazu. Besonders eins von den Mädeln konnt ich nicht aus den Augen lassen; denn obgleich sie ein Kopftuch bis fast auf die Nase trug, kam es mir doch so vor, als müßte es die reizende Zauberin sein, die mich letzthin so empfindlich geneckt hatte. Beim nächsten Walzer schwang ich mich mit ihr im Kreise herum.

«Meinst, ich kenn dich nicht?» sprach ich flüsternd. «Du bist 'ne Hex. Aus Hutzelbirnen kannst Mäuse machen.»

«Haha!» lachte sie. «Das ist wohl meine Bas aus dem Gebirg. Die kann Künste. Aber gib acht. Lucindili heißt sie, wer kein Geld hat, den beißt sie.»

Mein anmutig schwungvolles Tanzen, mein flatternder Schniepel, das rote Sacktüchel weit hinten hinaus, hatten indes ein freudiges Aufsehen erregt. Der Walzer ging zu Ende. Aufgeregt und übermütig warf ich den Musikanten ein Guldenstück zu, damit sie mir extra eins aufspielten. Aber als ich mich umsah nach dem Blitzmädel, hopste sie bereits dahin, umschlungen von dürren Armen eines kleinen putzigen Kerlchens mit Buckel hinten und Buckel vorn, die Weste gepflastert mit Silbermünzen, die Finger voll goldener Ringe und puppenlustig die Beine schlenkernd. Das wurmte mich. Ich trank zwei Schnäpse hintereinander und fing Krakeel an. Zwei Minuten später flog ich draußen, zu allgemeinem Vergnügen, sehr rasch die Treppe hinunter.

Anstatt mich nun alsbald so weit wie möglich von diesem lustigen Orte zu entfernen, stellt ich mich hinter den Zaun und paßte auf, bis das Mädel nach Hause ging. Es war schon Abend geworden, als sie kichernd über die Straße eilte, das Buckelmännchen dicht hinter ihr. Gleich drauf machte sie Licht im Haus gegenüber, oben am offenen Fenster. Schmachtend blickte ich hinauf. Sie sah mich stehn, so schien's, und winkte mir zu.

Schnell nahm ich einen Schubkarren, der dienstwillig dastand, richtete ihn an die Mauer, kletterte hinauf und streckte meine Arme über die Fensterbrüstung, um einzusteigen. Es war eins von jenen niederträchtigen Schubfenstern, die man von oben herunterläßt. Mit Gerassel fiel es zu; die Scheibe, dicht vor meinem Gesicht, sprang klirrend entzwei; ein Pflock wurde vorgeschoben; ich saß mit beiden Armen fest bis über die Ellenbogen.

«Er sitzt in der Klemme! Lauf, Cindili, und sag Bescheid, daß sie kommen!»

Dies rief eine heisere Männerstimme; und wenn meine Lage an sich schon ängstlich genug war, so wurde sie jetzt gradezu peinlich, als ich zu meinem Schrecken bemerkte, daß aus dem Hintergrunde des Zimmers mein bucklichter Nebenbuhler höhnisch grinsend, mit dem Talglicht in der Hand, auf mich zukam.

«Du Leichtfittig!» rief er und leuchtete mir in

die Augen. «Du Mädchenverführer! Was denkst du dir nur, du abscheulicher Racker?»

Unterdes hatte er einen Korkstöpsel in die Flamme gehalten und machte mir damit erst mal einen schwarzen glühendheißen Schnauzbart von einem Ohr bis zum andern, und dann hielt er mir das Licht unter die Nase, daß sie darin lag wie ein Lötkolben, was sehr weh tat. Aber das Schlimmste kam erst noch, denn jetzt kriegte er seine große Horndose aus der Tasche und rieb mir zwei tüchtige Portionen Schnupftabak in die Naslöcher, so daß ich fürchterlich niesen mußte, und dabei stieß ich mit meiner armen Nase fortwährend auf den harten Fensterrahmen, bis ich schließlich nicht mehr wußte, ob's Sonntag oder Montag war.

Inzwischen ging hinter mir auf der Gasse ein Kichern und Gemurmel los, und nicht bloß dies. Ein Klatschhieb nach dem andern fiel tönend auf meine gespannte Rückseite, darunter mancher von bedeutender Kraft; und Kniffe waren auch dabei, vermutlich von Weibern. Und dann hieß es: He, Philipp! He, Christoph! Herbei mit dem Pusterohr!

Ach, wie empfindlich stach das, wenn diese spitzen Geschosse, phütt! phütt! so plötzlich sich einbohrten in meine strammen Gesäßmuskeln, die durch die leichte Bekleidung so gut wie gar nicht geschützt waren.

Und jetzt erhob sich ein allgemeines Freudengeschrei: «Apotheker Pillo kommt mit dem Feuerwerk!»

Sie zogen mir den Schubkarren unter den Füßen weg. Bei prachtvoller bengalischer Beleuchtung, bald rot, bald grün, hing ich strampelnd an der Wand herunter.

Erst als das Feuerwerk sich seinem Ende nahte, schob man das Fenster hoch. Ich tat einen harten Fall; ich war geneigt zu harten Worten; aber die Genugtuung, mich ärgerlich zu sehn, wollt ich dem Publikum doch nicht bereiten; daher rappel ich mich flink auf und verließ sorglos tänzelnd, im lustigsten Hopserschritt, den Schauplatz meiner Qual und Beschämung. Die heiteren Bewohner von Juxum sandten mir ein tausendstimmiges Bravo! nach.

Zur dauernden Erinnerung an dies Erlebnis hab ich die rote geschwollene Kartoffelnase behalten, die verdächtig genug aussieht, obgleich ich seit jenem Tanzvergnügen den Schnapsgenuß immer sorgfältig vermieden habe. Was die anderseitigen Verletzungen anbelangt, so haben sie, so sehr dies zu befürchten stand, doch auf meine spätere Sitzfähigkeit keinen nachteiligen Einfluß ausgeübt.

Nachdem ich in dem nunmehr eifrigen Bestreben, das lustige Juxum baldmöglichst weit hinter mir zu lassen, die ganze Nacht durch auf den Beinen geblieben, gelangt ich bei Sonnenaufgang in ein schattiges Waldgebirge.

Vor einer kleinen Höhle stand ein knorriger

Baum. In ziemlicher Höhe, an einem langen Aste
desselben, hatte sich einer aufgehängt. Da er das
linke Bein noch rührte, kletterte ich mit einiger
Mühe und Gefahr nach oben, kriegte mein Messer heraus und schnitt eilig den Strick ab.

Der Unglückliche, der sich durch Verlängerung des Halses sein Leben zu verkürzen gedachte, war noch elastisch und hüpfte daher, als
er den Boden berührte, ein paarmal auf und nieder, ehe er umfiel. Bei näherer Besichtigung fand
ich, es war der Jägernazi, der Schlangenfreund,
der mir ehemals einen so empfindlichen Stoß unter die Rippen versetzte.

Ohne Groll und ohne Zögern jedoch macht
ich mich dran, ihn in den verlorenen Zustand
eines bewußten Vorhandenseins wieder zurückzubringen. Ich knöpfte ihm die Joppe auf; ich
knetete ihm mit Händen und Füßen die Magengegend; ich kitzelte und feilte mit einer stachligen Brombeerranke seine lange weiße Nase;
ich holte groben Kies und eine Handvoll Ginster
und schabte ihm Brust, Hals und Angesicht, um
die erlahmten Gefühle zu reizen und aufzumuntern. Endlich hatte ich Erfolg. Mit den schmerzlich hingehauchten Worten: Oh, Schlange! riß er
die Augen auf, setzte sich, befühlte seine Kehle,
nieste, spuckte aus und sah mich lange schief,
aber scharf, von der Seite an. Jeden Augenblick
erwartete ich einen Ausbruch seiner Dankbarkeit gegen mich, der ihm so mühsam das Leben
gerettet. Aber ich irrte sehr.

«Malefiztropf!» plärrte er mir entgegen. «Nie
meiner Lebtag hab ich mich so gut unterhalten,

wie diese letzten zehntausend Jahre, als ich nirgends zugegen war; und da geht der Narr her und verleidt und zerschneidt mir mein' Freud, und da sitz ich nun wieder in der schlechtesten Gesellschaft, die sich nur denken läßt, in meiner und deiner, du langweiliger Peter, du!»

Allmählich indes fing er an, die Gegenwart dieser Welt wieder erträglich zu finden. Er wurde sogar heiter und mitteilsam.

«Eigentlich sollt ich ein Klosterbruder werden», hub er an zu erzählen. «Allein die edle Entsagung, die hierzu erforderlich ist, fehlte mir gänzlich. Ich lief weg und ließ mich anwerben bei den Soldaten; aber parieren mocht ich auch nicht gern. Da, wie's der Zufall so fügte, starb ein alter Vetter, der mir zehntausend Gulden vermacht hatte. Wunderlicher Kauz, das! Hatte fünfhundert Gulden bestimmt für sein Grabmonument. Bildhauer ausdrücklich mit Namen genannt. Verständiger Künstler; ließ mit sich reden; nahm hundert Gulden für nichts; und der tote Herr Vetter wartet noch heut auf sein Denkmal.»

«Das war nicht gut!» meint ich.

«Wieso?» fuhr der Nazi fort. «Sind vierhundert Gulden was Schlecht's? Kurzum, ich wurde flott. Ich lernte ein Mädel kennen; fein, schlank, wundersam; ein verteufeltes Frauenzimmer. Zog mir spielend die Seel aus dem Leib und das Geld aus der Tasche. Mit dem letzten Dukaten, weg war sie. Ha, du Hex! Ha, du Schlange!»

Schon glaubt ich, er wollte sich zum zweiten Mal aufhängen vor Wut und Gram; aber er besann sich, lachte grimmig und lud mich ein, mit in seine Höhle zu gehn, wo er sich häuslich eingerichtet hatte; allerdings nur sehr mangelhaft, denn eine vielversprechende Flasche, die er, das eine Aug zugekniffen, gegen das Licht hielt, erwies sich als inhaltlos.

In der Ferne fiel ein Schuß.

«Weißt du was, Freund Peter?» sprach der Nazi etwas hastig. «Am besten ist's, wir gehn fechten bei den Bauern, damit wir was Warmes kriegen.»

Vorsichtig voranschleichend, führte er mich nach der andern Seite aus dem Walde hinaus, quer durch die Felder, bis wir zum nächsten Dörflein gelangten.

Gleich im ersten Hause fand unser Anliegen eine günstige Aufnahme.

«Grad kommt ihr recht, ihr Herrn!» sagte die gemütliche Bauernfrau. «Heut mittag hat's Erbsenbrei mit Speck gegeben; der Speck ist alle; aber Brei gibt's noch in Hülle und Fülle.»

Sie brachte jedem einen aufgehäuften Napf voll, und der hölzerne Löffel stak drin. Freudig setzt ich den letzteren in genußreiche Bewegung. Freund Nazi dagegen, dem die Kost nicht behagte, pustete nur immer, als ob's ihm zu heiß wäre; und kaum daß die gute Bäuerin den Rücken drehte, um wieder in die Küche zu gehn, so erhob er sich und entleerte seine Schale in das Innere eines grünen baumwollenen Regenschirms, der hinter der Tür stand.

«Danke für die gute Verpflegung!» rief er in die Küche hinein und entfernte sich eilig.

Ein warnendes Vorgefühl überschlich mich. Ich machte, daß ich fertig wurde, und stand grad auf, als der ehrwürdige Hausvater aus der Stube trat. Er langte sich den Schirm, weil es draußen zu regnen begann, und spannte ihn auf. Groß war seine Überraschung, als ihm der zähe Brei über

das Haupt und die Schultern rann. Dennoch besaß er so viel Geistesgegenwart, daß er mir, eh ich vorbeischlüpfte, den Schirm ein paarmal um die Ohren schlug, so daß ich auch von diesem Brei noch ziemlich was abkriegte.

Der Nazi sah es von ferne und wollte sich schief lachen. Ich wär ihm fast bös geworden darum; da er aber fleißig putzen half und trostreiche Worte sprach, ging ich wieder zu Wohlwollen und Heiterkeit über.

Um die Vesperzeit drang mein Freund darauf, daß wir, jedoch am andern Ende des Dorfes, einen zweiten Besuch machten.

Ein kleiner Unglücksfall kam uns zustatten. Ein Knabe von etwa fünf Jahren fiel aus einem Apfelbaum ins weiche Gras. Er war mit einem Anzug bekleidet, den man «Leib und Seel» benennt; hinten zugeknöpft. Dadurch, daß sich beim Fallen ein Ast in den Schlitz gehakt hatte, war der Verschluß von unten bis oben vollständig gelockert. Die besorgte Mutter trat aus der Haustür. Wir suchten die abgesprungenen Knöpfe auf. Ich zog Nadel und Zwirn aus der Tasche. Der weinende Knabe wurde über den Schoß der Mutter gelegt; der Nazi hielt ihm die Beine, daß er nicht strampeln konnte. Bald waren nach allen Regeln der Kunst die Knöpfe wieder befestigt und «Leib und Seele» verschließbar, soweit das, nach unten hin, bei diesem Kleidungsstücke der unmündigen Jugend überhaupt ratsam erscheint.

Erstaunt und glücklich über diese rasche und erfolgreiche Kur, lud uns die Mutter zum Vesperbrot ein.

Ein mächtiges Hausbrot, ein Teller mit dunkelem Zwetschenmus, eine beträchtliche eben nur angebrochene Butterwälze, eine Schlackwurst von anderthalb Ellen standen alsbald zu unserer Verfügung. Am schnellsten nahm der Nazi Platz, denn er hatte tagsüber nur rohe Pflaumen gegessen. Er tat einen tüchtigen Hieb in die Butter.

«Die Butter ist schon hier am andern Ende angeschnitten!» sagte die Frau, die sehr ordnungsliebend zu sein schien.

«Macht nichts!» erwiderte der Nazi. «Da kommen wir auch noch hin!»

«Hier ist auch schwarze Butter!» erinnerte die Bäuerin.

«Danke! Die weiße ist gut genug für uns!»

sagte der Nazi und tat einen zweiten und dritten Hieb.

So fuhren wir rührig fort. Die Schlackwurst verkürzte sich zusehends. Die Frau wurde besorgt.

«Man kann auch zu viel essen!» meinte sie.

«So leicht wohl nicht!» erwiderte der Nazi.

«Man kann sich auch krank essen!» sagte sie bald darauf.

«Kommt auch wohl vor!» gab er zur Antwort.

«Man kann sich auch tot essen!» sprach sie endlich, als die Wurst immer kürzer wurde.

Jetzt legte der Nazi das Messer nieder und sprach im ernsten Ton allertiefster Bedenklichkeit:

«Wenn Ihr das meint, gute Frau, dann will ich sie lieber mitnehmen!»

Flugs erhob er sich, schob die Wurst in die Rocktasche, aus der sie noch ein gutes Stück weit hervorstand, nahm das Brot unter den Arm, drückte der Frau herzlich die Hände, versprach bald wieder zu kommen und empfahl sich mit einem zierlichen Bückling. Tief beschämt über dieses unverschämte Benehmen meines Freundes, drückt ich mich stumm aus der Tür.

Abends kehrten wir in dem Nazi seine Höhle zurück, wo wir uns die Nacht und den folgenden Tag der Ruhe, der stillen Betrachtung und dem Genuß unserer Vorräte widmeten.

Als Brot und Wurst zu Ende waren, suchten wir wiederum eine Stätte auf, die von Wesen bewohnt wurde, welche kochen.

Wir traten durch die Hintertür in eine Küche.

Die Köchin war nicht zugegen. Zwei Töpfe dampften auf dem Herde. Der Nazi hob die Deckel auf. In dem einen brodelten Pellkartoffeln, in dem andern, zärtlich zu Pärchen verknüpft, ein Dutzend Paar Bratwürste. Der Nazi, gewandt und kurz entschlossen, gabelte sie auf seinen Stecken.

«Besorg du die Kartoffeln! Schnell!» rief er mir zu und war schon zur Tür hinaus.

Nebenan im Keller hustete wer. Ohne mich lange zu besinnen, ergriff ich mit jeder Hand ein paar der dicksten Kartoffeln und lief gleichfalls hinaus. Sie waren glühend heiß; im Stich lassen wollt ich sie nicht; in meiner Verwirrung und ängstlichen Eile steckt ich sie in die Hosentaschen. Hier war der Teufel los. Ich fing an zu klopfen. Aber jetzt, als die Knollenfrüchte zerplatzten, kam ihre Höllenhitze erst recht zur vollen Entwicklung. Ich lief immer schneller und stieß dabei durchdringende Schmerzenslaute aus. Der Nazi, mit seinem Stecken voller Würste, sah sich nicht um. Schließlich gelangten wir an einen Bach. Ich nahm ein Sitzbad bis unter die Arme; meine Schmerzen und Klagen besänftigten sich. Unterdes ließ sich mein Freund am Ufer nieder und aß recht gemütlich. Er meinte, es machte sich hübsch, wie ich so dasäße, und sei sehr gesund, und ich sollte nur sitzen bleiben, bis er fertig wäre. Dies gab mir Veranlassung, meine Badekur schleunigst zu unterbrechen, und das war gut, denn als ich ans Land stieg, waren nur noch drei Paar Würstel vorhanden, an denen ich mich beteiligen konnte.

Auf unserem Wege zum Wald hin trafen wir eine schlafende Bauersfrau, die vermutlich zu Markte wollte. Leise und geschickt zog ihr der Nazi ein Päckchen Butter aus der Kiepe und legte dafür einen tüchtigen Feldstein von mindestens zwanzig Pfund Gewicht an die Stelle. Als wir uns umsahn gleich nachher, erwachte sie grad und hockte die Kiepe auf mit Seufzen und großer Beschwerde, und unten rann eine gelbe Sauce heraus, und fünf Schritt weiter brach der Boden durch. «Schad um das Rührei!» meinte der Nazi. «Ich sag's immer: Wer Steine und Eier verpackt, soll die Steine nach unten legen.»

Mir war nicht ganz wohl bei der Sach; allein der Schlingel machte das alles so lustig und wohlgemut, daß ich schließlich doch lachen mußte.

So lebten wir denn wochenlang tagsüber von unserer Betriebsamkeit in den Dörfern und bei Nacht in unserm traulichen Heim in tiefer Waldeinsamkeit.

An einem regenreichen Spätnachmittage, als wir eben dahin zurückgekehrt waren und der Nazi grad angefangen hatte, eine seiner besten Geschichten zu erzählen, fielen in der Nähe zwei Schüsse. Ein Rehbock lief vorüber; im nächsten Augenblick liefen auch wir, der Nazi voran, in der nämlichen Richtung. Es sei dem Grafen sein Förster, ein guter alter Bekannter, der da geschossen hätte, sagte später der Nazi, als wir uns etwas verschnauften.

Wir waren in die Nähe eines einsam liegenden Wirtshauses gekommen. Es wurde sehr dunkel und regnete so heftig, daß mein Freund behauptete, wir müßten unbedingt ein Quartier nehmen für die Nacht. Ich erwähnte unsere Mittellosigkeit.

«Man muß nur parterre wohnen!» meinte er sorglos. «Dann macht's nichts!»

Wir traten ein und setzten uns, und er, mit vornehmer Sicherheit, bestellte einen reichlichen Abendimbiß nebst Bier vom besten. Nachdem er drei Maß mehr getrunken als ich, rief er den Wirt herbei.

«Gebt uns ein gutes Schlafzimmer, aber zu ebener Erde, wenn ich bitten darf, denn aus Dachfenstern zu springen, im Fall daß Feuer ausbricht, und den Hals zu brechen, das tun wir nicht gern.»

Der Wirt steckte einen Talgstummel an und führte uns höflich in die Kammer. Wir entkleideten uns. Der Wirt sah zu.

«Gute Nacht, Herr Wirt!» sagte der Nazi. «Bemüht Euch nicht länger!»

«Bitte um die Beinbekleidung!» entgegnete der gefällige Gastgeber.

«Bürsten wir selber aus!» sagte der Nazi.

«Um die Welt nicht!» rief der Wirt. «Solch anständige Herrn? Wäre gegen meine Reputation. Werde in der Frühe die Ehre haben, mich persönlich nach dero Befinden zu erkundigen.»

Sorgfältig legte er die beiden Kleidungsstücke über den Arm und entfernte sich, indem er uns wohl zu ruhn und angenehme Träume wünschte.

Der Nazi schnitt mir ein langes Gesicht zu. Ohne viel Worte zu machen, voll mißlicher

Ahnungen, kroch ein jeder in sein bescheidenes Lager.

Mein Bett stand an einer Bretterwand. Kurz vor Tage weckte mich ein Lichtschimmer, der durch eine Spalte mir grad übers Gesicht streifte. Verstohlen blickt ich hindurch. Es war ein Stall, neben dem ich schlief.

Ein Esel stand mit der schwänzlichen Seite dicht vor der Spalte. Der alte Schlumann, den ich sofort wiedererkannte, näherte sich ihm mit der Laterne, streichelte ihm dreimal den Rücken und sprach dreimal hintereinander die Worte:

«Tata, tata! Mach Pumperlala!»

Damit stellte er ihm seinen Hut unter und ging ruhig beiseit und blätterte bis auf weiteres in seinem geschäftlichen Notizbuche.

Alsbald hob der Esel den Schwanz auf; und nun kam ich dahinter, wo der alte Kerl das viele Geld herkriegte, von dem die Spitzbuben geredet hatten.

In ununterbrochener Folge, plink! plink! fielen die blanken Dukaten in den bereitstehenden Hut hinein. Die Versuchung war zu groß für mich. Ich steckte die hohle Hand durch die Spalte und schöpfte dicht an der Quelle.

«Tata, Bileam!» rief Schlumann, ohne aufzublicken. «Tata, mach Pumperlala!»

Ich zog meine Hand, die aufgehäuft voll war, zurück und entleerte sie auf die Bettdecke. Dann hielt ich sie zum zweiten Mal hin. Wieder rief der Alte, dem sogleich die Unterbrechung des Stromes zu Ohren kam: Tata, Bileam! indem er dadurch den Esel zu ermahnen und zu ermuntern suchte, in seiner ersprießlichen und scheinbar unterbrochenen Tätigkeit fortzufahren.

Eben hatte ich die zweite Handvoll in Sicherheit gebracht, als der alte Schlumann nähertrat, um das, was inzwischen ausdrücklich erfolgt war, zu besichtigen und einzuheimsen.

«Weis her, Bileam!» sprach er. «Was haste gemacht? Wenig haste gemacht! Pfui, schäme dich!»

Nicht ohne ein gelindes Kopfschütteln füllte er den glänzenden Inhalt seines Hutes in die geräumige Geldkatze, sattelte sein wundersam ergiebiges Tierlein, das den Namen des geldgierigen Propheten trug, und führte es zum Stall hinaus in den Hof.

Der Morgen dämmerte durchs Fenster. Ich zählte meine Dukaten, die ich sorgfältig zu verbergen und aufzubewahren gedachte, denn sie schienen mir das einzige Mittel zu sein, jene reizende Hexe zu gewinnen, deren Bildnis mir so lebhaft im Herzen spukte. Mißtrauisch blickt ich nach meinem Kameraden hinüber, ob er auch nicht bemerkte, welch ein wertvolles Geschenk, gewissermaßen warm aus dem Prägstock der Natur, mir ein gütiges Geschick grad eben in die

Hand gelegt hatte. Zu meinem Ärger mußt ich sehen, er blinzelte schon.

«Gold!» rief er plötzlich und sprang vor mein Bett. «Natürlich gestohlen! Halbpart, oder ich sag's wieder!»

Was sollt ich machen? Ich gab ihm die Hälfte ab und steckte das übrige in mein Beutelchen; und dann erzählt ich ihm wortwörtlich die ganze Geschichte. Ich zeigte ihm auch den alten Schlumann, der auf seinem Esel eben vom Hofe ritt.

Freund Nazi, im Gefühl seiner Barmittel, wurde jetzt aber laut. Er bollerte mit der Faust und dem Stiefelknecht gegen die Tür und verlangte Bedienung. Der Wirt erschien.

«He, die Hosen! Frühstück! Eier! Schinken! Franzwein! Flink, marsch!» schrie ihn gebieterisch der Nazi an und kniff dabei einen Dukaten ins linke Auge; ein Anblick, der den zuerst trägen und bedenklichen Herbergsvater gleich dienstbeflissen und munter machte.

Wir aßen gut und ließen uns Zeit dabei, und nachdem sich der Nazi ein Fläschlein extra in die Brusttasche gesteckt hatte, setzten wir einträchtig unsere Wanderschaft fort. Es wunderte mich nur, daß mein Freund, der sonst so gesprächig war, sich heute allmählich in ein völliges Schweigen hüllte. Endlich sprach er wieder:

«Verdammt zähes Zeug in dem Schinken. Klemmt sich immer grad zwischen die hohlen Backenzähne, natürlich! Uh, Teufel, der Schmerz! Bitte, sieh eben mal nach, bester Freund!»

Wir befanden uns weit draußen auf der einsamen Landstraße. Er riß jammernd das Maul auf.

Da ich vorn nichts sehen konnte, als zwei Reihen arbeitsfähiger Zähne, nahm ich den Zeigefinger zu Hülfe, um weiter hinten mal nachzufühlen. Sofort, mit furchtbarer Gewalt, wie eine Marderfalle, schnappten die Kiefer zusammen. Meine Besinnung verließ mich. Als ich wieder zu mir kam, war mein Freund Nazi verschwunden; mein Geldbeutel desgleichen. Und so war denn das goldene Gewebe, womit ich die Geliebte zu umstricken gedachte, für immer entzweigeschnitten. Gebeugt und erschüttert durch dieses grausame Ereignis, ohne Freund, ohne Geld, zog ich mich in die tiefsten Schatten des Waldes zurück, wo mich sogleich ein erquickender Schlaf in seine tröstlichen Arme schloß.

Es war eine herrliche Mondnacht, als ich erwachte. Hinter den Felsen, im zitternden Silberlicht, schimmerte ein See. Ich hörte was plätschern. Eine Nixe, so schien es, badete sich. Neugierig schlich ich näher. Auf einem Stein lag ihr graues Gewand, auf dem Gewand ein Haarband von Goldmünzen.

«Aha!» dacht ich. «Bist du's? Jetzt sollst du mich schön bitten, bis du's wiederkriegst.»

Geschwind steck ich's hinten in die Fracktasche; daß aber hinter mir, an den Baum gelehnt, ein Reiserbesen stand, hatt ich nicht beachtet. Dieser, als säße der Teufel drin, setzte sich plötzlich in Bewegung und machte Sprünge, wie ein Böcklein, und stieß nach mir, bald links, bald rechts, bald hinten, bald vorn, und dann nahm er einen Anlauf und fuhr mir zwischen die

Beine, und fort ging's hoch in die Luft und weg über die Wipfel; und ich mußte zuerst ordentlich lachen, als wir so dahintrabten, hopp, hopp, unter dem zurückfliehenden Gewimmel der Sterne, und wie im geschüttelten Frackzipfel gar lustig die Münzen klirrten; aber schon nach fünf Minuten hatt ich es satt gekriegt, denn mein Rößlein war ein harter Traber und warf mich auf und nieder auf seinem hölzernen Rücken, daß mir's war, als würd ich durchgestoßen und aufgespalten bis an den Nabel.

Endlich, nach Verlauf einer Ewigkeit von mindestens zwanzig Minuten, kehrte der verflixte Besengaul den Kopf nach unten und den Schweif nach oben und fuhr senkrecht in den geräumigen Schlot eines Hauses, welches einsam in der Wildnis lag. Unter großem Gerassel fiel ich auf den Herd zwischen allerlei Küchengeschirr. Der Besen strich mir mit seinem dürren Reiserschweife noch ein paarmal durchs Gesicht, und dann stand er da, in der Ecke am Kamin, stocksteif, wie ein gewöhnlicher Schrupper, der nie was von selber tut.

Durch ein Fenster mit runden Scheiben schien der Vollmond herein. Müd und kaputt, besonders inmitten, ließ ich mich in einen hölzernen Lehnstuhl fallen. Ach, wie weh tat das! Aber hinlegen, auf den kalten Fußboden, mocht ich mich auch nicht, weil ich zu erhitzt war; schließlich setzt ich mich auf die offene Seite eines leeren Eimers. Das ging so leidlich, und bald war ich eingenickt.

Schon graute der Morgen, als ich durch das Knarren der Außentür geweckt wurde. Ein krummes, steinaltes Mütterchen, in Grau vermummt bis unter die Augen, kam hüstelnd in die Küche gewackelt. Sie stieß einen kurzen erschrockenen Quiekser aus, als sie mich sitzen sah; doch ganz gefährlich mußt ich wohl nicht aussehn, denn sie sammelte sich bald und sprach mich an mit gewinnender Freundlichkeit:

«Ei, sieh da, mein Söhnchen! Wo kommst denn du schon her?»

«Ach, Mütterchen!» klagt ich. «Ich bin geritten die halbe Nacht durch auf einem mageren bokkichten Pferdchen, daß ich so steif bin, wie ein hölzerner Sägebock. Habt Ihr nicht zum Einreiben irgendeine geschmeidige Salbe, die wohltut?»

«Na, freilich, mein Kind!» entgegnete sie dienstbeflissen. «Und was für eine!»

Sie öffnete den Wandschrank, kramte zwischen Gläsern und Töpfen und wählte schließlich eine zinnerne Büchse aus, die sie mir mit den traulichen Worten überreichte:

«Nimm hier, mein Sohn! Und schmier, mein Sohn! Paß auf, es wird schon anders werden!»

Bloß, um die Salbe mal vorläufig zu besichtigen, schrob ich den Deckel auf.

«Hu!» machte die Alte und hielt sich schamhaft die Augen zu. «Bitte, nicht hier! Wenn ich's nur denk, werd ich rot!»

Sie drängte mich nebenan in ihr Schlafzimmer, wo ich mich denn auch gleich, sobald ich allein war, gewissenhaft und emsig bemühte, eine baldmöglichste Linderung meiner Leiden herbeizuführen.

Und jetzt passierte mir was, worüber ich nur mit dem höchsten Widerstreben und der tiefsten Beschämung zu berichten vermag.

Kaum hatt ich mit der Salbung begonnen, so ging durch mein ganzes Wesen ein auffälliges, nie empfundenes Drücken, Drängeln und Krabbeln. Die Nase dehnte sich nach vorn, steif richtete sich der Frack nach hinten auf. Schon ging ich auf allen vieren, und als ich zufällig in den Spiegel blickte, der neben dem Bette stand, fing ich ärgerlich zu bellen an, denn ich sah mein nunmehriges Ebenbild vor mir in Gestalt eines Pudels, blau, wie der Schniepel, und mit gelben Hinterbeinen, wie die Nankinghose.

Ich – muß ich mich noch so nennen, nach dem was vorgegangen? Oder darf ich Er sagen zu mir? Leider nein! so gern ich auch möchte; denn das fühl ich genau: Die sämtlichen alten Bestandteile meiner Natur hatten sich nur verschoben und etwas anders gelagert als zuvor, und während der untergeordnete Teil meines Verstandes zur Herrschaft gelangte, war mein höheres Denkvermögen gewissermaßen auf die Leibzucht gezogen, ins Hinterstübel, von wo aus es immer noch zusah, wie die neue Wirtschaft sich machte, wenn es auch selbst nichts mehr zu sagen hatte.

Ich machte einige ängstliche Seitensprünge. Dicht hinter mir klirrte es. Es waren die Goldmünzen, die vorher im Frack, aber nunmehr im Schweife steckten. Dies Geräusch regte mich dermaßen auf, daß ich, um es loszuwerden, so lange im Kreise herumlief, bis mir die Zunge aus dem Halse hing. Dann setzte ich mich mitten in die Kammer, hielt die Nase hoch, rundete das Maul ab und stieß die kläglichsten Laute aus.

Die Tür öffnete sich; und wer steckte den Kopf herein? Meine reizende Hexe.

«Bist da, Peterle?» rief sie lachend. «Hab ich dich erwischt, du Dieb, du Beutelschneider, du pudelnärrisches Hundsvieh, du?»

Es wurde mir wunderlich zu Mut. Mein Gefühl für dies Teufelsmädchen war nicht mehr Liebe, sondern einfach hundsmäßige Unterwürfigkeit. Ich kroch ihr zu Füßen; und wie ich so demütig mit dem Schwanze wedelte, klirrte es wieder drin, als wäre es eine Sparbüchse für Kinder.

«Aha! Da sitzt die Musik!» lachte die Hex. «Nur Geduld! Wenn der nächste Vollmond ist, dann wollen wir schnipp-schnapp! machen.»

Um ihr eine Aufmerksamkeit zu erweisen, stellt ich mich auf die Hinterbeine und versuchte mit den Vorderfüßen eine bescheidene Umarmung; aber eine wohlgezielte Maulschelle, die mir ein schmerzerfülltes Tjaujau! auspreßte, trieb mich scheu in den Hintergrund.

Zu Nacht wollt ich natürlich gern mit in die Kammer. Man schnappte mir die Tür vor der Nase zu. Mein Scharren und Winseln half mir nichts. Ich mußte einsam heraußen bleiben, rollte mich seufzend zusammen und verfiel endlich in einen unruhigen, oft unterbrochenen Schlummer, denn sämtliche Flöhe des Hauses, so schien es, hatten sich verabredet zu einem Stelldichein und munteren Jagdvergnügen in den dichten Wäldern meines lockichten Pelzes.

Morgens durft ich eintreten und meine Aufwartung machen und der Gnädigen die hübschen Pantöffelchen bringen, und jetzt, dacht ich, dürft ich mir wohl einiges herausnehmen und sprang, während sie sich die Zähne putzte, geräuschlos ins Bett, um mich nach der kühlen Nacht ein wenig zu erwärmen. Behaglich schloß ich die Augen. Doch sogleich wurde ich aufgescheucht mit harten Worten und ausgetrieben mit harten Schlägen vermittels der Pantoffeln, die sehr spitze Absätze hatten, und dann goß sie mir ein Glas eiskaltes Wasser über den Rücken, daß ich bellte vor Schreck und jammernd hinausrannte in den Hof, wo ich mich zitternd auf ein sonniges Plätzchen legte und ärgerlich nach jeder Fliege schnappte, die mich neckisch umschwärmte.

Mein Hunger war groß. Zu fressen kriegte ich nichts. Ich scharrte eine Maus aus dem Loch und verzehrte sie mit vielem Behagen; ich fing Käfer, ja sogar einen Gartenfrosch, und verzehrte sie mit dem äußersten Widerwillen.

Meine Gebieterin lebte sehr mäßig. Am Hause

hingen ein paar Nistkästchen, aus denen sie täglich drei Sperlingseier nahm, die sie gar zierlich ausschlürfte, das war alles, und dabei blieb sie gesund und lustig und boshaft dazu.

Eines Abends, als sie strickend am offenen Fenster saß, wurde etwas hereingeworfen, was klingend zu Boden fiel. Es waren Dukaten.

«Je, der Nazi!» rief sie freudig und lief und riegelte ihm die Haustür auf.

Mein ehemaliger Reisegefährte, bekleidet mit einem neuen Jagdanzuge, trat stolz herein und wurde begrüßt mit stürmischer Zärtlichkeit ihrerseits, aber meinerseits mit gehässigem Knurren.

An seiner Jagdtasche hing eine Reihe toter Rotkehlchen. Sie wurden gerupft und gebraten für ihn; und anmutig sah es aus, wie auch das Hexlein ein ganz klein wenig dran knusperte mit den weißen blitzenden Zähnen. Ich kriegte die Gerippe. Der Nazi legte mir jedes zuerst auf die Nase und ließ mich aufwarten, eh ich es nehmen durfte. Am liebsten wär ich ihm an die Kehle gesprungen; da aber meine Gestrenge bedrohlich den Finger erhob, ließ ich mir's gefallen, indem ich nur durch ein dumpfes Grollen und grimmiges Augenrollen meinem Unwillen Luft machte.

Diese Herrlichkeit zwischen den beiden mochte wohl so acht Tage gedauert haben, als ein unerwarteter Besuch kam; der alte Schlumann nämlich. In aller Stille hatte er draußen seinen Esel angebunden und trat nun unbefangen in die Küche, wie ein wohlbekannter Hausfreund, mit der Begrüßungsfrage:

«Wie schaut's, Lucinde?»

«Ah, der Onkel!» rief sie. «Ah, der Goldonkel! Wie herrlich, daß du kommst. Du bist doch der Beste von allen!»

Er mußte Platz nehmen im Lehnsessel. Sie warf sich ihm auf den Schoß, sie knöpfte ihm den Rock auf, sie schnallte ihm die Geldkatze ab und lief hin und leerte sie klirrend in ihre Truhe. Er schmunzelte dazu.

Indes hatte der Nazi ein Gesicht gekriegt, blaßgelb, wie Ziegenkäs. Plötzlich sprang er auf und schrie, die Sach wär ihm zu dumm, und er wollt's nicht leiden, und raus müßt der Kerl, und wenn's der Teufel wär. Und damit zog er den Hirschfänger und fuchtelte grausam in der Luft herum. Der alte Schlumann rührte sich nicht; aber die Hex, flink wie der Blitz hatte sie zwischen den Knöcheln ihres Mittel- und Zeigefin-

gers dem Nazi seine Nasenspitze eingeklemmt und drehte eine schmerzensreiche Spirale daraus. Der Hirschfänger entfiel seiner Hand. Plärrend, wie ein Kalb, ließ er sich willenlos wegführen. Ich riß ihm noch ein tüchtiges Stück aus seiner neuen Hose; dann wurde die Tür hinter ihm zugeriegelt. Draußen tobte er fürchterlich und drohte, das sollte sich schon zeigen, ob eigentlich das Hexen noch erlaubt sei in einem christlichen Reiche deutscher Nation.

Auf einmal schwieg er still. Der Goldonkel und die Nichte legten sich ins Fenster; ich stellte mich auf die Hinterbeine und sah gleichfalls hinaus.

Was den Nazi so plötzlich zum Schweigen veranlaßt hatte, war der Esel, dem er jetzt näher trat, um ihn zweckentsprechend zu behandeln. Er strich ihm dreimal über den Rücken und wiederholte dreimal die Worte:

«Tata, tata! Mach Pumperlala!»

«Nur gut», schmunzelte Schlumann, «daß ich heut den echten zu Hause ließ.»

Der Esel, durch das Streicheln angeregt, hob wirklich den Schwanz auf. Der Nazi hielt den Hut unter; aber es erfolgte nichts Wunderbares, sondern nur das, was in solchen Fällen bei gewöhnlichen Eseln allgemein üblich ist.

«Armer Nazi!» rief lachend die Hex. «Es ist ja der Rechte nicht! Hehe!»

Wütend schlenkerte der Nazi seinen Hut aus und verschwand im Gebüsch.

Übrigens war dieser Schlumann auch mir recht zuwider; die fortgesetzten Liebkosungen zwischen Onkel und Nichte machten mich eifersüchtig, wie Hunde sind; als daher dieser Verhaßte, bedeckt mit den zärtlichsten Abschiedsküssen, eines schönen Morgens wieder wegritt auf seinem Esel, vollführt ich vor lauter Vergnügen, trotz meiner Magerkeit, ringsum im Hof einen lustigen Dauerlauf.

Ich war allmählich in meinen Manieren ganz Hund geworden. Ich gähnte ungeniert in Gegenwart meiner Herrin, ich kratzte mich, ich wälzte mich schamlos auf dem Rücken, ich drehte mich stets dreimal herum, ehe ich mich niederlegte zum Schlummern, ich bellte, um mich wichtig zu machen, wenn auch nichts los war, und wo ich einen alten Strumpf oder Schuh fand, nagt ich dran herum.

Meine Behandlung, obgleich ich mich der äußersten Demut befliß und meine schöne Tyrannin beständig im Auge hatte, wurde nicht besser. Ich mußte mich damit begnügen, von weitem zu wedeln und hündisch zu lächeln, was ich jedesmal tat, wenn sie zufällig mal hersah. In die Nähe wagt ich mich nicht, denn meine Rippen mußten in beständiger Furcht sein vor den spitzen Absätzen der zierlichen Pantoffeln. Endlich, zur Verzweiflung getrieben vor Hunger und Kummer, brannt ich durch.

Ich lief bis zum nächsten Städtchen, wo mich eine alte Jungfer vermittels Zucker und zärtlichen Zungenschnalzens zu sich hereinlockte. Hier lebt ich in Überfluß. Sie wusch und kämmte mich, sie knüpfte mir ein rosa Bändchen um, sie häkelte mir einen himmelblauen Paletot, sie nannte mich unter tausend Küssen ihren süßen, einzigen Herzensfreund. Den ganzen Tag lag ich auf dem Kanapee, und des Nachts durft ich sogar als Wärmflasche zu ihren jungfräulichen Füßen liegen. Bald war ich so faul und wurde so fett, daß die Verdauung stockte. Statt froh und dankbar zu sein, zeigt ich mich grämlich und unzufrieden, und kurz und gut, als meine Wohltäterin, deren Zärtlichkeit mir auch nicht recht passen wollte, mal wieder, wie gewöhnlich, zur Frühmesse ging, schlich ich mich fort, immer dicht an den Häusern hin, und drückte mich schließlich in die erste Tür, die ich offen fand. Ich war in die Apotheke geraten.

«Ha!» rief der Provisor. «Delikat! Das gibt Hundsfett, um die Bauern damit anzuschmieren. Sehr ergiebig für den Handverkauf.»

Er bot mir eine Pille an. Sie roch verdächtig; mein Instinkt warnte mich, sie anzunehmen. Ich fletschte die Zähne, knurrte, machte kehrt und rannte und rannte bis draußen vors Tor; denn mein Fett, so lästig mir's war, wollte ich doch auf diese Art nicht gern los werden.

Nicht weit vor der Stadt fing mich ein Milchmann ein, der grad einen Zughund brauchte. Dies war die richtige Kur für mich; schon nach wenigen Tagen fühlt ich mich leichter. Nur etwas war peinlich dabei. Die fremden Hunde, wenn ich den Karren zog, nachdem sie mich prüfend berochen hatten, bellten mich an und bissen mich fürchterlich; ich biß sie wieder; wodurch denn der Verlauf des Geschäfts allerlei bedenkliche Störungen erlitt. Geistig angeregt durch diese Verdrießlichkeiten, machte mein Herr eine praktische Erfindung. Er brachte unterhalb des Fuhrwerks einen nur nach unten offenen Kasten an, worin ich angespannt wurde und ziehen mußte; er selbst brauchte nur die Deichsel zu regieren.

So war ich allerdings einerseits wohl geschützt gegen alle Versuchungen und Anfechtungen der Außenwelt, indes anderseits, je mehr ich Muße hatte, mich inwendig zu besehn, um so deutlicher trat nun wieder das Bildnis der zuerst verlassenen Herrin, so bös sie auch war, vor die untertänigst ergebene Sklavenseele.

Ich wurde abends im Hof angebunden vor der Hundshütte. Ich käute den Strick entzwei und eilte so rasch wie möglich dem Walde zu, um wieder in der Nähe derjenigen zu sein, die mich so grausam behandelt hatte; ich kratzte an der Tür, und sogleich wurde aufgemacht. Ungewohnt liebenswürdig wurd ich empfangen; ich gab's Pfötchen; sie kraute mir Kopf und Rücken. So selig und zufrieden war ich noch nie.

«Grad kommst recht!» sagte sie schmeichelnd. «Gleich geht der Vollmond auf. Da wird's gemütlich!»

Hierauf machte sie ein lustiges Feuer an und schürte es mit der Zange, die sie, wie ich arglos bemerkte, drin liegen ließ; und dann holte sie aus dem Schrank ein gebratenes Vögelchen, das nach meinem damaligen Geschmack grad so recht angenehm anrüchig war, hielt es mir unter die Nase, warf es in die neben dem Herde stehende offene Truhe und forderte mich auf, es zu suchen. Freudig wedelnd mit dem Klapperschwanz, an dessen Geräusch ich mich längst gewöhnt hatte, taucht ich mit Kopf und Vorderbeinen in die Tiefe des Kastens, um mir den leckeren Bissen zu Gemüte zu führen.

Einer der peinlichsten Augenblicke meines Lebens war gekommen.

Im Nu schnappte die Hexe den Deckel zu. Und jetzt, plötzlich, ungefähr da, wo einst die Frackschöße ihren gemeinsamen Ursprung nahmen, ein Kniff, ein Schmerz, unsäglich brennend, ein Scharren mit allen vieren, ein gräßlicher Klageton, dumpf widerhallend in der Höhlung des Koffers, ein krampfhaftes Zucken – ich mache mich los, ich erhebe mich. Wahrhaftig, ich stand wieder aufrecht da auf meinen menschlichen Hinterfüßen.

Mein erster Griff war nach hinten; der Frack war zur Jacke geworden. Ein brenzlichter Geruch erfüllte die Küche; die Feuerzange lag noch dampfend am Boden, ein Frackzipfel daneben; den andern hielt die Hex in der Hand und schüttelte lachend ihr goldenes Haarband heraus.

«Hol dich der Satan auf der Ofengabel, verwünschte Zauberin!» rief ich wütend. «Mich siehst halt nimmer!»

Ich griff nach der Türklinke; aber eh ich noch draußen war, hatte das boshafte Geschöpf schon den Blasbalg vom Herde genommen und blies mir damit eiskalt ins Genick. Von diesem «Hexenschuß» steht mir noch heute der Kopf so schief, daß Leute, die mich nicht kennen, oft schon gemeint haben, ich müßte ein recht Scheinheiliger und Heuchler sein.

In hohen Sprüngen, obgleich mir bei jeder Erschütterung ein Stich durchs Genick fuhr, verließ ich den Wald, und erst lange nachher ging ich langsamer und sammelte mich und zupfte die Krawatte zurecht, bei welcher Gelegenheit ich eine überraschende Entdeckung machte. Mein Medaillon war wieder da; bei der aufgeregten Strampelei in der Truhe mußte es sich mir um den Hals geschlungen haben. Sofort fiel mir die Heimat ein; das stille Gehöft, der getreue Vater, das hübsche Kathrinchen, der biedere Gottlieb, an die ich so lange nicht gedacht, die ich so leichtfertig verlassen hatte. Was hatt ich gefunden heraußen in dieser verlockenden Welt, als Schmerz und Enttäuschung; wie tief, durch meine unsteten Begierden, war ich gesunken! Ein Streuner war ich geworden, ein Faulenzer, ein Gauner beinah, und schließlich ein Pudel, ein kriechender Hund mit dem Pelz voller Flöhe, der verächtliche Sklav einer geldgierigen, ruchlosen Hexe.

Der Himmel hatte sich in Wolken gehüllt; ich stand ratlos da in völliger Düsterheit. Indem, so fächelte mir was, wie mit unsichtbarem Flügelschlage, um Nase und Ohren herum, und auf einmal fing es an aufzuleuchten. Er war's. Im eigenen Lichtglanz seines grün juwelenhaft funkelnden Hinterteils schwebte er dicht vor mir her, mein alter Schmetterling, dem ich niemals zugetraut hätte, daß er solch eine schöne Laterne besaß. Die Jagdlust regte sich wieder. Ich zog den Hut, ich haschte vergebens. Immer schneller und schneller mußt ich laufen; ich stolperte über kleine Erhöhungen des Bodens; ich kam zu Fall. Das Licht erlosch.

Als ich mich aufgerappelt hatte, brach grad der Mond durch die Wolken, erhellte flüchtig eine Kirche mit spitzem Turm und versteckte sich wieder. Ich saß auf dem einen Ende eines Grabhügels; mir gegenüber auf dem andern Ende saß ein Geist, nebelhaft weiß, gleichsam nur ein faltiges Bettlaken in menschenähnlicher Gestalt.

Er sah ungemein betrübt aus und sprach hohl und schaurig, indem er rings um sich her blickte:

«Kein Monument! Noch immer kein Monument! Fünfhundert Gulden ausgesetzt, und doch kein Monument! Wann, oh, wann krieg ich ein Monument?»

«Aha!» sag ich. «Ihr seid gewiß dem Nazi sein Vetter! Diesen Nazi kenn ich. Die Sach ist erledigt, das Geld verputzt, und auf Euer Denkmal könnt Ihr gefälligst lauern, bis Ihr schwarz werdet.»

Der Geist, als er dies vernahm, legte sich in tiefe Querfalten und stöhnte fürchterlich.

«Ich muß mich wirklich über Euch wundern!» fuhr ich fort. «Längst tot und doch noch eitel? Schämt Euch, Alter, und legt Euch ruhig aufs Ohr, wie's guten Geistern geziemt.»

Mit dieser wohlgemeinten Ermahnung hatt ich, wie man zu sagen pflegt, das Kalb ins Auge geschlagen; nie hätt ich geglaubt, daß ein Geist sich so ärgern könnte.

Das Gespenst machte sich lang, schwebte eilig herüber zu mir, saß mir am Buckel, nahm mich beim Kragen, schleifte mich dreimal um die Kirche und hob sich dann in die Luft mit mir, so hoch wie die Spitze des Kirchturms.

Baum! da schlug es eins. Der Geist ließ mich los. Ich fiel und ich fiel – und ich fiel –

Schon nach drei Sekunden befand ich mich in einem Zustande der tiefsten Unwissenheit.

Ein närrischer Zustand, das! Wenn's kein Wieso? mehr gibt und kein Aha! Wenn Gulden und Kreuzer, wenn Vetter und Base, wenn Onkel und Tante, wenn Butter und Käse gleich Wurst und ganz egal und ein und dasselbe sind; wenn's einem auf ein paar tausend Jahre mehr oder weniger nicht ankommt; wenn – doch genug darüber! Am gescheitesten wird's sein, man macht es wie die eigentlich Sachverständigen, denen es grad passiert: Sie sitzen, liegen oder hängen da in verständiger Schweigsamkeit.

Was ich zunächst nur sagen möchte, obgleich's auch überflüssig wäre, ist dies: Ich erwachte wieder; ich besann mich wieder auf mein Vorhandensein als lebendiger Teil dieses sogenannten Weltsystems, dessen Übersicht im ganzen ja schwierig ist.

Nachdem ich eine sitzende Stellung angenommen, mir die Augen gerieben und mich behaglich gedehnt und gereckt hatte, als hätt ich nach einer längeren Fußtour einen gesunden erquickenden Schlaf getan, bemerkt ich erst, daß ich mich in einem geräumigen Garten befand, den eine hohe Mauer umgab.

Dicht vor mir lag ein Feld mit Kohl bebaut, lauter Kappisköpfe von beträchtlicher Dicke. Auf den Blättern saßen zahlreiche Raupen und fraßen und verpuppten sich mit großer Geschwindigkeit, und schon im nächsten Augenblick brachen die Hüllen auf, und ein buntes Gewimmel von Schmetterlingen erfüllte die Luft.

Aber auch ein Baum stand da von erstaunlicher Höhe, ganz dicht besetzt mit Nestern, aus denen unaufhörlich ein Schwarm von Vögeln herausflatterte, so schwarz wie Raben und so flink wie Fliegenschnäpper.

Und, was mich am meisten wunderte, der Kohl wuchs zusehends vor meinen Augen, und im Umsehn wurden allerlei Menschen daraus, und jeder Kappismensch hatte ein Netz in der Hand, und die Schmetterlinge flogen über die Mauer und die Vögel und die Menschen hinterher.

Das Feld links neben mir war noch nicht bestellt. Zwei Männer waren beschäftigt, es umzugraben. Sie machten eine Pause, lehnten sich auf ihre Spaten und sahen sich um; und jetzt bemerkt ich erst, daß es gar keine richtigen Mannsbilder waren, sondern zwei riesige Käfer, der eine in einem schwarzgelbbunten Röcklein, ein Totengräber, der andere blauschwarz, von der Sorte, die wir, wenn wir unter uns sind, schlechtweg mit dem Namen Mistkäfer bezeichnen.

Die Sonne senkte sich schon. Trotzdem sagte der Totengräber zu mir:

«Guten Morgen! Grad hatten wir vor, dich unterzugraben!»

«Oho!» rief ich.

«Na!» sagte er. «Sieben Jahre gelegen, ist doch wohl lange genug!»

Ich lächelte, wie einer, der Spaß versteht.

«Wir wollen Dumme säen!» fuhr er fort. «Gleich einen ganzen Acker, damit sie nicht alle werden.»

«Man braucht halt Dünger!» meinte der Mistkäfer.

Um auf etwas anderes zu kommen, sagt ich:

«Ihr habt hier mehr schwarze Vögel als bunte Schmetterlinge, wie ich sehe.»

«Ganz richtig!» erwiderte der Mistkäfer. «Erst drüben, jenseits der Mauer, merkt man es recht. Für jede angenehme Erwartung gibt's mindestens drei unangenehme Möglichkeiten.»

«Also leg dich und halt uns nicht auf!» mahnte ungeduldig der Totengräber.

«Nur schad um den schönen Bart!» meinte der andere.

Ich griff ans Kinn. Es war so. Ich hatte einen ellenlangen Bart gekriegt.

Sollte denn wirklich, dacht ich – –. Aber eh ich noch weiterdachte, flatterte aus dem Kohlfelde mein Schmetterling auf, in verjüngter Herrlichkeit, so munter und farbenschön, wie ich ihn noch niemals gesehen hatte.

«Ein Netz!» schrie ich. «Ich will hinaus!»

«Wer will, der darf!» brummten die Käfer.

Der eine gab mir ein Netz, der andere einen Schlag mit der flachen Schaufel hinten vor zur Nachhilfe; und dort hupft ich hin, über die Mauer, mit übernatürlicher Leichtigkeit, in hohen Bogensätzen, gleich wieder emporschnellend, sobald ich nur eben mit der Spitze des Fußes den Boden berührte, wie's zuweilen in unbehinderten Träumen geschieht, wenn die Sohlen so elastisch sind, als säßen Sprungfedern drunter. Auch würd ich den Schmetterling sicher erwischt haben, denn ich war fast noch schneller als er, hätte ihn mir nicht einer von den schwarzen Vögeln grad weggeschnappt, als ich eben den entscheidenden Hieb tun wollte. Ärgerlich warf ich das Netz fort, hupfte gleichgültig weiter und machte erst, als es lange schon Nacht geworden und ich in der Ferne was Helles sah, wieder höhere Sprünge. Alsbald befand ich mich in einem Park, dicht vor den Fenstern eines hell erleuchteten Schlosses, wo es lustig drin zuging bei den Klängen der herrlichsten Blechmusik.

Es war vornehme Gesellschaft. In allen Sälen wurde gespielt. Mein erster Blick fiel auf Lucinde, die lachend am Spieltisch saß. Eine fünf Ellen lange silbergestickte Schleppe ringelte sich neben ihr auf dem Teppich, wie eine glitzernde Schlange. Sie hatte einen Haufen Gold vor sich liegen. Ihr Gegenpart war ein jovialer Herr, schon ziemlich bei Jahren, dessen Hände und Gesicht ganz schwarz aussahen. Seine Nägel waren sehr lang, seine Ohren sehr spitz, seine Nase sehr krumm, und auf der Stirn hatte er zwei niedliche vergoldete Bockshörnchen sitzen. Der alte Schlumann war auch da. Er blitzte von Diamanten, spielte aber nicht mit, sondern ging nur schmunzelnd von Tisch zu Tisch. Er schien der Gastgeber zu sein.

Gern hätt ich noch länger zugesehn, wär nicht ein schwarzer Hund mit feurigen Augen um die Ecke gekommen, der fürchterlich bellte, so daß ich mit einem einzigen Satze hinaus vor das Schloßtor hupfte.

Hier hielten bereits die Equipagen, um die Herrschaften abzuholen. Die Lakaien, die herumstanden, machten einen soliden, vertrauenerweckenden Eindruck. Sie waren weiß gepudert, glatt rasiert, dick und fett, und jeder trug in großen goldenen Buchstaben einen trefflichen Wahlspruch auf der Livree, der eine «Gut», der andre «Schön», der dritte «Wahr», der vierte «ora», der fünfte «labora», und so ging's weiter.

«Es freut mich» – sagt ich –, «solch biedere Leute zu sehn!»

«Mit Recht!» sprach der dickste von allen, dem «Treu und Redlich» am Buckel stand. «Wir sind die guten Grundsätze.»

Gerührt wollt ich ihm die Hand drücken, aber sie war weicher als Butter, und als ich ihm auf die Schulter klopfte, sackte der Kerl zusammen, wie ein aufgeblasener Schlauch, wobei ihm die ausströmende Luft geräuschvoll durch sämtliche Knopflöcher pfiff.

«Ha, Windbeutel!» rief ich. «Seid ihr denn alle so?»

Eh ich dies noch genauer untersuchen konnte, kamen Diener mit Fackeln vom Schlosse her.

«Platz für Se. Durchlaucht, den Fürsten dieser Welt!» hieß es. «Mach dich fort, du Lump!»

Eilig hupft ich davon, die Chaussee entlang. Eine Karosse, hellglühend wie feuriges Gold, kam hinter mir hergerasselt. Drinnen, in die schwellenden Polster gelehnt, saß traulich schäkernd der schwarze Herr bei der Hexe Lucinde. Hintenauf stand «Treu und Redlich», der fette Lakai, und wurde gerüttelt, daß ihm alle vier Backen wabbelten; und, was das Drolligste war, zwischen den Schößen seines Bedientenfracks baumelte neckisch ein Kuhschwanz.

Der Anblick reizte mich. In plötzlichem Übermut, mit raschem Griff, erfaßt ich den Wedel und schwang mich, den rechten Fuß voran, aufs Kutschenbrett. Ebensogut hätt ich auf die Platte des höllischen Bratofens springen können, wenn grad zugekocht wird für Großmutters Geburtstag.

Ein Gelächter von seiten Lucindens, als ob sie gekitzelt würde; ein Schrei meinerseits, als ob

ich am Spieß steckte; ein Purzelbaum nach hinten; und unten war ich auf der platten Chaussee, in der unglücklichen Lage eines auf den Rücken gefallenen Maikäfers.

Ächzend kroch ich seitab in den Graben. Der Brandschaden war beträchtlich; doch brauchte ich, um ihn näher zu besichtigen, den Stiefel nicht auszuziehn, denn mein rechter Fuß stand frei zutage, in Gestalt einer einzigen Blase. Infolgedessen hegt ich den lebhaften Wunsch, es möchte wer kommen, der mich mitnähme.

Endlich, im Morgennebel, näherte sich langsam rumpelnd ein ländliches Fuhrwerk. Vorn, auf einem Bund Stroh, saß das Bäuerlein und sang bereits in aller Früh gar fröhlich und wohlgemut:

> Gretelein hupf in die Höh,
> Daß ich deine Strümpfle seh,
> Weiß wie der Schnee alle zwee,
> Hopsa, huldjeh!

und hinter ihm, als einziges Gepäckstück, stand ein langer schlichter Kasten von Tannenholz.

Kaum bemerkte der gemütvolle Fuhrmann meinen leidenden Zustand, so hielt er still und war mir behilflich, seinen Wagen zu besteigen, wo ich denn auch auf dem Kasten einen recht passenden Sitz fand.

Wir waren noch nicht lange gefahren, als sich mein freundlicher Kutscher zu mir umdrehte und sprach:

«Ihr habt Glück! Grad fahr ich zum Dokter Schnorz in die Stadt. Der versteht's. Da heißt's ritschratsch! und damit gut. Ich bringe ihm den da, von Amts wegen.»

Bei den letzten Worten klopfte er mit dem Peitschenstiel auf die Kiste, und weil mir nicht recht klar war, was er meinte, hob ich den Deckel auf.

«Der Nazi!» schrie ich entsetzt.

«Vielleicht heißt er so!» meinte das Bäuerlein. «Jedenfalls hat ihn eine Natter gebissen, draußen im Wald, und jetzt muß er zum Dokter, und damit gut!»

«Er ist ja tot!» rief ich.

«Eben drum! Und um so besser für ihn, und damit gut!» erwiderte der Wagenlenker.

Er nahm sein munteres Lied wieder auf, aber diesmal ohne Worte, bloß vermittels seines mündlichen Flötenspiels, worin er, wie sich zeigte, eine bedeutende Fertigkeit hatte.

Ich, inzwischen, saß etwas unruhig. Ein gewisses eisiges Mißbehagen, in der Richtung von unten her, lief mir den Rücken hinauf bis unter den Hut, so daß ich froh war, kann ich wohl sagen, als wir endlich, so etwa um elf, vor der Behausung des Doktors hielten.

Nicht ohne ängstliche Vorurteile begab ich mich langsam humpelnd in das Empfangszimmer. Doktor Schnorz war schon in Tätigkeit. Er sah übrigens gar nicht so grausam aus, wie ich mir vorher gedacht hatte. Im Gegenteil. Seine frische Farbe, seine schwellenden Lippen, seine dicken schalkhaften Augen, die aufgekrempelten Hemdsärmel, die Arbeitsschürze über dem rundlichen Bäuchlein, das alles machte durchaus den

Eindruck eines sauberen Metzgermeisters, den jedermann gern hat.

Grad war er dabei, einen Landmann auszuforschen, in dessen Zügen sich tiefe Besorgnis malte.

«Wie alt ist denn Euere Frau?»

«Na!» meinte der Bauer. «So fünfzig bis sechzig.»

«Schlagt das alte Weib tot. Mit der ist nichts mehr zu machen. Adieu!»

Als der Bauer, dessen Züge sich völlig erheitert hatten, an mir vorbeiging, hört ich ihn sagen:

«Das ist doch ein Dokter! Wenn er einsieht, es hilft doch nichts, so erspart er einem die Kosten.»

Jetzt kam eine dicke Madam an die Reih.

«Ach, Herr Doktor!» fing sie zu klagen an. «Ich weiß nicht, ich bin immer so unruhig. Jede Stund in der Nacht hör ich den Wächter blasen, und ich fürcht mich so vor Mäusen und schlechten Menschen; das macht gewiß die Nervosität.»

«Ein neumodig Wort!» sprach der Doktor. «Sonst nannte man's böses Gewissen. Ganz die Symptome. Halten Sie Ihre Zunge im Zaume, meine Gnädige. Seien Sie freundlich gegen Ihre Dienstboten. Viel Wasser! Wenig Likör! Gute Beßrung, Madam!»

Diese Dame, als sie hinaussegelte, schien mir von den heilsamen Ratschlägen des Doktor Schnorz durchaus nicht befriedigt zu sein.

Und jetzt kam ich.

«Ah!» rief Schnorz mit freudigem Erstaunen. «Seh ich recht? Erlaubt mal eben. Es ist bloß zur Probe.»

Während er diese Äußerung hinwarf, hatte er mir auch schon die große Zehe abgeschnitten und legte sie unter sein Vergrößerungsglas.

«Hab's gleich gedacht!» sprach er befriedigt. «Der richtige Höllenbrand. Kurzab! ist das beste.»

«Ist's lebensgefährlich?» fragt ich ängstlich.

«Warum das nicht?» erwiderte der Doktor. «Aber seid nur getrost; wenn's schiefgeht, wird die Welt zur Not auch ohne Euch fertig werden. Da seht mich an. Heut wenn ich sterb, ist morgen ein anderer da, und ich freu mich schon drauf, daß die Juden kein Geld kriegen.»

Hiermit drückte er mich in einen behaglichen Lehnsessel, schnallte mich fest, ergriff ohne weiteres die Säge und ging eifrig ins Geschirr. Bei je-

dem Schnitt, den er tat, stieß er ein kurzes ächzendes Ha! aus. Erst ging es gnatsch! gnatsch! dann ging es ratz! ratz! Zuletzt ging es bump!

Da! Mein Fuß war mich losgeworden.

Auch fernerhin verlief die Sach sehr rasch und günstig, so daß der gute Doktor, der mir inzwischen zwei schöne Krücken hatte anfertigen lassen, schon nach vierzehn Tagen sich die Freude machen konnte, mich vor den Spiegel zu führen. Der, den ich darin erblickte, gefiel mir nicht.

Kopf kahl, Nase rot, Hals krumm, Bart struppig; ein halber Frack, ein halbes Bein; summasummarum ein gräßlicher Mensch. Und das war ich.

Aber ehe ich noch Zeit hatte zu weinen, rief der Doktor triumphierend:

«He? Wie? Was sagt Ihr nun? Schmucker Kerl fürwahr! Reiche Frau heiraten. Alles in Ordnung! Gratuliere! Und glückliche Reise!»

Gerührt und dankbar drückt ich dem Doktor, der alles umsonst getan, die fleischige Hand, verließ die Stadt und begab mich auf die Dörfer in der Absicht, mich langsam so weiterzubetteln, bis ich schließlich nach Hause käme.

Letzteres ging schneller, als ich dachte.

Der Spätherbst war gekommen; kalt wehte der Wind; an meinem einst so reizenden Anzuge flatterten die Lappen wie Espenlaub. Als ich daher in Erfahrung brachte, daß in einem Hause jemand das Zeitliche gesegnet hatte, schien mir das eine für meine Bedürfnisse sehr hoffnungsreiche Aussicht zu eröffnen, denn, wie bekannt, lassen gerade die Toten oft ganz brauchbare Kleider zurück, auf die niemand recht Anspruch macht.

Ich hatte mich nicht getäuscht. Der Großvater war gestorben. Die glücklichen Erben, denen der hochbetagte Mann begreiflicherweise schon längst ein wenig im Wege saß und die sich nun in einer sanftheiteren mildtätigen Stimmung befanden, schenkten mir, ohne daß ich lange zu bitten brauchte, sehr gern den drittbesten Anzug, den der Verstorbene bis an sein seliges Ende für gewöhnlich und mit Vorliebe zu tragen pflegte. Um ihn anzulegen, zog ich mich in den Kuhstall zurück. Allerdings, die Hose war bedeutend zu weit und der Flausrock bedeutend zu lang für mich, aber um so besser paßte mir die mollige, wollige, etwas fettige Pelzkappe, die sich tief über die Ohren ziehen ließ, ganz nach Bedarf. Solchermaßen wohlausgerüstet gegen die Unbilden der Witterung, setzte ich humpelnd meine beschwerliche Wanderschaft fort.

Schon beim nächsten Hause erwischte mich der Bettelvogt und trieb mich mit seinem Spieß vor sich her in das dortige Ortsgefängnis, genannt «Hundeloch», allwo man, nachdem man mich einem kurzen Verhör unterworfen, den Beschluß faßte, mich umgehend auf den Schub zu bringen.

Mein Schreck war heftig, und doch war's mein Glück. Es bewährte sich auch an mir das treuherzige Sprichwort:

> Was erst verdrießlich schien,
> War schließlich gut für ihn.

Da man mich mit Recht in keiner Gemeinde für einen ersprießlichen Mitbürger ansah, beeilte sich jede, mich möglichst prompt über die Grenze zur nächstfolgenden zu schaffen, bis ich endlich von der letzten mit unfehlbarer Sicherheit in aller Stille auf dem mir wohlbekannten Gebiete der Stadt Geckelbeck abgesetzt wurde, indem man hier das Weitere ganz meinem freien Ermessen anheimstellte.

Es war ein lustiges Schneegestöber bei nördlichem Winde, als ich abends mühselig auf zwei Krücken und einem Bein das väterliche Gehöft wieder betrat, das ich einst so leicht auf zwei Beinen verlassen hatte.

Ich sah erst mal schüchtern durchs Fenster. Im Sorgenstuhl saß der Gottlieb, der bedeutend behäbiger aussah als sonst, und hatte zwischen seinen Knien einen Knaben von drei, vier Jahren,

dem er eine Peitsche zurechtmachte. Neben dem Kachelofen stand eine Wiege. Neben der Wiege saß die Kathrin und nährte einen runden Säugling an ihrer strotzenden Brust. Die Magd deckte den Tisch. Der Vater fehlte.

Mein Atem war bei diesem Anblick etwas ins Stocken geraten. Fast wär ich wieder umgekehrt; aber das grausame Unwetter veranlaßte mich, einzutreten und um Herberge zu bitten für die Nacht.

Ohne viel Umstände wurde das Gesuch des unbekannten Fremdlings mit dem größten Wohlwollen genehmigt.

«Oder» – fragte Gottlieb den Knaben – «sollen wir ihn lieber wieder hinausjagen in Wind und Wetter? Was meinst du, Peter?»

«Nein, nein!» rief der gutherzige Junge. «Armer Mann hier bleiben; viel Wurst essen, daß Bein wieder wächst!»

Die Nacht schlief ich beim Knecht im Pferdestall, und von ihm erfuhr ich die ganze Geschichte.

Nach jahrelangem vergeblichen Warten hatte der Vater, der fest glaubte, mich hätte der Muddebutz hinabgezogen in den Grummelsee, sein Sach dem Gottlieb und der Kathrin verschrieben. Er war stiller und stiller geworden. Eines Morgens fand man ihn tot.

Während dieses Berichtes hatte sich, um es zart auszudrücken, meine Seele umgekrempelt nach innen. Ich wollte arbeiten; ich wollte geduldig ausessen, was ich mir eingebrockt hatte, und nie, mit diesem festen Gelübde schlief ich ein, sollten diese guten Leute, die mich so herzlich aufgenommen, in Erfahrung bringen, wer ich sei.

Früh stand ich auf. Einige schadhafte Kleidungsstücke des kleinen Peter, die auf dem Treppengeländer hingen in Erwartung des Weiteren, gaben meinem Tätigkeitsdrange die nötige Richtung. In der Stube im Tischkasten fand ich Nadel und Zwirn.

Als man sich versammelte, um die Morgensuppe zu essen, war mein Werk schon fix und fertig. Es wurde eingehend besichtigt und fand bei allen denen, die in solchen Dingen ein reiferes Urteil besaßen, den freudigsten Beifall.

Man ersuchte mich dringend, einige Tage noch dazubleiben. Aus Tagen wurden Wochen, aus Wochen sind Jahre geworden. Durch reichhaltige Übung steigerte sich meine Geschicklichkeit nicht bloß in der Wiederherstellung des Alten und Verfallenen, sondern ich schuf auch Neues nach eigener Maßnahme aus dem Vollen und Ganzen heraus. Der Ruf meiner Kunst drang bis nach Geckelbeck, und Frau Knippipp, meine ehemalige Meisterin, die schon seit einiger Zeit Wittib geworden, ließ mir sogar einen ehrsamen Antrag machen, sie zu ehelichen. – Kalt abgeschlagen! –

Auf Gottliebs Befragen hatt ich mich Fritz Fröhlich genannt. Der kleine drollige Peter, mein Liebling, nannte mich «Humpelfritze»; ein passender Name, mit dem ich seitdem allgemein angeredet werde, selbst von Leuten, die nicht die Ehre meiner näheren Bekanntschaft haben.

Und so leb ich denn allhier als ein stilles, geduldiges, nutzbares Haustier. – Schmetterlinge beacht ich nicht mehr. – Oben im alten Giebelstübchen hab ich mir eine gemütliche Werkstatt eingerichtet.

Noch immer reiten die Hexen da vorbei. Neulich, in der Walpurgisnacht, als ich saß und schrieb an dieser Geschichte, spähte Lucinde durchs Fenster herein. Sie lachte wie närrisch; sie war noch grade so hübsch wie ehedem.

Gelassen sah ich sie an, flötete, nahm eine Prise und machte Haptschih!! –

Das Manuskript der obigen Erzählung fand kürzlich ein Sommerfrischler auf dem Taubenschlage neben dem Giebelstübchen jenes nämlichen Gehöftes, wo der Verfasser seine Tage beschloß. Die Nachkommen von Gottlieb und Katharina lebten noch daselbst in gedeihlichen Verhältnissen. Wirklich war die Persönlichkeit des guten Peter erst festgestellt worden, als man nach seinem Ableben das Medaillon bei ihm fand. Sein ungekünstelter harmloser Stil, seine rücksichtslose Mitteilung selbst solcher Erlebnisse, die für ihn äußerst beschämend gewesen, drücken seinem Berichte den Stempel der Wahrheit auf, und nur der Halbgebildete, dem natürlich die neueren Resultate der induktiven Wissenschaft auf dem Gebiete des Wunderbaren nicht bekannt sind, wird Anstoß nehmen an diesem und dem, was man früher unmöglich nannte.

Zu guter Letzt

Beschränkt

Halt dein Rößlein nur im Zügel,
Kommst ja doch nicht allzuweit.
Hinter jedem neuen Hügel
Dehnt sich die Unendlichkeit.
Nenne niemand dumm und säumig,
Der das Nächste recht bedenkt.
Ach, die Welt ist so geräumig,
Und der Kopf ist so beschränkt.

Geschmacksache

Dies für den und das für jenen.
Viele Tische sind gedeckt.
Keine Zunge soll verhöhnen,
Was der andern Zunge schmeckt.

Lasse jedem seine Freuden,
Gönn ihm, daß er sich erquickt,
Wenn er sittsam und bescheiden
Auf den eignen Teller blickt.

Wenn jedoch bei deinem Tisch er
Unverschämt dich neckt und stört,
Dann so gib ihm einen Wischer,
Daß er merkt, was sich gehört.

Durchweg lebendig

Nirgend sitzen tote Gäste.
Allerorten lebt die Kraft.
Ist nicht selbst der Fels, der feste,
Eine Kraftgenossenschaft?

Durch und durch aus Eigenheiten,
So und so zu sein bestrebt,
Die sich lieben, die sich streiten,
Wird die bunte Welt gewebt.

Hier gelingt es, da mißglückt es.
Wünsche finden keine Rast.
Unterdrücker, Unterdrücktes,
Jedes Ding hat seine Last.

Die Seelen

Der Fährmann lag in seinem Schiff
Beim Schein des Mondenlichts,
Als etwas kam und rief und pfiff,
Doch sehen tat er nichts.

Ihm war, als stiegen hundert ein.
Das Schifflein wurde schwer.
Flink, Fährmann, fahr uns übern Rhein,
Die Zahlung folgt nachher.

Und als er seine Pflicht getan,
Da ging es klinglingling,

Da warf ein Goldstück in den Kahn
Jedwedes Geisterding.

Husch, weg und weiter zog die Schar.
Verwundert steht der Mann:
So Seelen sind zwar unsichtbar
Und doch ist etwas dran.

Nachruhm

Ob er gleich von hinnen schied,
Ist er doch geblieben,
Der so manches schöne Lied
Einst für uns geschrieben.

Unser Mund wird ihn entzückt
Lange noch erwähnen,
Und so lebt er hochbeglückt
Zwischen hohlen Zähnen.

Der alte Narr

Ein Künstler auf dem hohen Seil,
Der alt geworden mittlerweil,
Stieg eines Tages vom Gerüst
Und sprach: Nun will ich unten bleiben
Und nur noch Hausgymnastik treiben,
Was zur Verdauung nötig ist.

Da riefen alle: Oh, wie schad!
Der Meister scheint doch allnachgrad
Zu schwach und steif zum Seilbesteigen!

Ha! denkt er. Dieses wird sich zeigen!
Und richtig, eh der Markt geschlossen,
Treibt er aufs neu die alten Possen
Hoch in der Luft, und zwar mit Glück,
Bis auf ein kleines Mißgeschick.

Er fiel herab in großer Eile
Und knickte sich die Wirbelsäule.

Der alte Narr! Jetzt bleibt er krumm!
So äußert sich das Publikum.

Die Tute

Wenn die Tante Adelheide
Als Logierbesuch erschien,
Fühlte Fritzchen große Freude,
Denn dann gab es was für ihn.

Immer hat die liebe Gute
Tief im Reisekorb versteckt
Eine angenehme Tute,
Deren Inhalt köstlich schmeckt.

Täglich wird dem braven Knaben
Draus ein hübsches Stück beschert,

Bis wir schließlich nichts mehr haben
Und die Tante weiterfährt.

Mit der Post fuhr sie von hinnen.
Fritzchens Trauer ist nur schwach.
Einer Tute, wo nichts drinnen,
Weint man keine Träne nach.

Unberufen

Gestützt auf seine beiden Krücken,
Die alte Kiepe auf dem Rücken,
Ging durch das Dorf ein Bettelmann
Und klopfte stets vergeblich an.

Erst aus dem allerletzten Haus
Kam eine gute Frau heraus,
Die grad den dritten Mann begraben,
Daher geneigt zu milden Gaben,
Und legt in seines Korbes Grund
Ein Brot von mehr als sieben Pfund.

Ein schmaler Steg führt gleich danach
Ihn über einen Rauschebach.

Jetzt hab ich Brot, jetzt bin ich glücklich!
So rief er froh, und augenblicklich
Fiel durch den Korb, der nicht mehr gut,
Sein Brot hinunter in die Flut.

Das kommt von solchem Übermut.

Kränzchen

In der ersten Nacht des Maien
Läßt's den Hexen keine Ruh.
Sich gesellig zu erfreuen,
Eilen sie dem Brocken zu.

Dorten haben sie ihr Kränzchen.
Man verleumdet, man verführt,
Macht ein lasterhaftes Tänzchen,
Und der Teufel präsidiert.

Nicht beeidigt

Willst du gelobt sein, so verzichte
Auf kindlich blödes Wesen.
Entschließ dich, deine himmlischen Gedichte
Den Leuten vorzulesen.

Die Welt ist höflich und gesellig,
Und eh man dich beleidigt,
Sagt wohl ein jeder leicht, was dir gefällig,
Denn keiner ist beeidigt.

Die Schändliche

Sie ist ein reizendes Geschöpfchen,
Mit allen Wassern wohl gewaschen;
Sie kennt die süßen Sündentöpfchen
Und liebt es, häufig draus zu naschen.

Da bleibt den sittlich Hochgestellten
Nichts weiter übrig, als mit Freuden
Auf diese Schandperson zu schelten
Und sie mit Schmerzen zu beneiden.

Bewaffneter Friede

Ganz unverhofft, an einem Hügel,
Sind sich begegnet Fuchs und Igel.

Halt, rief der Fuchs, du Bösewicht.
Kennst du des Königs Ordre nicht?
Ist nicht der Friede längst verkündigt,
Und weißt du nicht, daß jeder sündigt,
Der immer noch gerüstet geht?
Im Namen seiner Majestät,
Geh her und übergib dein Fell.

Der Igel sprach: Nur nicht so schnell.
Laß dir erst deine Zähne brechen,
Dann wollen wir uns weiter sprechen.

Und allsogleich macht er sich rund,
Schließt seinen dichten Stachelbund
Und trotzt getrost der ganzen Welt,
Bewaffnet, doch als Friedensheld.

Die Affen

Der Bauer sprach zu seinem Jungen:
Heut in der Stadt da wirst du gaffen.
Wir fahren hin und sehn die Affen.
Es ist gelungen
Und um sich schief zu lachen,
Was die für Streiche machen
Und für Gesichter,
Wie rechte Bösewichter.
Sie krauen sich,
Sie zausen sich,
Sie hauen sich,
Sie lausen sich,
Beschnuppern dies, beknuppern das,
Und keiner gönnt dem andern was,
Und essen tun sie mit der Hand,
Und alles tun sie mit Verstand,
Und jeder stiehlt als wie ein Rabe.
Paß auf, das siehst du heute.

Oh Vater, rief der Knabe,
Sind Affen denn auch Leute?

Der Vater sprach: Nun ja,
Nicht ganz, doch so beinah.

Zauberschwestern

Zwiefach sind die Phantasien,
Sind ein Zauberschwesternpaar,
Sie erscheinen, singen, fliehen
Wesenlos und wunderbar.

Eine ist die himmelblaue,
Die uns froh entgegenlacht,
Doch die andre ist die graue,
Welche angst und bange macht.

Jene singt von lauter Rosen,
Singt von Liebe und Genuß;
Diese stürzt den Hoffnungslosen
Von der Brücke in den Fluß.

Die Schnecken

Rötlich dämmert es im Westen
Und der laute Tag verklingt,
Nur daß auf den höchsten Ästen
Lieblich noch die Drossel singt.

Jetzt in dichtbelaubten Hecken,
Wo es still verborgen blieb,
Rüstet sich das Volk der Schnecken
Für den nächtlichen Betrieb.

Tastend streckt sich ihr Gehörne.
Schwach nur ist das Augenlicht.
Dennoch schon aus weiter Ferne
Wittern sie ihr Leibgericht.

Schleimig, säumig, aber stete,
Immer auf dem nächsten Pfad,
Finden sie die Gartenbeete
Mit dem schönsten Kopfsalat.

Hier vereint zu ernsten Dingen,
Bis zum Morgensonnenschein,
Nagen sie geheim und dringen
Tief ins grüne Herz hinein.

Darum braucht die Köchin Jettchen
Dieses Kraut nie ohne Arg.
Sorgsam prüft sie jedes Blättchen,
Ob sich nichts darin verbarg.

Sie hat Furcht, den Zorn zu wecken
Ihres lieben gnädgen Herrn.
Kopfsalat, vermischt mit Schnecken,
Mag der alte Kerl nicht gern.

Sehnsucht

Schon viel zu lang
Hab ich der Bosheit mich ergeben.
Ich lasse töten, um zu leben,
Und bös macht bang.

Denn niemals ruht
Die Stimme in des Herzens Tiefe,
Als ob es zärtlich klagend riefe:
Sei wieder gut.

Und frisch vom Baum
Den allerschönsten Apfel brach ich.
Ich biß hinein, und seufzend sprach ich,
Wie halb im Traum:

Du erstes Glück,
Du alter Paradiesesfrieden,
Da noch kein Lamm den Wolf gemieden,
Oh komm zurück!

Seelenwanderung

Wohl tausendmal schon ist er hier
Gestorben und wiedergeboren,
Sowohl als Mensch wie auch als Tier,
Mit kurzen und langen Ohren.

Jetzt ist er ein armer blinder Mann,
Es zittern ihm alle Glieder,
Und dennoch, wenn er nur irgend kann,
Kommt er noch tausendmal wieder.

Pst!

Es gibt ja leider Sachen und Geschichten,
Die reizend und pikant,
Nur werden sie von Tanten und von Nichten
Niemals genannt.

Verehrter Freund, so sei denn nicht vermessen,
Sei zart und schweig auch du.
Bedenk: Man liebt den Käse wohl, indessen
Man deckt ihn zu.

Die Meise

Auguste, wie fast jede Nichte,
Weiß wenig von Naturgeschichte.
Zu bilden sie in diesem Fache,
Ist für den Onkel Ehrensache.

Auguste, sprach er, glaub es mir,
Die Meise ist ein nettes Tier.
Gar zierlich ist ihr Leibesbau,
Auch ist sie schwarz, weiß, gelb und blau.
Hell flötet sie und klettert munter
Am Strauch kopfüber und kopfunter.
Das härtste Korn verschmäht sie nicht,
Sie hämmert, bis die Schale bricht.
Mohnköpfen bohrt sie mit Verstand
Ein Löchlein in den Unterrand,
Weil dann die Sämerei gelind
Von selbst in ihren Schnabel rinnt.
Nicht immer liebt man Fastenspeisen,
Der Grundsatz gilt auch für die Meisen.
Sie gucken scharf in alle Ritzen,
Wo fette Käferlarven sitzen,
Und fangen sonst noch Myriaden
Insekten, die dem Menschen schaden,
Und hieran siehst du außerdem,
Wie weise das Natursystem. –
So zeigt er, wie die Sache lag.

Es war kurz vor Martinitag.
Wer dann vernünftig ist und kann's
Sich leisten, kauft sich eine Gans.

Auch an des Onkels Außengiebel
Hing eine solche, die nicht übel,
Um, nackt im Freien aufgehangen,
Die rechte Reife zu erlangen.
Auf diesen Braten freute sich
Der Onkel sehr und namentlich
Vor allem auf die braune Haut,
Obgleich er sie nur schwer verdaut.

Martini kam, doch kein Arom
Von Braten spürt der gute Ohm.
Statt dessen trat voll Ungestüm
Die Nichte ein und zeigte ihm
Die Gans, die kaum noch Gans zu nennen,
Ein Scheusal, nicht zum Wiederkennen,
Zernagt beinah bis auf die Knochen.
Kein Zweifel war, wer dies verbrochen,
Denn deutlich lehrt der Augenschein,
Es konnten nur die Meisen sein.
Also ade! du braune Kruste.

Ja, lieber Onkel, sprach Auguste,
Die gern, nach weiblicher Manier,
Bei einem Irrtum ihn ertappt:
Die Meise ist ein nettes Tier.
Da hast du wieder recht gehabt.

Pfannekuchen und Salat

Von Fruchtomletts da mag berichten
Ein Dichter aus den höhern Schichten.

Wir aber, ohne Neid nach oben,
Mit bürgerlicher Zunge loben
Uns Pfannekuchen und Salat.

Wie unsre Liese delikat
So etwas backt und zubereitet,
Sei hier in Worten angedeutet.

Drei Eier, frisch und ohne Fehl,
Und Milch und einen Löffel Mehl,
Die quirlt sie fleißig durcheinand
Zu einem innigen Verband.

Sodann, wenn Tränen auch ein Übel,
Zerstückelt sie und mengt die Zwiebel
Mit Öl und Salz zu einer Brühe,
Daß der Salat sie an sich ziehe.

Um diesen ferner herzustellen,
Hat sie Kartoffeln abzupellen.
Da heißt es, fix die Finger brauchen,
Den Mund zu spitzen und zu hauchen,
Denn heiß geschnitten nur allein
Kann der Salat geschmeidig sein.

Hierauf so geht es wieder heiter
Mit unserm Pfannekuchen weiter.

Nachdem das Feuer leicht geschürt,
Die Pfanne sorgsam auspoliert,
Der Würfelspeck hineingeschüttelt,
So daß es lustig brät und brittelt,
Pisch, kommt darüber mit Gezisch
Das ersterwähnte Kunstgemisch.

Nun zeigt besonders und apart
Sich Lieschens Geistesgegenwart,
Denn nur zu bald, wie allbekannt,
Ist solch ein Kuchen angebrannt.

Sie prickelt ihn, sie stockert ihn,
Sie rüttelt, schüttelt, lockert ihn
Und lüftet ihn, bis augenscheinlich
Die Unterseite eben bräunlich,
Die umgekehrt geschickt und prompt
Jetzt ihrerseits nach oben kommt.

Geduld, es währt nur noch ein bissel,
Dann liegt der Kuchen auf der Schüssel.

Doch späterhin die Einverleibung,
Wie die zu Mund und Herzen spricht,
Das spottet jeglicher Beschreibung,
Und darum endet das Gedicht.

Glaube

Stark in Glauben und Vertrauen,
Von der Burg mit festen Türmen
Kannst du dreist herniederschauen.
Keiner wird sie je erstürmen.

Laß sie graben, laß sie schanzen,
Stolze Ritter, grobe Bauern,
Ihre Flegel, ihre Lanzen
Prallen ab von deinen Mauern.

Aber hüte dich vor Zügen
In die Herrschaft des Verstandes,
Denn sogleich sollst du dich fügen
Den Gesetzen seines Landes.

Bald umringen dich die Haufen,
Und sie ziehen dich vom Rosse,
Und du mußt zu Fuße laufen
Schleunig heim nach deinem Schlosse.

Kopf und Herz

Wie es scheint, ist die Moral
Nicht so bald beleidigt,
Während Schlauheit allemal
Wütend sich verteidigt.

Nenn den Schlingel liederlich,
Leicht wird er's verdauen;
Nenn ihn dumm, so wird er dich,
Wenn er kann, verhauen.

Der kluge Kranich

Ich bin mal so, sprach Förster Knast,
Die Flunkerei ist mir verhaßt,
Doch sieht man oft was Sonderbares.

Im Frühling vor fünf Jahren war es,
Als ich stockstill, den Hahn gespannt,
Bei Mondschein vor dem Walde stand.
Da läßt sich plötzlich flügelsausend
Ein Kranichheer, wohl an die tausend,
Ganz dicht zu meinen Füßen nieder.
Sie kamen aus Ägypten wieder
Und dachten auf der Reise nun
Sich hier ein Stündchen auszuruhn.

Ich selbstverständlich, schlau und sacht,
Gab sehr genau auf alles acht.

Du, Hans, so rief der Oberkranich,
Hast heut die Wache, drum ermahn ich
Dich ernstlich, halt dich stramm und paß
Gehörig auf, sonst gibt es was.

Bald schlief ein jeder ein und sägte.
Hans aber stand und überlegte.

Er nahm sich einen Kieselstein,
Erhob ihn mit dem rechten Bein
Und hielt sich auf dem linken nur
In Gleichgewicht und Positur.

Der arme Kerl war schrecklich müd.
Erst fiel das linke Augenlid,

Das rechte blinzelt zwar noch schwach,
Dann aber folgt's dem andern nach.
Er schnarcht sogar. Ich denke schon:
Wie wird es dir ergehn, mein Sohn?
So denk ich, doch im Augenblick,
Als ich es dachte, geht es klick!
Der Stein fiel Hänschen auf die Zeh,
Das weckt ihn auf, er schreit auweh!

Er schaut sich um, hat mich gewittert,
Pfeift, daß es Mark und Bein erschüttert,
Und allsogleich im Winkelflug
Entschwebt der ganze Heereszug.

Ich rief hurra! und schwang den Hut.
Der Vogel der gefiel mir gut.
Er lebt auch noch. Schon oft seither
Sah man ihn fern am Schwarzen Meer
Auf einem Bein auf Posten stehn.

Dies schreibt mein Freund der Kapitän,
Und was er sagt, ist ohne Frage
So wahr, als was ich selber sage.

Fink und Frosch

Auf leichten Schwingen frei und flink
Zum Lindenwipfel flog der Fink
Und sang an dieser hohen Stelle
Sein Morgenlied so glockenhelle.

Ein Frosch, ein dicker, der im Grase
Am Boden hockt, erhob die Nase,
Strich selbstgefällig seinen Bauch
Und denkt: Die Künste kann ich auch.

Alsbald am rauhen Stamm der Linde
Begann er, wenn auch nicht geschwinde,
Doch mit Erfolg, emporzusteigen,
Bis er zuletzt von Zweig zu Zweigen,
Wobei er freilich etwas keucht,
Den höchsten Wipfelpunkt erreicht
Und hier sein allerschönstes Quacken
Ertönen läßt aus vollen Backen.

Der Fink, dem dieser Wettgesang
Nicht recht gefällt, entfloh und schwang
Sich auf das steile Kirchendach.

Wart, rief der Frosch, ich komme nach.
Und richtig ist er fortgeflogen,
Das heißt, nach unten hin im Bogen,
So daß er schnell und ohne Säumen,
Nach mehr als zwanzig Purzelbäumen,
Zur Erde kam mit lautem Quack,
Nicht ohne großes Unbehagen.

Er fiel zum Glück auf seinen Magen,
Den dicken weichen Futtersack,
Sonst hätt er sicher sich verletzt.

Heil ihm! Er hat es durchgesetzt.

Verwunschen

Geld gehört zum Ehestande,
Häßlichkeit ist keine Schande,
Liebe ist beinah absurd.
Drum, du nimmst den Junker Jochen
Innerhalb der nächsten Wochen.
Also sprach der Ritter Kurt.

Vater, flehte Kunigunde,
Schone meine Herzenswunde,
Ganz umsonst ist dein Bemühn.
Ja, ich schwör's bei Erd und Himmel,
Niemals nehm ich diesen Lümmel,
Ewig ewig haß ich ihn.

Nun, wenn Worte nicht mehr nützen,
Dann so bleibe ewig sitzen,
Marsch mit dir ins Burgverlies.
Zornig sagte dies der Alte,
Als er in die feuchte, kalte
Kammer sie hinunterstieß.

Jahre kamen, Jahre schwanden.
Nichts im Schlosse blieb vorhanden
Außer Kunigundens Geist.
Dort, wo graue Ratten rasseln,
Sitzt sie zwischen Kellerasseln,
Von dem Feuermolch umkreist.

Heut noch ist es nicht geheuer
In dem alten Burggemäuer
Um die Mitternacht herum.

Wehe, ruft ein weißes Wesen,
Will denn niemand mich erlösen?
Doch die Wände bleiben stumm.

Ungenügend

Sei es freundlich, sei es böse,
Meist genügend klar und scharf
Klingt des Mundes Wortgetöse
Für den täglichen Bedarf.

Doch die Höchstgefühle heischen
Ihren ganz besondern Klang;
Dann sagt grunzen oder kreischen
Mehr als Rede und Gesang.

Scheu und Treu

Er liebte sie in aller Stille.
Bescheiden, schüchtern und von fern
Schielt er nach ihr durch seine Brille
Und hat sie doch so schrecklich gern.

Ein Mücklein, welches an der Nase
Des schönen Kindes saugend saß,
Ertränkte sich in seinem Glase.
Es schmeckt ihm fast wie Ananas.

Sie hatte Haare wie 'ne Puppe,
So unvergleichlich blond und kraus.
Einst fand er eines in der Suppe
Und zog es hochbeglückt heraus.

Er rollt es auf zu einem Löckchen,
Hat's in ein Medaillon gelegt.
Nun hängt es unter seinem Röckchen
Da, wo sein treues Herze schlägt.

Der Wetterhahn

Wie hat sich sonst so schön der Hahn
Auf unserm Turm gedreht
Und damit jedem kundgetan,
Woher der Wind geweht.

Doch seit dem letzten Sturme hat
Er keinen rechten Lauf;
Er hängt so schief, er ist so matt,
Und keiner schaut mehr drauf.

Jetzt leckt man an den Finger halt
Und hält ihn hoch geschwind.
Die Seite, wo der Finger kalt,
Von daher weht der Wind.

Querkopf

Ein eigener Kerl war Krischan Bolte.
Er tat nicht gerne, was er sollte.
Als Kind schon ist er so gewesen.
Religion, Rechtschreiben und Lesen
Fielen für ihn nicht ins Gewicht:

Er sollte zur Schule und wollte nicht.

Später kam er zu Meister Pfriem.
Der zeigte ihm redlich und sagte ihm,
jedoch umsonst, was seine Pflicht:

Er sollte schustern und wollte nicht.

Er wollte sich nun mal nicht quälen,
Deshalb verfiel er auf das Stehlen.
Man faßt ihn, stellt ihn vor Gericht:

Er sollte bekennen und wollte nicht.

Trotzdem verdammt man ihn zum Tode.
Er aber blieb, nach seiner Mode,
Ein widerspenstiger Bösewicht:

Er sollte hängen und wollte nicht.

Noch zwei?

Durch das Feld ging die Familie,
Als mit glückbegabter Hand
Sanft errötend Frau Ottilie
Eine Doppelähre fand.

Was die alte Sage kündet,
Hat sich öfter schon bewährt:
Dem, der solche Ähren findet,
Wird ein Doppelglück beschert.

Vater Franz blickt scheu zur Seite.
Zwei zu fünf, das wäre viel.
Kinder, sprach er, aber heute
Ist es ungewöhnlich schwül.

Wie üblich

Suche nicht apart zu scheinen,
Wandle auf betretnen Wegen.
Meinst du, was die andern meinen,
Kommt man freundlich dir entgegen.

Mancher, auf dem Seitensteige,
Hat sich im Gebüsch verloren,
Und da schlugen ihm die Zweige
Links und rechts um seine Ohren.

Die Teilung

Es hat einmal, so wird gesagt,
Der Löwe mit dem Wolf gejagt.
Da haben sie vereint erlegt
Ein Wildschwein stark und gut gepflegt.

Doch als es ans Verteilen ging,
Dünkt das dem Wolf ein mißlich Ding.

Der Löwe sprach: Was grübelst du?
Glaubst du, es geht nicht redlich zu?
Dort kommt der Fuchs, er mag entscheiden,
Was jedem zukommt von uns beiden.

Gut, sagt der Wolf, dem solch ein Freund
Als Richter gar nicht übel scheint.

Der Löwe winkt dem Fuchs sogleich:
Herr Doktor, das ist was für Euch.
Hier dieses jüngst erlegte Schwein,
Bedenkt es wohl, ist mein und sein.
Ich faßt es vorn, er griff es hinten;
Jetzt teilt es uns, doch ohne Finten.

Der Fuchs war ein Jurist von Fach.
Sehr einfach, spricht er, liegt die Sach.
Das Vorderteil, ob viel ob wenig,
Erhält mit Fug und Recht der König.
Dir aber, Vetter Isegrim,
Gebührt das Hinterteil. Da nimm!

Bei diesem Wort trennt er genau
Das Schwänzlein hinten von der Sau;
Indes der Wolf verschmäht die Beute,
Verneigt sich kurz und geht beiseite.

Fuchs, sprach der Löwe, bleibt bei mir.
Von heut an seid Ihr Großvezier.

Strebsam

Mein Sohn, hast du allhier auf Erden
Dir vorgenommen, was zu werden,

Sei nicht zu keck;

Und denkst du, sei ein stiller Denker.
Nicht leicht befördert wird der Stänker.
Mit Demut salbe deinen Rücken,
Voll Ehrfurcht hast du dich zu bücken,
Mußt heucheln, schmeicheln, mußt dich fügen,
Denn selbstverständlich nur durch Lügen

Kommst du vom Fleck.

Oh, tu's mit Eifer, tu's geduldig,
Bedenk, was du dir selber schuldig.
Das Gönnerherz wird sich erweichen,
Und wohl verdient wirst du erreichen

Den guten Zweck.

Sonst und jetzt

Wie standen ehedem die Sachen
So neckisch da in ihrem Raum.
Schwer war's, ein Bild davon zu machen,
Und selbst der Beste konnt es kaum.

Jetzt, ohne sich zu überhasten,
Stellt man die Guckmaschine fest
Und zieht die Bilder aus dem Kasten,
Wie junge Spatzen aus dem Nest.

Das Brot

Er saß beim Frühstück äußerst grämlich,
Da sprach ein Krümchen Brot vernehmlich:

Aha, so ist es mit dem Orden
Für diesmal wieder nichts geworden.
Ja Freund, wer seinen Blick erweitert
Und schaut nach hinten und nach vorn,
Der preist den Kummer, denn er läutert.
Ich selber war ein Weizenkorn.
Mit vielen, die mir anverwandt,
Lag ich im rauhen Ackerland.
Bedrückt von einem Erdenkloß,
Macht ich mich mutig strebend los.
Gleich kam ein alter Has gehupft
Und hat mich an der Nas gezupft,
Und als es Winter ward, verfror,
Was peinlich ist, mein linkes Ohr,

Und als ich reif mit meiner Sippe,
O weh, da hat mit seiner Hippe
Der Hans uns rutschweg abgesäbelt
Und zum Ersticken festgeknebelt
Und auf die Tenne fortgeschafft,
Wo ihrer vier mit voller Kraft
In regelrechtem Flegeltakte
Uns klopften, daß die Schwarte knackte.
Ein Esel trug uns nach der Mühle.
Ich sage dir, das sind Gefühle,
Wenn man, zerrieben und gedrillt
Zum allerfeinsten Staubgebild,
Sich kaum besinnt und fast vergißt,
Ob Sonntag oder Montag ist.
Und schließlich schob der Bäckermeister,
Nachdem wir erst als zäher Kleister
In seinem Troge baß gehudelt,
Vermengt, geknetet und vernudelt,
Uns in des Ofens höchste Glut.
Jetzt sind wir Brot. Ist das nicht gut?
Frischauf, du hast genug, mein Lieber,
Greif zu und schneide nicht zu knapp
Und streiche tüchtig Butter drüber
Und gib den andern auch was ab.

Nicht artig

Man ist ja von Natur kein Engel,
Vielmehr ein Welt- und Menschenkind,
Und rings umher ist ein Gedrängel
Von solchen, die dasselbe sind.

In diesem Reich geborner Flegel,
Wer könnte sich des Lebens freun,
Würd es versäumt, schon früh die Regel
Der Rücksicht kräftig einzubläun.

Es saust der Stock, es schwirrt die Rute.
Du darfst nicht zeigen, was du bist.
Wie schad, o Mensch, daß dir das Gute
Im Grunde so zuwider ist.

Der Schatz

Der Stoffel wankte frohbewegt
Spät in der Nacht nach Haus.
Da ging, wie das zu kommen pflegt,
Ihm seine Pfeife aus.

Wer raucht, der raucht nicht gerne kalt.
Wie freut sich Stoffel da,
Als er ganz dicht vor sich im Wald
Ein Kohlenfeuer sah.

Die Kohlen glühn in einem Topf.
Der frohe Stoffel drückt
Gleich eine in den Pfeifenkopf
Und zieht als wie verrückt.

Wohl sieht er, wie die Kohle glüht.
Nur daß sie gar nicht brennt.
Da überläuft es sein Gemüt,
Er flucht Potzzappperment.

Das Wort war hier nicht recht am Platz.
Es folgt ein Donnerschlag.
Versunken ist der Zauberschatz
Bis an den jüngsten Tag.

Die Pfeife fällt vor Schreck und Graus
Auf einen harten Stein.
Ein Golddukaten rollt heraus,
Blitzblank im Mondenschein.

Von nun an, denkt der Stoffel schlau,
Schweig ich am rechten Ort.
Er kehrte heim zu seiner Frau
Und sprach kein einzig Wort.

Drum

Wie dunkel ist der Lebenspfad,
Den wir zu wandeln pflegen.
Wie gut ist da ein Apparat
Zum Denken und Erwägen.

Der Menschenkopf ist voller List
Und voll der schönsten Kniffe;
Er weiß, wo was zu kriegen ist,
Und lehrt die rechten Griffe.

Und weil er sich so nützlich macht,
Behält ihn jeder gerne.
Wer stehlen will, und zwar bei Nacht,
Braucht eine Diebslaterne.

Der Kohl

Unter all den hübschen Dingen
In der warmen Sommerzeit
Ist ein Korps von Schmetterlingen
Recht ergötzlich insoweit.

Bist du dann zu deinem Wohle
In den Garten hinspaziert,
Siehst du über deinem Kohle
Muntre Tänze aufgeführt.

Weiß gekleidet und behende
Flattert die vergnügte Schar,
Bis daß Lieb und Lust zu Ende
Wieder mal für dieses Jahr.

Zum getreuen Angedenken,
Auf den Blättern kreuz und quer,
Lassen sie zurück und schenken
Dir ein schönes Raupenheer.

Leidest du, daß diese Sippe
Weiterfrißt, wie sie begehrt,
Kriegst du nebst dem Blattgerippe
Nur noch Proben ohne Wert.

Also ist es zu empfehlen,
Lieber Freund, daß du dich bückst
Und sehr viele Raupenseelen,
Pitsch, aus ihren Häuten drückst.

Denn nur der ist wirklich weise,
Der auch in die Zukunft schaut.
Denk an deine Lieblingsspeise:
Schweinekopf mit Sauerkraut.

Der gütige Wandrer

Fing man vorzeiten einen Dieb,
Hing man ihn auf mit Schnellbetrieb,
Und meinte man, er sei verschieden,
Ging man nach Haus und war zufrieden.

Ein Wandrer von der weichen Sorte
Kam einst zu solchem Galgenorte
Und sah, daß oben einer hängt,
Dem kürzlich man den Hals verlängt.

Sogleich, als er ihn baumeln sieht,
Zerfließt in Tränen sein Gemüt.

Ich will den armen Schelm begraben,
Denkt er, sonst fressen ihn die Raben.

Nicht ohne Müh, doch mit Geschick,
Klimmt er hinauf und löst den Strick,
Und jener, der im Wind geschwebt,
Liegt unten, scheinbar unbelebt.

Sieh da, nach Änderung der Lage
Tritt neu die Lebenskraft zutage,
So daß der gute Delinquent
Die Welt ganz deutlich wiederkennt.

Zärtlich, als wär's der eigne Vetter,
Umarmt er seinen Lebensretter,
Nicht einmal, sondern noch einmal,
Vor Freude nach so großer Qual.

Mein lieber Mitmensch, sprach der Wandrer,
Geh in dich, sei hinfür ein andrer.
Zum Anfang für dein neues Leben
Werd ich dir jetzt zwei Gulden geben.

Das Geben tat ihm immer wohl.
Rasch griff er in sein Kamisol,
Wo er zur langen Pilgerfahrt
Den vollen Säckel aufbewahrt.
Er sucht und sucht und fand ihn nicht,
Und länger wurde sein Gesicht.
Er sucht und suchte, wie ein Narr,
Weit wird der Mund, das Auge starr,
Bald ist ihm heiß, bald ist ihm kalt.

Der Dieb verschwand im Tannenwald.

Reue

Die Tugend will nicht immer passen,
Im ganzen läßt sie etwas kalt,
Und daß man eine unterlassen,
Vergißt man bald.

Doch schmerzlich denkt manch alter Knaster,
Der von vergangnen Zeiten träumt,
An die Gelegenheit zum Laster,
Die er versäumt.

Bestimmung

Ein Fuchs von flüchtiger Moral
Und unbedenklich, wenn er stahl,
Schlich sich bei Nacht zum Hühnerstalle
Von einem namens Jochen Dralle,
Der, weil die Mühe ihn verdroß,
Die Tür mal wieder nicht verschloß.

Er hat sich, wie er immer pflegt,
So wie er war zu Bett gelegt.
Er schlief und schnarchte auch bereits.

Frau Dralle, welche ihrerseits
Noch wachte, denn sie hat die Grippe,
Stieß Jochen an die kurze Rippe.
Du, rief sie flüsternd, hör doch bloß,
Im Hühnerstall, da ist was los;
Das ist der Fuchs, der alte Racker.

Und schon ergriff sie kühn und wacker,
Obgleich sie nur im Nachtgewand,
Den Besen, der am Ofen stand,
Indes der Jochen leise flucht
Und erst mal Licht zu machen sucht.

Sie ging voran, er hinterdrein.
Es pfeift der Wind, die Hühner schrein.

Nur zu, mahnt Jochen, sei nur dreist
Und sag Bescheid, wenn er dich beißt.

Umsonst sucht sich der Dieb zu drücken
Vor Madam Dralles Geierblicken.
Sie schlägt ihm unaussprechlich schnelle
Zwei-, dreimal an derselben Stelle
Mit ihres Besens hartem Stiel
Aufs Nasenbein. Das war zuviel. –

Ein jeder kriegt, ein jeder nimmt
In dieser Welt, was ihm bestimmt.

Der Fuchs, nachdem der Balg herab,
Bekommt ein Armesündergrab.

Frau Dralle, weil sie leichtgesinnt
Sich ausgesetzt dem Winterwind
Zum Trotz der Selbsterhaltungspflicht,
Kriegt zu der Grippe noch die Gicht.

Doch Jochen kriegte hocherfreut
Infolge der Gelegenheit
Von Pelzwerk eine warme Kappe
Mit Vorder- und mit Hinterklappe.

Stets hieß es dann, wenn er sie trug:
Der ist es, der den Fuchs erschlug.

Gemartert

Ein gutes Tier
Ist das Klavier,
Still, friedlich und bescheiden,

Und muß dabei
Doch vielerlei
Erdulden und erleiden.

Der Virtuos
Stürzt darauf los
Mit hochgesträubter Mähne.
Er öffnet ihm
Voll Ungestüm
Den Leib, gleich der Hyäne.

Und rasend wild,
Das Herz erfüllt
Von mörderlicher Freude,
Durchwühlt er dann,
Soweit er kann,
Des Opfers Eingeweide.

Wie es da schrie,
Das arme Vieh,
Und unter Angstgewimmer
Bald hoch, bald tief
Um Hülfe rief,
Vergeß ich nie und nimmer.

Die Mücken

Dich freut die warme Sonne.
Du lebst im Monat Mai.
In deiner Regentonne
Da rührt sich allerlei.

Viel kleine Tierlein steigen
Bald auf-, bald niederwärts,
Und, was besonders eigen,
Sie atmen mit dem Sterz.

Noch sind sie ohne Tücken,
Rein kindlich ist ihr Sinn.
Bald aber sind sie Mücken
Und fliegen frei dahin.

Sie fliegen auf und nieder
Im Abendsonnenglanz
Und singen feine Lieder
Bei ihrem Hochzeitstanz.

Du gehst zu Bett um zehne,
Du hast zu schlafen vor,
Dann hörst du jene Töne
Ganz dicht an deinem Ohr.

Drückst du auch in die Kissen
Dein wertes Angesicht,
Dich wird zu finden wissen
Der Rüssel, welcher sticht.

Merkst du, daß er dich impfe,
So reib mit Salmiak
Und dreh dich um und schimpfe
Auf dieses Mückenpack.

Die Welt

Es geht ja leider nur soso
Hier auf der Welt, sprach Salomo.
Dies war verzeihlich. Das Geschnatter
Von tausend Frauen, denn die hatt er,
Macht auch den Besten ungerecht.

Uns aber geht es nicht so schlecht.
Wer, wie es Brauch in unsern Tagen,
Nur eine hat, der soll nicht sagen
Und klagen, was doch mancher tut:
Ich bin für diese Welt zu gut.

Selbst, wem es fehlt an dieser einen,
Der braucht darob nicht gleich zu weinen
Und sich kopfunter zu ertränken.
Er hat, das mag er wohl bedenken,
Am Weltgebäude mitgezimmert
Und allerlei daran verschlimmert.
Und wenn er so in sich gegangen,
Gewissenhaft und unbefangen,
Dann kusch er sich und denke froh:
Gottlob, ich bin kein Salomo;
Die Welt, obgleich sie wunderlich,
Ist mehr als gut genug für mich.

Die Freunde

Zwei Knaben, Fritz und Ferdinand,
Die gingen immer Hand in Hand,
Und selbst in einer Herzensfrage
Trat ihre Einigkeit zutage.

Sie liebten beide Nachbars Käthchen,
Ein blondgelocktes kleines Mädchen.

Einst sagte die verschmitzte Dirne:
Wer holt mir eine Sommerbirne,
Recht saftig, aber nicht zu klein?
Hernach soll er der Beste sein.

Der Fritz nahm seinen Freund beiseit
Und sprach: Das machen wir zu zweit;
Da drüben wohnt der alte Schramm,
Der hat den schönsten Birnenstamm;
Du steigst hinauf und schüttelst sacht,
Ich lese auf und gebe acht.

Gesagt getan. Sie sind am Ziel.
Schon als die erste Birne fiel,
Macht Fritz damit sich aus dem Staube,
Denn eben schlich aus dunkler Laube,
In fester Faust ein spanisch Rohr,
Der aufmerksame Schramm hervor.

Auch Ferdinand sah ihn beizeiten
Und tät am Stamm heruntergleiten
In Ängstlichkeit und großer Hast;
Doch eh er unten Fuß gefaßt,

Begrüßt ihn Schramm bereits mit Streichen,
Als wollt er einen Stein erweichen.

Der Ferdinand, voll Schmerz und Hitze,
Entfloh und suchte seinen Fritze.

Wie angewurzelt blieb er stehn.
Ach hätt er es doch nie gesehn:
Die Käthe hat den Fritz geküßt,
Worauf sie eine Birne ißt.

Seit dies geschah, ist Ferdinand
Mit Fritz nicht mehr so gut bekannt.

Unverbesserlich

Wer Bildung hat, der ist empört,
Wenn er so schrecklich fluchen hört.

Dies «Nasowolltich», dies «Parblö»,
Dies ewige «Ojemine»,
Dies «Eipotztausendnocheinmal»,
Ist das nicht eine Ohrenqual?
Und gar «Daßdichdasmäusleinbeiß»,
Da wird mir's immer kalt und heiß.

Wie oft wohl sag ich: Es ist häßlich,
Ist unanständig, roh und gräßlich.
Ich bitt und flehe: Laßt es sein,
Denn es ist sündlich. Aber nein,
Vergebens ring ich meine Hände,
Die Flucherei nimmt doch kein Ende.

Der innere Architekt

Wem's in der Unterwelt zu still,
Wer oberhalb erscheinen will,
Der baut sich, je nach seiner Weise,
Ein sichtbarliches Wohngehäuse.

Er ist ein blinder Architekt,
Der selbst nicht weiß, was er bezweckt.
Dennoch verfertigt er genau
Sich kunstvoll seinen Leibesbau,
Und sollte mal was dran passieren,
Kann er's verputzen und verschmieren,
Und ist er etwa gar ein solch
Geschicktes Tierlein wie der Molch,
Dann ist ihm alles einerlei,
Und wär's ein Bein, er macht es neu.
Nur schad, daß, was so froh begründet,
So traurig mit der Zeit verschwindet,
Wie schließlich jeder Bau hienieden,
Sogar die stolzen Pyramiden.

Verstand und Leidenschaft

Es ist ein recht beliebter Bau.
Wer wollte ihn nicht loben?
Drin wohnt ein Mann mit seiner Frau,
Sie unten und er oben.

Er, als ein schlaugewiegter Mann,
Hält viel auf weise Lehren,

Sie, ungestüm und drauf und dran,
Tut das, was ihr Begehren.

Sie läßt ihn reden und begeht,
Blind, wie sie ist, viel Wüstes,
Und bringt sie das in Schwulität,
Na, sagt er kühl, da siehst es.

Vereinen sich jedoch die zwei
Zu traulichem Verbande,
Dann kommt die schönste Lumperei
Hübsch regelrecht zustande.

So geht's in diesem Hause her.
Man möchte fast erschrecken.
Auch ist's beweglich, aber mehr
Noch als das Haus der Schnecken.

Der Kobold

In einem Häuschen, sozusagen –
(Den ersten Stock bewohnt der Magen)
In einem Häuschen war's nicht richtig.
Darinnen spukt und tobte tüchtig
Ein Kobold, wie ein wildes Bübchen,
Vom Keller bis zum Oberstübchen.
Fürwahr, es war ein bös Getös.
Der Hausherr wird zuletzt nervös,
Und als ein desperater Mann
Steckt er kurzweg sein Häuschen an

Und baut ein Haus sich anderswo
Und meint, da ging es ihm nicht so.
Allein, da sieht er sich betrogen.
Der Kobold ist mit umgezogen
Und macht Spektakel und Rumor
Viel ärger noch als wie zuvor.
Ha, rief der Mann, wer bist du, sprich.
Der Kobold lacht: Ich bin dein Ich.

Überliefert

Zu Olims Zeit, auf der Oase,
Am Quell, wo schlanke Palmen stehen,
Saß einst das Väterchen im Grase
Und hatte allerlei Ideen.

Gern sprach davon der Hochverehrte
Zu seinen Söhnen, seinen Töchtern,
Und das Gelehrte, oft Gehörte
Ging von Geschlechte zu Geschlechtern.

Auch wir, in mancher Abendstunde,
Wenn treue Liebe uns bewachte,
Vernahmen froh die gute Kunde
Von dem, was Väterchen erdachte.

Und sicher klingt das früh Gewußte
So lang in wohlgeneigte Ohren,
Bis auf der kalten Erdenkruste
Das letzte Menschenherz erfroren.

Befriedigt

Gehorchen wird jeder mit Genuß
Den Frauen, den hochgeschätzten,
Hingegen machen uns meist Verdruß
Die sonstigen Vorgesetzten.

Nur wenn ein kleines Mißgeschick
Betrifft den Treiber und Leiter,
Dann fühlt man für den Augenblick
Sich sehr befriedigt und heiter.

Als neulich am Sonntag der Herr Pastor
Eine peinliche Pause machte,
Weil er den Faden der Rede verlor,
Da duckt sich der Küster und lachte.

Es spukt

Abends, wenn die Heimchen singen,
Wenn die Lampe düster schwelt,
Hör ich gern von Spukedingen,
Was die Tante mir erzählt.

Wie es klopfte in den Wänden,
Wie der alte Schrank geknackt,
Wie es einst mit kalten Händen
Mutter Urschel angepackt,

Wie man oft ein leises Jammern
Grad um Mitternacht gehört,

Oben in den Bodenkammern,
Scheint mir höchst bemerkenswert.

Doch erzählt sie gar das Märchen
Von dem Geiste ohne Kopf,
Dann erhebt sich jedes Härchen
Schaudervoll in meinem Schopf.

Und ich kann es nicht verneinen,
Daß es böse Geister gibt,
Denn ich habe selber einen,
Der schon manchen Streich verübt.

Beiderseits

Frau Welt, was ist das nur mit Euch?
Herr Walter sprach's, der alte.
Ihr werdet grau und faltenreich
Und traurig von Gestalte.

Frau Welt darauf erwidert schnippsch:
Mein Herr, seid lieber stille!
Ihr scheint mir auch nicht mehr so hübsch
Mit Eurer schwarzen Brille.

Lache nicht

Lache nicht, wenn mit den Jahren
Lieb und Freundlichkeit vergehen,
Was Paulinchen ist geschehen,
Kann auch dir mal widerfahren.

Sieh nur, wie verändert hat sich
Unser guter Küchenbesen.
Er, der sonst so weich gewesen,
Ist jetztunder stumpf und kratzig.

Der Begleiter

Hans, der soeben in der Stadt
Sein fettes Schwein verwertet hat,
Ging spät nach Haus bei Mondenschein.
Ein Fremder folgt und holt ihn ein.

Grüß Gott, rief Hans, das trifft sich gut,
Zu zweit verdoppelt sich der Mut.

Der Fremde denkt: Ha zapperlot,
Der Kerl hat Geld, ich schlag ihn tot,
Nur nicht von vorn, daß er es sieht,
Dagegen sträubt sich mein Gemüt.

Und weiter gehn sie allgemach,
Der Hans zuvor, der Fremde nach.

Jetzt, denkt sich dieser, mach ich's ab.
Er hob bereits den Knotenstab.

Was gilt die Butter denn bei euch?
Fragt Hans und dreht sich um zugleich.

Der Fremde schweigt, der Fremde stutzt,
Der Knittel senkt sich unbenutzt.

Und weiter gehn sie allgemach,
Der eine vor, der andre nach.

Hier, wo die dunklen Tannen stehn,
Hier, denkt der Fremde, soll's geschehn.

Spielt man auch Skat bei euch zuland?
Fragt Hans und hat sich umgewandt.

Der Fremde nickt und steht verdutzt,
Der Knittel senkt sich unbenutzt.

Und weiter gehn sie allgemach,
Der eine vor, der andre nach.

Hier, denkt der Fremde, wo das Moor,
Hier hau ich fest ihm hinters Ohr.

Und wieder dreht der Hans sich um.
Prost, rief er fröhlich, mögt Ihr Rum?
Und zog ein Fläschlein aus dem Rock.

Der Fremde senkt den Knotenstock,
Tät einen Zug, der war nicht schwach,
Und weiter gehn sie allgemach.

Schon sind sie aus dem Wald heraus,
Und schau, da steht das erste Haus.
Es kräht der Hahn, es bellt der Spitz.

Dies, rief der Hans, ist mein Besitz.
Tritt ein du ehrlicher Gesell
Und nimm den Dank für dein Geleit.

Doch der Gesell entfernt sich schnell,
Vermutlich aus Bescheidenheit.

Ja ja!

Ein weißes Kätzchen, voller Schliche,
Ging heimlich, weil es gerne schleckt,
Des Abends in die Nachbarküche,
Wo man es leider bald entdeckt.

Mit Besen und mit Feuerzangen
Gejagt in alle Ecken ward's.
Es fuhr zuletzt voll Todesbangen
Zum Schlot hinaus und wurde schwarz.

Ja, siehst du wohl, mein liebes Herze?
Wer schlecken will, was ihm gefällt,
Der kommt nicht ohne Schmutz und Schwärze
Hinaus aus dieser bösen Welt.

Die Birke

Es wächst wohl auf der Heide
Und in des Waldes Raum
Ein Baum zu Nutz und Freude,
Genannt der Birkenbaum.

Die Schuh, daraus geschnitzet,
Sind freundlich von Gestalt.
Wohl dem, der sie besitzet,
Ihm wird der Fuß nicht kalt.

Es ist die weiße Rinde
Zu Tabakdosen gut,

Als teures Angebinde
Für den, der schnupfen tut.

Man zapfet aus der Birke
Sehr angenehmen Wein,
Man reibt sich, daß er wirke,
Die Glatze damit ein.

Dem Birkenreiserbesen
Gebühret Preis und Ehr;
Das stärkste Kehrichtwesen
Das treibt er vor sich her.

Von Birken eine Rute,
Gebraucht am rechten Ort,
Befördert oft das Gute
Mehr als das beste Wort.

Und kommt das Fest der Pfingsten,
Dann schmückt mir fein das Haus,
Ihr, meine lieben Jüngsten,
Mit Birkenzweigen aus.

Im Herbst

Der schöne Sommer ging von hinnen,
Der Herbst, der reiche, zog ins Land.
Nun weben all die guten Spinnen
So manches feine Festgewand.

Sie weben zu des Tages Feier
Mit kunstgeübtem Hinterbein

Ganz allerliebste Elfenschleier
Als Schmuck für Wiese, Flur und Hain.

Ja, tausend Silberfäden geben
Dem Winde sie zum leichten Spiel,
Die ziehen sanft dahin und schweben
Ans unbewußt bestimmte Ziel.

Sie ziehen in das Wunderländchen,
Wo Liebe scheu im Anbeginn,
Und leis verknüpft ein zartes Bändchen
Den Schäfer mit der Schäferin.

Der Ruhm

Der Ruhm, wie alle Schwindelware,
Hält selten über tausend Jahre.
Zumeist vergeht schon etwas eh'r
Die Haltbarkeit und die Kulör.

Ein Schmetterling voll Eleganz,
Genannt der Ritter Schwalbenschwanz,
Ein Exemplar von erster Güte,
Begrüßte jede Doldenblüte
Und holte hier und holte da
Sich Nektar und Ambrosia.

Mitunter macht er sich auch breit
In seiner ganzen Herrlichkeit
Und zeigt den Leuten seine Orden
Und ist mit Recht berühmt geworden.

Die jungen Mädchen fanden dies
Entzückend, goldig, reizend, süß.

Vergeblich schwenkten ihre Mützen
Die Knaben, um ihn zu besitzen.

Sogar der Spatz hat zugeschnappt
Und hätt ihn um ein Haar gehabt.

Jetzt aber naht sich ein Student,
Der seine Winkelzüge kennt.

In einem Netz mit engen Maschen
Tät er den Flüchtigen erhaschen,
Und da derselbe ohne Tadel,
Spießt er ihn auf die heiße Nadel.

So kam er unter Glas und Rahmen
Mit Datum, Jahreszahl und Namen
Und bleibt berühmt und unvergessen,
Bis ihn zuletzt die Motten fressen.

Man möchte weinen, wenn man sieht,
Daß dies das Ende von dem Lied.

Die Unbeliebte

Habt ihr denn wirklich keinen Schimmer
Von Angst, daß ihr noch ruhig schlaft?
Wird denn in dieser Welt nicht immer
Das Leben mit dem Tod bestraft?

Ihr lebt vergnügt trotz dem Verhängnis,
Das näher stets und näher zieht.
So stiehlt der Dieb, dem das Gefängnis
Und später gar der Galgen blüht.

Hör auf, entgegnet frech die Jugend,
Du altes Jammerinstrument.
Man merkt es gleich: Du bist die Tugend,
Die keinem sein Vergnügen gönnt.

Der Philosoph

Ein Philosoph von ernster Art
Der sprach und strich sich seinen Bart:

Ich lache nie. Ich lieb es nicht,
Mein ehrenwertes Angesicht
Durch Zähnefletschen zu entstellen
Und närrisch wie ein Hund zu bellen;
Ich lieb es nicht, durch ein Gemecker
Zu zeigen, daß ich Witzentdecker;
Ich brauche nicht durch Wertvergleichen
Mit andern mich herauszustreichen,
Um zu ermessen, was ich bin,
Denn dieses weiß ich ohnehin.

Das Lachen will ich überlassen
Den minder hochbegabten Klassen.

Ist einer ohne Selbstvertraun
In Gegenwart von schönen Fraun,

So daß sie ihn als faden Gecken
Abfahren lassen oder necken,
Und fühlt er drob geheimen Groll
Und weiß nicht, was er sagen soll,
Dann schwebt mit Recht auf seinen Zügen
Ein unaussprechliches Vergnügen.

Und hat er Kursverlust erlitten,
Ist er moralisch ausgeglitten,
So gibt es Leute, die doch immer
Noch dümmer sind als er und schlimmer,
Und hat er etwa krumme Beine,
So gibt's noch krümmere als seine.
Er tröstet sich und lacht darüber
Und denkt: Da bin ich mir doch lieber.

Den Teufel laß ich aus dem Spiele.
Auch sonst noch lachen ihrer viele,
Besonders jene ewig Heitern,
Die unbewußt den Mund erweitern,
Die, sozusagen, auserkoren
Zum Lachen bis an beide Ohren.

Sie freuen sich mit Weib und Kind
Schon bloß, weil sie vorhanden sind.

Ich dahingegen, der ich sitze
Auf der Betrachtung höchster Spitze,
Weit über allem Was und Wie,
Ich bin für mich und lache nie.

Höchste Instanz

Was er liebt, ist keinem fraglich;
Triumphierend und behaglich
Nimmt es seine Seele ein
Und befiehlt: So soll es sein.

Suche nie, wo dies geschehen,
Widersprechend vorzugehen,
Sintemalen im Gemüt
Schon die höchste Macht entschied.

Ungestört in ihren Lauben
Laß die Liebe, laß den Glauben,
Der, wenn man es recht ermißt,
Auch nur lauter Liebe ist.

Plaudertasche

Du liebes Plappermäulchen,
Bedenk dich erst ein Weilchen
Und sprich nicht so geschwind.
Du bist wie unsre Mühle
Mit ihrem Flügelspiele
Im frischen Sausewind.

So lang der Müller tätig
Und schüttet auf was nötig,
Geht alles richtig zu;
Doch ist kein Korn darinnen,
Dann kommt das Werk von Sinnen
Und klappert so wie du.

Duldsam

Des Morgens früh, sobald ich mir
Mein Pfeifchen angezündet,
Geh ich hinaus zur Hintertür,
Die in den Garten mündet.

Besonders gern betracht ich dann
Die Rosen, die so niedlich;
Die Blattlaus sitzt und saugt daran
So grün, so still, so friedlich.

Und doch wird sie, so still sie ist,
Der Grausamkeit zur Beute;
Der Schwebefliegen Larve frißt
Sie auf bis auf die Häute.

Schluppwespchen flink und klimperklein,
So sehr die Laus sich sträube,
Sie legen doch ihr Ei hinein
Noch bei lebendgem Leibe.

Sie aber sorgt nicht nur mit Fleiß
Durch Eier für Vermehrung,
Sie kriegt auch Junge hundertweis
Als weitere Bescherung.

Sie nährt sich an dem jungen Schaft
Der Rosen, eh sie welken;
Ameisen kommen, ihr den Saft
Sanft streichelnd abzumelken.

So seh ich in Betriebsamkeit
Das hübsche Ungeziefer
Und rauche während dieser Zeit
Mein Pfeifchen tief und tiefer.

Daß keine Rose ohne Dorn,
Bringt mich nicht aus dem Häuschen.
Auch sag ich ohne jeden Zorn:
Kein Röslein ohne Läuschen!

Daneben

Stoffel hackte mit dem Beile.
Dabei tat er sich sehr wehe,
Denn er traf in aller Eile
Ganz genau die große Zehe.

Ohne jedes Schmerzgewimmer,
Nur mit Ruh, mit einer festen,
Sprach er: Ja, ich sag es immer,
Nebenzu trifft man am besten.

Erneuerung

Die Mutter plagte ein Gedanke.
Sie kramt im alten Kleiderschranke,
Wo Kurz und Lang, obschon gedrängt,
Doch friedlich, beieinander hängt.

Auf einmal ruft sie: Ei sieh da,
Der Schwalbenschwanz, da ist er ja!

Den blauen, längst nicht mehr benützten,
Den hinten zwiefach zugespitzten,
Mit blanken Knöpfen schön geschmückt,
Der einst so manches Herz berückt,
Ihn trägt sie klug und überlegt
Dahin, wo sie zu schneidern pflegt,
Und trennt und wendet, näht und mißt,
Bis daß das Werk vollendet ist.

Auf die Art aus des Vaters Fracke
Kriegt Fritzchen eine neue Jacke.

Grad so behilft sich der Poet.
Du liebe Zeit, was soll er machen?
Gebraucht sind die Gedankensachen
Schon alle, seit die Welt besteht.

Der Knoten

Als ich in Jugendtagen
Noch ohne Grübelei,
Da meint ich mit Behagen,
Mein Denken wäre frei.

Seitdem hab ich die Stirne
Oft auf die Hand gestützt
Und fand, daß im Gehirne
Ein harter Knoten sitzt.

Mein Stolz der wurde kleiner.
Ich merkte mit Verdruß:
Es kann doch unsereiner
Nur denken, wie er muß.

Der Asket

Im Hochgebirg vor seiner Höhle
Saß der Asket;
Nur noch ein Rest von Leib und Seele
Infolge äußerster Diät.

Demütig ihm zu Füßen kniet
Ein Jüngling, der sich längst bemüht,
Des strengen Büßers strenge Lehren
Nachdenklich prüfend anzuhören.

Grad schließt der Klausner den Sermon
Und spricht: Bekehre dich, mein Sohn.
Verlaß das böse Weltgetriebe.
Vor allem unterlaß die Liebe,
Denn grade sie erweckt aufs neue
Das Leben und mit ihm die Reue.
Da schau mich an. Ich bin so leicht,
Fast hab ich schon das Nichts erreicht,
Und bald verschwind ich in das reine
Zeit-, raum- und traumlos Allundeine.

Als so der Meister in Ekstase,
Sticht ihn ein Bienchen in die Nase.

Oh, welch ein Schrei!
Und dann das Mienenspiel dabei.

Der Jüngling stutzt und ruft: Was seh ich?
Wer solchermaßen leidensfähig,
Wer so gefühlvoll und empfindlich,
Der, fürcht ich, lebt noch viel zu gründlich
Und stirbt noch nicht zum letzten Mal.

Mit diesem kühlen Wort empfahl
Der Jüngling sich und stieg hernieder
Ins tiefe Tal und kam nicht wieder.

Tröstlich

Nachbar Nickel ist verdrießlich,
Und er darf sich wohl beklagen,
Weil ihm seine Pläne schließlich
Alle gänzlich fehlgeschlagen.
Unsre Ziege starb heut morgen.
Geh und sag's ihm, lieber Knabe!
Daß er nach so vielen Sorgen
Auch mal eine Freude habe.

Der Narr

Er war nicht unbegabt. Die Geisteskräfte
Genügten für die laufenden Geschäfte.
Nur hat er die Marotte,
Er sei der Papst. Dies sagt er oft und gern
Für jedermann zum Ärgernis und Spotte,
Bis sie zuletzt ins Narrenhaus ihn sperrn.

Ein guter Freund, der ihn daselbst besuchte,
Fand ihn höchst aufgeregt. Er fluchte:
Zum Kuckuck, das ist doch zu dumm.
Ich soll ein Narr sein und weiß nicht warum.

Ja, sprach der Freund, so sind die Leute.
Man hat an einem Papst genug.
Du bist der zweite.
Das eben kann man nicht vertragen.
Hör zu, ich will dir mal was sagen:
Wer schweigt, ist klug.

Der Narr verstummt, als ob er überlege.
Der gute Freund ging leise seiner Wege.

Und schau, nach vierzehn Tagen grade
Da traf er ihn schon auf der Promenade.

Ei, rief der Freund, wo kommst du her?
Bist du denn jetzt der Papst nicht mehr?

Freund, sprach der Narr und lächelt schlau,
Du scheinst zur Neugier sehr geneigt.
Das, was wir sind, weiß ich genau.
Wir alle haben unsern Sparren,
Doch sagen tun es nur die Narren.
Der Weise schweigt.

Der Schadenfrohe

Ein Dornstrauch stand im Wiesental
An einer Stiege, welche schmal,
Und ging vorüber irgendwer,
Den griff er an und kratzte er.

Ein Lämmlein kam dahergehupft.
Das hat er ebenfalls gerupft.

Es sieht ihn traurig an und spricht:
Du brauchst doch meine Wolle nicht,
Und niemals tat ich dir ein Leid.
Weshalb zerrupfst du denn mein Kleid?
Es tut mir weh und ist auch schad.

Ei, rief der Freche, darum grad.

Röschen

Als Kind von angenehmen Zügen
War Röschen ein gar lustig Ding.
Gern zupfte sie das Bein der Fliegen,
Die sie geschickt mit Spucke fing.

Sie wuchs, und größere Objekte
Lockt sie von nun an in ihr Garn,
Nicht nur die jungen, nein, sie neckte
Und rupft auch manche alten Narrn.

Inzwischen tat in stillem Walten
Die Zeit getreulich ihre Pflicht.
Durch wundersame Bügelfalten
Verziert sie Röschens Angesicht.

Und locker wurden Röschens Zähne.
Kein Freier stellte sich mehr ein.
Und schließlich kriegt sie gar Migräne,
Und die pflegt dauerhaft zu sein.

Dies führte sie zum Aberglauben,
Obwohl sie sonst nicht gläubig schien.
Sie meinte fest, daß Turteltauben
Den Schmerz der Menschen an sich ziehn.

Zwei Stück davon hat sie im Bauer,
Ein Pärchen, welches zärtlich girrt;
Jetzt liegt sie täglich auf der Lauer,
Ob ihnen noch nicht übel wird.

Hund und Katze

Miezel, eine schlaue Katze,
Molly, ein begabter Hund,
Wohnhaft an demselben Platze,
Haßten sich aus Herzensgrund.

Schon der Ausdruck ihrer Mienen,
Bei gesträubter Haarfrisur,
Zeigt es deutlich: Zwischen ihnen
Ist von Liebe keine Spur.

Doch wenn Miezel in dem Baume,
Wo sie meistens hin entwich,
Friedlich dasitzt, wie im Traume,
Dann ist Molly außer sich.

Beide lebten in der Scheune,
Die gefüllt mit frischem Heu.
Alle beide hatten Kleine,
Molly zwei und Miezel drei.

Einst zur Jagd ging Miezel wieder
Auf das Feld. Da geht es bumm.
Der Herr Förster schoß sie nieder.
Ihre Lebenszeit ist um.

Oh, wie jämmerlich miauen
Die drei Kinderchen daheim.
Molly eilt, sie zu beschauen,
Und ihr Herz geht aus dem Leim.

Und sie trägt sie kurz entschlossen
Zu der eignen Lagerstatt,
Wo sie nunmehr fünf Genossen
An der Brust zu Gaste hat.

Mensch mit traurigem Gesichte,
Sprich nicht nur von Leid und Streit.
Selbst in Brehms Naturgeschichte
Findet sich Barmherzigkeit.

Schreckhaft

Nachdem er am Sonntagmorgen
Vor seinem Spiegel gestanden,
Verschwanden die letzten Sorgen
Und Zweifel, die noch vorhanden.

Er wurde so verwegen,
Daß er nicht länger schwankte.
Er schrieb ihr. Sie dagegen
Erwidert: Nein, sie dankte.

Der Schreck, den er da hatte,
Hätt ihn fast umgeschmissen,
Als hätt ihn eine Ratte
Plötzlich ins Herz gebissen.

Abschied

Ach, wie eilte so geschwinde
Dieser Sommer durch die Welt.
Herbstlich rauscht es in der Linde,
Ihre Blätter mit dem Winde
Wehen übers Stoppelfeld.

Hörst du in den Lüften klingend
Sehnlich klagend das Kuru?
Wandervögel, flügelschwingend,
Lebewohl der Heimat singend,
Ziehn dem fremden Lande zu.

Morgen muß ich in die Ferne.
Liebes Mädchen, bleib mir gut.
Morgen lebt in der Kaserne,
Daß er exerzieren lerne,
Dein dich liebender Rekrut.

Fuchs und Gans

Es war die erste Maiennacht.
Kein Mensch im Dorf hat mehr gewacht.
Da hielten, wie es stets der Fall,
Die Tiere ihren Frühlingsball.

Die Gans, die gute Adelheid,
Fehlt nie bei solcher Festlichkeit,
Obgleich man sie nach altem Brauch
Zu necken pflegt. So heute auch.

Frau Schnabel, nannte sie der Kater,
Frau Plattfuß, rief der Ziegenvater;
Doch sie, zwar lächelnd aber kühl,
Hüllt sich in sanftes Selbstgefühl.

So saß sie denn in ödem Schweigen
Allein für sich bei Spiel und Reigen,
Bei Freudenlärm und Jubeljux.

Sieh da, zum Schluß hat auch der Fuchs
Sich ungeladen eingedrängelt.
Schlau hat er sich herangeschlängelt.

Ihr Diener, säuselt er galant,
Wie geht's der Schönsten in Brabant?
Ich küß der gnädgen Frau den Fittich.
Ist noch ein Tänzchen frei, so bitt ich.

Sie nickt verschämt: Oh Herr Baron!
Indem so walzen sie auch schon.
Wie trippeln die Füße, wie wippeln die Schwänze
Im lustigen Kehraus, dem letzten der Tänze.

Da tönt es vier mit lautem Schlag.
Das Fest ist aus. Es naht der Tag. –

Bald drauf, im frühsten Morgenschimmer,
Ging Mutter Urschel aus, wie immer,
Mit Korb und Sichel, um verstohlen
Sich etwas fremden Klee zu holen.
An einer Hecke bleibt sie stehn:
Herrjeh, was ist denn hier geschehn?
Die Füchse, sag ich, soll man rädern.
Das sind wahrhaftig Gänsefedern.
Ein frisches Ei liegt dicht daneben.
Ich bin so frei es aufzuheben.
Ach, armes Tier, sprach sie bewegt,
Dies Ei hast du vor Angst gelegt.

Hahnenkampf

Ach, wie vieles muß man rügen,
Weil es sündlich und gemein,
So, zum Beispiel, das Vergnügen,
Zuzusehn bei Prügelein.

Noch vor kurzem hab ich selber
Mir zwei Gockel angesehn,
Hier ein schwarzer, da ein gelber,
Die nicht gut zusammen stehn.

Plötzlich kam es zum Skandale,
Denn der schwarze macht die Kur,
Was dem gelben alle Male
Peinlich durch die Seele fuhr.

Mit den Krallen, mit den Sporen,
Mit dem Schnabel, scharf gewetzt,
Mit den Flügeln um die Ohren
Hat es Hieb auf Hieb gesetzt.

Manche Feder aus dem Leder
Reißen und zerspleißen sie,
Und zum Schlusse ruft ein jeder
Triumphierend kickriki!

Voller Freude und mit wahrem
Eifer sah ich diesen Zwist,
Während jedes Huhn im Harem
Höchst gelassen weiterfrißt.

Solch ein Weibervolk mit Flügeln
Meint, wenn Gockel früh und spät
Seinetwegen sich verprügeln,
Daß sich das von selbst versteht.

Bedächtig

Ich ging zur Bahn. Der Abendzug
Kam erst um halber zehn.
Wer zeitig geht, der handelt klug.
Er kann gemütlich gehn.

Der Frühling war so warm und mild,
Ich ging wie neubelebt,
Zumal ein wertes Frauenbild
Mir vor der Seele schwebt.

Daß ich sie heut noch sehen soll,
Daß sie gewiß noch wach,
Davon ist mir das Herz so voll,
Ich steh und denke nach.

Ein Häslein, das vorüberstiebt,
Ermahnt ich: Laß dir Zeit,
Ein guter Mensch, der glücklich liebt,
Tut keinem was zuleid.

Von ferne aus dem Wiesenteich
Erklang der Frösche Chor,
Und überm Walde stieg zugleich
Der goldne Mond empor.

Da bist du ja, ich grüße dich,
Du traulicher Kumpan.
Bedächtig wandelst du wie ich
Dahin auf deiner Bahn.

Dies lenkte meinen Denkersinn
Auf den Geschäftsverlauf;
Ich überschlug mir den Gewinn.
Das hielt mich etwas auf.

Doch horch, da ist die Nachtigall,
Sie flötet wunderschön.
Ich flöte selbst mit sanftem Schall
Und bleib ein wenig stehn.

Und flötend kam ich zur Station,
Wie das bei mir Gebrauch.
O weh, was ist das für ein Ton?
Der Zug der flötet auch.

Dort saust er hin. Ich stand versteint.
Dann sah ich nach der Uhr,
Wie jeder, der zu spät erscheint.
So will es die Natur.

Dunkle Zukunft

Fritz, der mal wieder schrecklich träge,
Vermutet, heute gibt es Schläge,
Und knöpft zur Abwehr der Attacke
Ein Buch sich unter seine Jacke,
Weil er sich in dem Glauben wiegt,
Daß er was auf den Buckel kriegt.

Die Schläge trafen richtig ein.
Der Lehrer meint es gut. Allein,

Die Gabe wird für heut gespendet
Mehr unten, wo die Jacke endet,
Wo Fritz nur äußerst leicht bekleidet
Und darum ganz besonders leidet.

Ach, daß der Mensch so häufig irrt
Und nie recht weiß, was kommen wird!

Hinten herum

Ein Mensch, der etwas auf sich hält,
Bewegt sich gern in feiner Welt,
Denn erst in weltgewandten Kreisen
Lernt man die rechten Redeweisen,
Verbindlich, aber zugespitzt,
Und treffend, wo die Schwäre sitzt.

Es ist so wie mit Rektor Knaut,
Der immer lächelt, wenn er haut.
Auch ist bei Knaben weit berüchtigt
Das Instrument, womit er züchtigt.
Zu diesem Zweck bedient er nämlich,
Als für den Sünder gut bekömmlich,
Sich einer schlanken Haselgerte,
Zwar biegsam, doch nicht ohne Härte,
Die sich, von rascher Hand bewegt,
Geschmeidig um die Hüfte legt.

Nur wer es fühlte, der begreift es:
Vorn schlägt er zu und hinten kneift es.

Die Kleinsten

Sag Atome, sage Stäubchen.
Sind sie auch unendlich klein,
Haben sie doch ihre Leibchen
Und die Neigung da zu sein.

Haben sie auch keine Köpfchen,
Sind sie doch voll Eigensinn.
Trotzig spricht das Zwerggeschöpfchen:
Ich will sein so wie ich bin.

Suche nur sie zu bezwingen,
Stark und findig wie du bist.
Solch ein Ding hat seine Schwingen,
Seine Kraft und seine List.

Kannst du auch aus ihnen schmieden
Deine Rüstung als Despot,
Schließlich wirst du doch ermüden,
Und dann heißt es: Er ist tot.

Lebensfahrt

Lange warst du im Gedrängel
Aller Dinge tief versteckt,
Bis als einen kleinen Bengel
Unser Auge dich entdeckt.

Schreiend hast du Platz genommen,
Zum Genuß sofort bereit,

Und wir hießen dich willkommen,
Pflegten dich mit Zärtlichkeit.

Aber eh du recht empfunden,
Was daheim für Freuden blühn,
Hast dein Bündel du gebunden,
Um in fremdes Land zu ziehn.

Leichte lustige Gesellen
Finden sich an jedem Ort.
Weiber schelten, Hunde bellen,
Lachend zogst du weiter fort.

Sahst die Welt an beiden Enden,
Hast genippt und hast genascht.
Endlich fest mit Klammerhänden
Hat die Liebe dich erhascht.

Und du zogst den Kinderwagen,
Und du trugst, was dir bestimmt,
Seelenlast und Leibesplagen,
Bis der Rücken sich gekrümmt.

Nur Geduld. Es steht ein Flieder
An der Kirche grau und alt.
Dort für deine müden Glieder
Ist ein kühler Aufenthalt.

Die Trud

Wahrlich, sagte meine Tante,
Die fast alle Geister kannte,
Keine Täuschung ist die Trud.

Weißt du nicht, daß böse Seelen
Nächtlich aus dem Leibe rücken,
Um den Menschen zu bedrücken
Und zu treten und zu quälen,
Wenn er auf dem Rücken ruht?

Lautlos durch verschloßne Türen
Immer näher siehst du's kommen
Zauberhaft und wunderlich.
Und dir graust es vor dem Dinge,
Und du kannst dich doch nicht rühren,
Und du fühlst dich so beklommen,
Möchtest rufen, wenn's nur ginge,
Und auf einmal hat es dich.

Doch wer klug, weiß sich zu schützen:
Abends beim Zurruhegehn
Brauchst du bloß darauf zu sehn,
Daß die Schuhe mit den Spitzen
Abgewandt vom Bette stehn.

Außerdem hab ich gehört:
Leichtes Herz und leichter Magen,
Wie in andern Lebenslagen,
Sind auch hier empfehlenswert.

Gestört

Um acht, als seine werte Sippe
Noch in den Federn schlummernd lag,
Begrüßt er von der Felsenklippe
Bereits den neuen Frühlingstag.

Und wie die angenehme Sonne
Liebreich zu ihm herniederschaut,
Da ist in süßer Rieselwonne
Sein ganzes Wesen aufgetaut.

Es schmilzt die schwere Außenhülle.
Ihm wird so wohl, ihm wird so leicht.
Er schwebt im Geist als freier Wille
Hinaus, so weit das Auge reicht.

Fort über Tal, zu fernen Hügeln,
Den Strom entlang, bis an das Meer,
Windeilig, wie auf Möwenflügeln,
Zieht er in hoher Luft einher.

Hier traf er eine Wetterwolke.
Die wählt er sich zum Herrschersitz.
Erhaben über allem Volke
Thront er in Regen, Sturm und Blitz.

O weh, der Zauber ist zu Ende.
Durchweicht vom Hut bis in die Schuh,
Der Buckel steif und lahm die Lende,
So schleicht er still der Heimat zu.

Zum Trost für seine kalten Glieder
Empfängt ihn gleich ein warmer Gruß.
Na, hieß es, jetzt bekommst du wieder
Dein Reißen in den Hinterfuß.

Der Geist

Es war ein Mägdlein froh und keck,
Stets lacht ihr Rosenmund,
Ihr schien die Liebe Lebenszweck
Und alles andre Schund.

Sie denkt an nichts als an Pläsier,
Seitdem die Mutter tot,
Sie lacht und liebt, obgleich es ihr
Der Vater oft verbot.

Einst hat sie frech und unbedacht
Den Schatz, der ihr gefällt,
Sich für die Zeit um Mitternacht
Zum Kirchhof hinbestellt.

Und als sie kam zum Stelldichein,
O hört, was sich begab,
Da stand ein Geist im Mondenschein
Auf ihrer Mutter Grab.

Er steht so starr, er steht so stumm,
Er blickt so kummervoll.
Das Mägdlein dreht sich schaudernd um
Und rennt nach Haus wie toll.

Es wird, wer einen Geist gesehn,
Nie mehr des Lebens froh,
Er fühlt, es ist um ihn geschehn.
Dem Mägdlein ging es so.

Sie welkt dahin, sie will und mag
Nicht mehr zu Spiel und Tanz.
Man flocht ihr um Johannistag
Bereits den Totenkranz.

Teufelswurst

Das Pfäfflein saß beim Frühstücksschmaus.
Er schaut und zieht die Stirne kraus.
Wer, fragt er, hat die Wurst gebracht?
Die Köchin sprach: Es war die Liese,
Die Alte von der Gänsewiese.
Drum, rief er, sah ich in letzter Nacht,
Wie durch die Luft in feurigem Bogen
Der Böse in ihren Schlot geflogen.
Verdammte Hex,
Ich riech, ich schmeck's,
Der Teufel hat die Wurst gemacht.
Spitz, da geh her! – Der Hund, nicht faul,
Verzehrt die Wurst und leckt das Maul.
Er nimmt das Gute, ohne zu fragen,
Ob's Beelzebub unter dem Schwanz getragen.

Der Wiedergänger

Es fand der geizige Bauer Kniep
Im Grabe keine Ruhe.
Die Sehnsucht nach dem Gelde trieb
Ihn wieder zu seiner Truhe.

Die Erben wollten diesen Gast
Im Haus durchaus nicht haben,
Weil ihnen der Verkehr verhaßt
Mit einem, der schon begraben.

Sie dachten, vor Drudenfuß und Kreuz
Ergebenst verschwinden sollt er.
Er aber vollführte seinerseits
Nur um so mehr Gepolter.

Zum Glück kam grade zugereist
Ein Meister, der vieles erkundet.
Der hat gar schlau den bösen Geist
In einem Faß verspundet.

Man fuhr es bequem, als wär es leer,
Bis an ein fließend Gewässer.
Da plötzlich machte sich Kniep so schwer
Wie zehn gefüllte Fässer.

Gottlieb, der Kutscher, wundert sich.
Nach rückwärts blickt er schnelle.
Wumm, knallt der Spund. Der Geist entwich
Und spukt an der alten Stelle.

Wie sonst, besucht er jede Nacht
Die eisenbeschlagene Kiste
Und rumpelt, hustet, niest und lacht,
Als ob er von nichts was wüßte.

Kein Mittel erwies sich als probat.
Der Geist ward nur erboster.
Man trug, es blieb kein andrer Rat,
Den Kasten zum nächsten Kloster.

Der Pförtner sprach: Willkommen im Stift,
Und herzlich guten Morgen.
Was Geld und böse Geister betrifft,
Das wollen wir schon besorgen.

Der Spatz

Ich bin ein armer Schreiber nur,
Hab weder Haus noch Acker,
Doch freut mich jede Kreatur,
Sogar der Spatz, der Racker.

Er baut von Federn, Haar und Stroh
Sein Nest geschwind und flüchtig,
Er denkt, die Sache geht schon so,
Die Schönheit ist nicht wichtig.

Wenn man den Hühnern Futter streut,
Gleich mengt er sich dazwischen,
Um schlau und voller Rührigkeit
Sein Körnlein zu erwischen.

Maikäfer liebt er ungemein,
Er weiß sie zu behandeln;
Er hackt die Flügel, zwackt das Bein
Und knackt sie auf wie Mandeln.

Im Kirschenbaum frißt er verschmitzt
Das Fleisch der Beeren gerne;
Dann hat, wer diesen Baum besitzt,
Nachher die schönsten Kerne.

Es fällt ein Schuß. Der Spatz entfleucht
Und ordnet sein Gefieder.
Für heute bleibt er weg vielleicht,
Doch morgen kommt er wieder.

Und ist es Winterzeit und hat's
Geschneit auf alle Dächer,
Verhungern tut kein rechter Spatz,
Er kennt im Dach die Löcher.

Ich rief: Spatz komm, ich füttre dich!
Er faßt mich scharf ins Auge.
Er scheint zu glauben, daß auch ich
Im Grunde nicht viel tauge.

Zu gut gelebt

Frau Grete hatt ein braves Huhn,
Das wußte seine Pflicht zu tun.
Es kratzte hinten, pickte vorn,
Fand hier ein Würmchen, da ein Korn,

Erhaschte Käfer, schnappte Fliegen
Und eilte dann mit viel Vergnügen
Zum stillen Nest, um hier geduldig
Das zu entrichten, was es schuldig.
Fast täglich tönte sein Geschrei:
Viktoria, ein Ei, ein Ei!

Frau Grete denkt: Oh, welch ein Segen,
Doch könnte es wohl noch besser legen.
Drum reicht sie ihm, es zu verlocken,
Oft extra noch die schönsten Brocken.

Dem Hühnchen war das angenehm.
Es putzt sich, macht es sich bequem,
Wird wohlbeleibt, ist nicht mehr rührig
Und sein Geschäft erscheint ihm schwierig.
Kaum daß ihm noch mit Drang und Zwang
Mal hie und da ein Ei gelang.

Dies hat Frau Gretchen schwer bedrückt,
Besonders, wenn sie weiterblickt;
Denn wo kein Ei, da ist's vorbei
Mit Rührei und mit Kandisei.

Ein fettes Huhn legt wenig Eier.
Ganz ähnlich geht's dem Dichter Meier,
Der auch nicht viel mehr dichten kann,
Seit er das große Los gewann.

Der Einsame

Wer einsam ist, der hat es gut,
Weil keiner da, der ihm was tut.

Ihn stört in seinem Lustrevier
Kein Tier, kein Mensch und kein Klavier,
Und niemand gibt ihm weise Lehren,
Die gut gemeint und bös zu hören.

Der Welt entronnen, geht er still
In Filzpantoffeln, wann er will.

Sogar im Schlafrock wandelt er
Bequem den ganzen Tag umher.

Er kennt kein weibliches Verbot,
Drum raucht und dampft er wie ein Schlot.

Geschützt vor fremden Späherblicken,
Kann er sich selbst die Hose flicken.

Liebt er Musik, so darf er flöten,
Um angenehm die Zeit zu töten,
Und laut und kräftig darf er prusten,
Und ohne Rücksicht darf er husten,
Und allgemach vergißt man seiner.
Nur allerhöchstens fragt mal einer:
Was, lebt er noch? Ei schwerenot,
Ich dachte längst, er wäre tot.

Kurz, abgesehn vom Steuerzahlen,
Läßt sich das Glück nicht schöner malen.

Worauf denn auch der Satz beruht:
Wer einsam ist, der hat es gut.

Verlust der Ähnlichkeit

Man sagt, ein Schnäpschen, insofern
Es kräftig ist, hat jeder gern.

Ganz anders denkt das Volk der Bienen,
Der Süffel ist verhaßt bei ihnen,
Sein Wohlgeruch tut ihnen weh.
Sie trinken nichts wie Blütentee,
Und wenn wer kommt, der Schnäpse trank,
Gleich ziehen sie den Stachel blank.

Letzthin hat einem Bienenstöckel
Der brave alte Schneider Böckel,
Der nicht mehr nüchtern in der Tat,
Aus Neubegierde sich genaht.

Sofort von einem regen Leben
Sieht Meister Böckel sich umgeben.
Es dringen giftgetränkte Pfeile
In seine nackten Körperteile,
Ja manche selbst durch die nur lose
Und leichtgewirkte Sommerhose,
Besonders, weil sie stramm gespannt.

Zum Glück ist Böckel kriegsgewandt.
Er zieht sich kämpfend wie ein Held
Zurück ins hohe Erbsenfeld.
Hier hat er Zeit, an vielen Stellen
Des Leibes merklich anzuschwellen,
Und als er wiederum erscheint,
Erkennt ihn kaum sein bester Freund.

Natürlich, denn bei solchem Streit
Verliert man seine Ähnlichkeit.

Spatz und Schwalben

Es grünte allenthalben.
Der Frühling wurde wach.
Bald flogen auch die Schwalben
Hell zwitschernd um das Dach.

Sie sangen unermüdlich
Und bauten außerdem
Am Giebel rund und niedlich
Ihr Nest aus feuchtem Lehm.

Und als sie eine Woche
Sich redlich abgequält,
Hat nur am Eingangsloche
Ein Stückchen noch gefehlt.

Da nahm der Spatz, der Schlingel,
Die Wohnung in Besitz.
Jetzt hängt ein Strohgeklüngel
Hervor aus ihrem Schlitz.

Nicht schön ist dies Gebaren
Und wenig ehrenwert
Von einem, der seit Jahren
Mit Menschen viel verkehrt.

Gut und Böse

Tugend will, man soll sie holen,
Ungern ist sie gegenwärtig;
Laster ist auch unbefohlen
Dienstbereit und fix und fertig.

Gute Tiere, spricht der Weise,
Mußt du züchten, mußt du kaufen,
Doch die Ratten und die Mäuse
Kommen ganz von selbst gelaufen.

Oben und unten

Daß der Kopf die Welt beherrsche,
Wär zu wünschen und zu loben.
Längst vor Gründen wär die närrsche
Gaukelei in nichts zerstoben.

Aber wurzelhaft natürlich
Herrscht der Magen nebst Genossen,
Und so treibt, was unwillkürlich,
Täglich tausend neue Sprossen.

Zu zweit

Frau Urschel teilte Freud und Leid
Mit ihrer lieben Kuh,
Sie lebten in Herzeinigkeit
Ganz wie auf Du und Du.

Wie war der Winter doch so lang,
Wie knapp ward da das Heu.
Frau Urschel rief und seufzte bang:
Oh komm, du schöner Mai!

Komm schnell und lindre unsre Not,
Der du die Krippe füllst;
Wenn ich und meine Kuh erst tot,
Dann komme, wann du willst.

Ein Maulwurf

Die laute Welt und ihr Ergötzen,
Als eine störende Erscheinung,
Vermag der Weise nicht zu schätzen.

Ein Maulwurf war der gleichen Meinung.
Er fand an Lärm kein Wohlgefallen,
Zog sich zurück in kühle Hallen
Und ging daselbst in seinem Fach
Stillfleißig den Geschäften nach.

Zwar sehen konnt er da kein bissel,
Indessen sein getreuer Rüssel,
Ein Nervensitz voll Zartgefühl,
Führt sicher zum erwünschten Ziel.

Als Nahrung hat er sich erlesen
Die Leckerbissen der Chinesen,
Den Regenwurm und Engerling,
Wovon er vielfach fette fing.

Die Folge war, was ja kein Wunder,
Sein Bäuchlein wurde täglich runder,
Und wie das häufig so der Brauch,
Der Stolz wuchs mit dem Bauche auch.

Wohl ist er stattlich von Person
Und kleidet sich wie ein Baron,
Nur schad, ihn und sein Sammetkleid
Sah niemand in der Dunkelheit.

So trieb ihn denn der Höhensinn,
Von unten her nach oben hin,
Zehn Zoll hoch, oder gar noch mehr,
Zu seines Namens Ruhm und Ehr
Gewölbte Tempel zu entwerfen,
Um denen draußen einzuschärfen,
Daß innerhalb noch einer wohne,
Der etwas kann, was nicht so ohne.

Mit Baulichkeiten ist es mißlich.
Ob man sie schätzt, ist ungewißlich.

Ein Mensch von andrem Kunstgeschmacke,
Ein Gärtner, kam mit einer Hacke.

Durch kurzen Hieb nach langer Lauer
Zieht er ans Licht den Tempelbauer
Und haut so derb ihn übers Ohr,
Daß er den Lebensgeist verlor.

Da liegt er nun, der stolze Mann.
Wer tut die letzte Ehr ihm an?

Drei Käfer, schwarz und gelbgefleckt,
Die haben ihn mit Sand bedeckt.

Der Traum

Ich schlief. Da hatt ich einen Traum.
Mein Ich verließ den Seelenraum.

Frei vom gemeinen Tagesleben,
Vermocht ich leicht dahinzuschweben.
So angenehm mich fortbewegend,
Erreicht ich eine schöne Gegend.

Wohin ich schwebte, wuchs empor
Alsbald ein bunter Blumenflor,
Und lustig schwärmten um die Dolden
Viel tausend Falter, rot und golden.

Ganz nah auf einem Lilienstengel,
Einsam und sinnend, saß ein Engel,
Und weil das Land mir unbekannt,
Fragt ich: Wie nennt sich dieses Land?

Hier, sprach er, ändern sich die Dinge.
Du bist im Reich der Schmetterlinge.

Ich aber, wohlgemut und heiter,
Zog achtlos meines Weges weiter.

Da kam, wie ich so weiter glitt,
Ein Frauenbild und schwebte mit,
Als ein willkommenes Geleite,
Anmutig lächelnd mir zur Seite,
Und um sie nie mehr loszulassen,
Dacht ich die Holde zu umfassen;
Doch eh ich Zeit dazu gefunden,
Schlüpft sie hinweg und ist verschwunden.

Mir war so schwül. Ich mußte trinken.
Nicht fern sah ich ein Bächlein blinken.
Ich bückte mich hinab zum Wasser.
Gleich faßt ein Arm, ein kalter blasser,
Vom Grund herauf mich beim Genick.

Zwar zog ich eilig mich zurück,
Allein der Hals war steif und krumm,
Nur mühsam dreht ich ihn herum,
Und ach, wie war es rings umher
Auf einmal traurig, öd und leer.

Von Schmetterlingen nichts zu sehn,
Die Blumen, eben noch so schön,
Sämtlich verdorrt, zerknickt, verkrumpelt.
So bin ich seufzend fortgehumpelt,
Denn mit dem Fliegen, leicht und frei,
War es nun leider auch vorbei.

Urplötzlich springt aus einem Graben,
Begleitet vom Geschrei der Raben,
Mir eine Hexe auf den Nacken
Und spornt mich an mit ihren Hacken
Und macht sich schwer, wie Bleigewichte,
Und drückt und zwickt mich fast zunichte,
Bis daß ich matt und lendenlahm
Zu einem finstern Walde kam.

Ein Jägersmann, dürr von Gestalt,
Trat vor und rief ein dumpfes Halt.

Schon liegt ein Pfeil auf seinem Bogen,
Schon ist die Sehne straff gezogen.

Jetzt trifft er dich ins Herz, so dacht ich,
Und von dem Todesschreck erwacht ich
Und sprang vom Lager ungesäumt,
Sonst hätt ich wohl noch mehr geträumt.

Immer wieder

Der Winter ging, der Sommer kam.
Er bringt aufs neue wieder
Den vielbeliebten Wunderkram
Der Blumen und der Lieder.

Wie das so wechselt Jahr um Jahr,
Betracht ich fast mit Sorgen.
Was lebte, starb, was ist, es war,
Und heute wird zu morgen.

Stets muß die Bildnerin Natur
Den alten Ton benützen,
In Haus und Garten, Wald und Flur,
Zu ihren neuen Skizzen.

Auf Wiedersehn

Ich schnürte meinen Ranzen
Und kam zu einer Stadt,
Allwo es mir im ganzen
Recht gut gefallen hat.

Nur eines macht beklommen,
So freundlich sonst der Ort:
Wer heute angekommen,
Geht morgen wieder fort.

Bekränzt mit Trauerweiden,
Vorüber zieht der Fluß,
Den jeder beim Verscheiden
Zuletzt passieren muß.

Wohl dem, der ohne Grauen,
In Liebe treu bewährt,
Zu jenen dunklen Auen
Getrost hinüberfährt.

Zwei Blinde, müd vom Wandern,
Sah ich am Ufer stehn,
Der eine sprach zum andern:
Leb wohl, auf Wiedersehn.

*

Wie andre, ohne viel zu fragen,
Ob man hier oben mich gebraucht,
So bin auch ich zu Lust und Plagen
Im Strom der Dinge aufgetaucht.
Geduld! Nach wenigen Minuten
Versink ich wieder in den Fluten.

Auswahl aus

«Schein und Sein»

Haß, als minus und vergebens,
Wird vom Leben abgeschrieben.
Positiv im Buch des Lebens
Steht verzeichnet nur das Lieben.
Ob ein Minus oder Plus
Uns verblieben, zeigt der Schluß.

Schein und Sein

Mein Kind, es sind allhier die Dinge,
Gleichviel, ob große, ob geringe,
Im wesentlichen so verpackt,
Daß man sie nicht wie Nüsse knackt.

Wie wolltest du dich unterwinden,
Kurzweg die Menschen zu ergründen.
Du kennst sie nur von außenwärts.
Du siehst die Weste, nicht das Herz.

Die Nachbarskinder

Wer andern gar zu wenig traut,
Hat Angst an allen Ecken;
Wer gar zu viel auf andre baut,
Erwacht mit Schrecken.

Es trennt sie nur ein leichter Zaun,
Die beiden Sorgengründer;
Zu wenig und zu viel Vertraun
Sind Nachbarskinder.

Auch er

Rührend schöne Herzgeschichten,
Die ihm vor der Seele schweben,
Weiß der Dichter zu berichten.
Wovon aber soll er leben?

Was er fein zusammenharkte,
Sauber eingebundne Werklein,
Führt er eben auch zum Markte,
Wie der Bauer seine Ferklein.

Woher, wohin?

Wo sich Ewigkeiten dehnen,
Hören die Gedanken auf,
Nur der Herzen frommes Sehnen
Ahnt, was ohne Zeitenlauf.

Wo wir waren, wo wir bleiben,
Sagt kein kluges Menschenwort;
Doch die Grübelgeister schreiben:
Bist du weg, so bleibe fort.

Laß dich nicht aufs neu gelüsten.
Was geschah, es wird geschehn.
Ewig an des Lebens Küsten
Wirst du scheiternd untergehn.

Unbillig

Nahmst du in diesem großen Haus
Nicht selbst Quartier?
Mißfällt es dir, so zieh doch aus.
Wer hält dich hier?

Und schimpfe auf die Welt, mein Sohn,
Nicht gar zu laut.
Eh du geboren, hast du schon
Mit dran gebaut.

Leider

So ist's in alter Zeit gewesen,
So ist es, fürcht ich, auch noch heut.
Wer nicht besonders auserlesen,
Dem macht die Tugend Schwierigkeit.

Aufsteigend mußt du dich bemühen,
Doch ohne Mühe sinkest du.
Der liebe Gott muß immer ziehen,
Dem Teufel fällt's von selber zu.

So nicht

Ums Paradies ging eine Mauer
Hübsch hoch vom besten Marmelstein.
Der Kain, als ein Bub ein schlauer,
Denkt sich: Ich komme doch hinein.

Er stieg hinauf zu diesem Zwecke
An einer Leiter mäuschenstumm.
Da schlich der Teufel um die Ecke
Und stieß ihn samt der Leiter um.

Der Vater Adam, der's gesehen,
Sprach, während er ihn liegen ließ:
«Du Schlingel! Dir ist recht geschehen.
So kommt man nicht ins Paradies.»

Bös und Gut

Wie kam ich nur aus jenem Frieden
Ins Weltgetös?
Was einst vereint, hat sich geschieden,
Und das ist bös.

Nun bin ich nicht geneigt zum Geben,
Nun heißt es: Nimm!
Ja, ich muß töten, um zu leben,
Und das ist schlimm.

Doch eine Sehnsucht blieb zurücke,
Die niemals ruht.
Sie zieht mich heim zum alten Glücke,
Und das ist gut.

Beruhigt

Zwei mal zwei gleich vier ist Wahrheit.
Schade, daß sie leicht und leer ist,
Denn ich wollte lieber Klarheit
Über das, was voll und schwer ist.

Emsig sucht ich aufzufinden,
Was im tiefsten Grunde wurzelt,
Lief umher nach allen Winden
Und bin oft dabei gepurzelt.

Endlich baut ich eine Hütte.
Still nun zwischen ihren Wänden
Sitz ich in der Welten Mitte,
Unbekümmert um die Enden.

Niemals

Wonach du sehnlich ausgeschaut,
Es wurde dir beschieden.
Du triumphierst und jubelst laut:
Jetzt hab ich endlich Frieden!

Ach, Freundchen, rede nicht so wild.
Bezähme deine Zunge.
Ein jeder Wunsch, wenn er erfüllt,
Kriegt augenblicklich Junge.

Unbeliebtes Wunder

In Tours, zu Martin Bischofs Zeit,
Gab's Krüppel viel und Bettelleut.
Darunter auch ein Ehepaar,
Was glücklich und zufrieden war.
Er, sonst gesund, war blind und stumm;
Sie sehend, aber lahm und krumm
An jedem Glied, bis auf die Zunge
Und eine unverletzte Lunge.

Das paßte schön. Sie reitet ihn
Und, selbstverständlich, leitet ihn
Als ein geduldig Satteltier,
Sie obenauf, er unter ihr,
Ganz einfach mit geringer Müh,
Bloß durch die Worte Hott und Hüh,
Bald so, bald so, vor allen Dingen
Dahin, wo grad die Leute gingen.

Fast jeder, der's noch nicht gesehn,
Bleibt unwillkürlich stille stehn,
Ruft: «Lieber Gott, was ist denn das?»
Greift in den Sack, gibt ihnen was
Und denkt noch lange gern und heiter
An dieses Roß und diesen Reiter.

So hätten denn gewiß die zwei
Durch fortgesetzte Bettelei,
Vereint in solcherlei Gestalt,
Auch ferner ihren Unterhalt,
Ja, ein Vermögen sich erworben,
Wär Bischof Martin nicht gestorben.

Als dieser nun gestorben war,
Legt man ihn auf die Totenbahr
Und tät ihn unter Weheklagen
Fein langsam nach dem Dome tragen
Zu seiner wohlverdienten Ruh.

Und sieh, ein Wunder trug sich zu.
Da, wo der Zug vorüberkam,
Wer irgend blind, wer irgend lahm,
Der fühlte sich sogleich genesen,
Als ob er niemals krank gewesen.

Oh, wie erschrak die lahme Frau!
Von weitem schon sah sie's genau,
Weil sie hoch oben, wie gewohnt,
Auf des Gemahles Rücken thront.

«Lauf», rief sie, «laufe schnell von hinnen,
Damit wir noch beizeit entrinnen.»
Er läuft, er stößt an einen Stein,
Er fällt und bricht beinah ein Bein.

Die Prozession ist auch schon da.
Sie zieht vorbei. Der Blinde sah,
Die Lahme, ebenfalls kuriert,
Kann gehn, als wie mit Öl geschmiert,
Und beide sind wie neu geboren
Und kratzen sich verdutzt die Ohren.

Jetzt fragt es sich: Was aber nun?
Wer leben will, der muß was tun.
Denn wer kein Geld sein eigen nennt
Und hat zum Betteln kein Talent

Und hält zum Stehlen sich zu fein
Und mag auch nicht im Kloster sein,
Der ist fürwahr nicht zu beneiden.
Das überlegten sich die beiden.

Sie, sehr begabt, wird eine fesche
Gesuchte Plätterin der Wäsche.
Er, mehr beschränkt, nahm eine Axt
Und spaltet Klötze, daß es knackst,
Von morgens früh bis in die Nacht.

Das hat Sankt Martin gut gemacht.

So und so

Zur Schenke lenkt mit Wohlbehagen
Er jeden Abend seinen Schritt
Und bleibt, bis daß die Lerchen schlagen.
Er singt die letzte Strophe mit.

Dagegen ist es zu beklagen,
Daß er die Kirche nie betritt.
Hier, leider, kann man niemals sagen:
Er singt die letzte Strophe mit.

Empfehlung

Du bist nervös. Drum lies doch mal
Das Buch, das man dir anempfahl.

Es ist beinah wie eine Reise
Im alten wohlbekannten Gleise.

Der Weg ist grad und flach das Land,
Rechts, links und unten nichts wie Sand.
Kein Räderlärm verbittert dich,
Kein harter Stoß erschüttert dich,
Und bald umfängt dich sanft und kühl
Ein Kaumvorhandenseinsgefühl.
Du bist behaglich eingenickt.
Dann, wenn du angenehm erquickt,
Kehrst du beim «stillen Wirte» ein.
Da gibt es weder Bier noch Wein.
Du schlürfst ein wenig Äpfelmost,
Ißt eine leichte Löffelkost
Mit wenig Fett und vieler Grütze,
Gehst früh zu Bett in spitzer Mütze
Und trinkst zuletzt ein Gläschen Wasser.

Schlaf wohl, und segne den Verfasser!

Armer Haushalt

Weh, wer ohne rechte Mittel
Sich der Poesie vermählt.
Täglich dünner wird der Kittel,
Und die Milch im Hause fehlt.

Ängstlich schwitzend muß er sitzen,
Fort ist seine Seelenruh,
Und vergeblich an den Zitzen
Zupft er seine magre Kuh.

Verzeihlich

Er ist ein Dichter, also eitel.
Und, bitte, nehmt es ihm nicht krumm,
Zieht er aus seinem Lügenbeutel
So allerlei Brimborium.

Juwelen, Gold und stolze Namen,
Ein hohes Schloß im Mondenschein
Und schöne höchstverliebte Damen,
Dies alles nennt der Dichter sein.

Indessen ist ein enges Stübchen
Sein ungeheizter Aufenthalt.
Er hat kein Geld, er hat kein Liebchen,
Und seine Füße werden kalt.

Im Sommer

In Sommerbäder
Reist jetzt ein jeder
Und lebt famos.
Der arme Dokter,
Zu Hause hockt er
Patientenlos.

Von Winterszenen,
Von schrecklich schönen,
Träumt sein Gemüt,
Wenn, Dank ihr Götter,
Bei Hundewetter
Sein Weizen blüht.

Ärgerlich

Aus der Mühle schaut der Müller,
Der so gerne mahlen will.
Stiller wird der Wind und stiller,
Und die Mühle stehet still.

So geht's immer, wie ich finde,
Rief der Müller voller Zorn.
Hat man Korn, so fehlt's am Winde,
Hat man Wind, so fehlt das Korn.

Der fremde Hund

Was fällt da im Boskettgesträuch
Dem fremden Hunde ein?
Geht man vorbei, so bellt er gleich
Und scheint wie toll zu sein.

Der Gärtner holt die Flinte her.
Es knallt im Augenblick.
Der arme Hund, getroffen schwer,
Wankt ins Gebüsch zurück.

Vier kleine Hündchen liegen hier
Nackt, blind und unbewußt.
Sie saugen emsig alle vier
An einer toten Brust.

Von selbst

Spare deine guten Lehren
Für den eigenen Genuß.
Kaum auch wirst du wen bekehren,
Zeigst du, wie man's machen muß.

Laß ihn im Galoppe tollen,
Reite ruhig deinen Trab.
Ein zu ungestümes Wollen
Wirft von selbst den Reiter ab.

Doppelte Freude

Ein Herr warf einem Bettelmann
Fünf Groschen in den Felber.
Das tat dem andern wohl, und dann
Tat es auch wohl ihm selber.

Der eine, weil er gar so gut,
Kann sich von Herzen loben;
Der andre trinkt sich frischen Mut
Und fühlt sich auch gehoben.

Versäumt

Zur Arbeit ist kein Bub geschaffen,
Das Lernen findet er nicht schön:
Er möchte träumen, möchte gaffen
Und Vogelnester suchen gehn.

Er liebt es, lang im Bett zu liegen.
Und wie es halt im Leben geht:
Grad zu den frühen Morgenzügen
Kommt man am leichtesten zu spät.

Frisch gewagt

Es kamen mal zwei Knaben
An einen breiten Graben.
Der erste sprang hinüber,
Schlankweg je eh'r je lieber.
War das nicht keck?
Der zweite, fein besonnen,
Eh er das Werk begonnen,
Sprang in den Dreck.

Laß ihn

Er ist verliebt, laß ihn gewähren,
Bekümmre dich um dein Pläsier,
Und kommst du gar, ihn zu bekehren,
Wirft er dich sicher vor die Tür.

Mit Gründen ist da nichts zu machen.
Was einer mag, ist seine Sach,
Denn kurz gesagt: In Herzenssachen
Geht jeder seiner Nase nach.

Gründer

Geschäftig sind die Menschenkinder,
Die große Zunft von kleinen Meistern,
Als Mitbegründer, Miterfinder
Sich diese Welt zurechtzukleistern.

Nur leider kann man sich nicht einen,
Wie man das Ding am besten mache.
Das Bauen mit belebten Steinen
Ist eine höchst verzwickte Sache.

Welch ein Gedrängel und Getriebe
Von Lieb und Haß bei Nacht und Tage,
Und unaufhörlich setzt es Hiebe,
Und unaufhörlich tönt die Klage.

Gottlob, es gibt auch stille Leute,
Die meiden dies Gewühl und hassen's
Und bauen auf der andern Seite
Sich eine Welt des Unterlassens.

Gedrungen

Schnell wachsende Keime
Welken geschwinde;
Zu lange Bäume
Brechen im Winde.

Schätz nach der Länge
Nicht das Entsprungne;
Fest im Gedränge
Steh das Gedrungne.

Zwei Jungfern

Zwei Jungfern gibt es in Dorf und Stadt,
Sie leben beständig im Kriege,
Die Wahrheit, die niemand gerne hat,
Und die scharmante Lüge.

Vor jener, weil sie stolz und prüd
Und voll moralischer Nücken,
Sucht jeder, der sie nur kommen sieht,
Sich schleunigst wegzudrücken.

Die andre, obwohl ihr nicht zu traun,
Wird täglich beliebter und kecker,
Und wenn wir sie von hinten beschaun,
So hat sie einen Höcker.

Vergeblich

Schon recht. Du willst als Philosoph
Die Wahrheit dir gewinnen;
Du machst mit Worten ihr den Hof,
Um so sie einzuspinnen.

Nur sage nicht, daß zwischen dir
Und ihr schon alles richtig.
Sie ist und bleibt, das wissen wir,
Jungfräulich, keusch und züchtig.

Wiedergeburt

Wer nicht will, wird nie zunichte,
Kehrt beständig wieder heim.
Frisch herauf zum alten Lichte
Dringt der neue Lebenskeim.

Keiner fürchte zu versinken,
Der ins tiefe Dunkel fährt.
Tausend Möglichkeiten winken
Ihm, der gerne wiederkehrt.

Dennoch seh ich dich erbeben,
Eh du in die Urne langst.
Weil dir bange vor dem Leben,
Hast du vor dem Tode Angst.

Tröstlich

Die Lehre von der Wiederkehr
Ist zweifelhaften Sinns.
Es fragt sich sehr, ob man nachher
Noch sagen kann: Ich bin's.

Allein was tut's, wenn mit der Zeit
Sich ändert die Gestalt?
Die Fähigkeit zu Lust und Leid
Vergeht wohl nicht so bald.

Immerfort

Das Sonnenstäubchen fern im Raume,
Das Tröpfchen, das im Grase blinkt,
Das dürre Blättchen, das vom Baume
Im Hauch des Windes niedersinkt –

Ein jedes wirkt an seinem Örtchen
Still weiter, wie es muß und mag,
Ja selbst ein leises Flüsterwörtchen
Klingt fort bis an den jüngsten Tag.

Fehlgeschossen

Fritz war ein kecker Junge
Und sehr geläufig mit der Zunge.
Einstmals ist er beim Ährenlesen
Draußen im Felde gewesen,

Wo die Weizengarben, je zu zehn,
Wie Häuslein in der Reihe stehn.
Ein Wetter zog herauf.
Da heißt es: Lauf!
Und flink, wie ein Mäuslein,
Schlüpft er ins nächste Halmenhäuslein.
Krach! – Potztausendnochmal!
Dicht daneben zündet der Wetterstrahl.
Ätsch! rief der Junge, der nicht bange,
Und streckt die Zunge aus, die lange:
Fehlgeschossen, Herr Blitz!
Hier saß der Fritz!

Verfrüht

Papa, nicht wahr,
Im nächsten Jahr,
Wenn ich erst groß
Und lesen kann und schreiben kann,
Dann krieg ich einen hübschen Mann
Mit einer Ticktackuhr
An einer goldnen Schnur.
Der nimmt mich auf den Schoß
Und sagt zu mir: Mein Engel,
Und gibt mir Zuckerkrengel
Und Kuchen und Pasteten.
Nicht wahr, Papa?

Der Vater brummt: Na na,
Was ist das für Gefabel.
Die Vögel, die dann flöten,
Die haben noch keinen Schnabel.

Eitelkeit

Ein Töpfchen stand im Dunkeln
An stillverborgener Stelle.
Ha, rief es, wie wollt ich funkeln,
Käm ich nur mal ins Helle.

Ihm geht es wie vielen Narren.
Säß einer auch hinten im Winkel,
So hat er doch seinen Sparren
Und seinen aparten Dünkel.

Peinlich berührt

Im Dorfe wohnt ein Vetter,
Der gut versichert war
Vor Brand und Hagelwetter
Nun schon im zehnten Jahr.

Doch nie seit dazumalen
Ist ein Malör passiert,
Und so für nichts zu zahlen,
Hat peinlich ihn berührt.

Jetzt, denkt er, überlasse
Dem Glück ich Feld und Haus,
Ich pfeife auf die Kasse.
Und schleunig trat er aus.

O weh, nach wenig Tagen
Da hieß es: Zapperment!

Der Weizen ist zerschlagen
Und Haus und Scheune brennt.

Ein Narr hat Glück in Masse,
Wer klug, hat selten Schwein.
Und schleunig in die Kasse
Trat er halt wieder ein.

Glückspilz

Geboren ward er ohne Wehen
Bei Leuten, die mit Geld versehen.
Er schwänzt die Schule, lernt nicht viel,
Hat Glück bei Weibern und im Spiel,
Nimmt eine Frau sich, eine schöne,
Erzeugt mit ihr zwei kluge Söhne,
Hat Appetit, kriegt einen Bauch,
Und einen Orden kriegt er auch,
Und stirbt, nachdem er aufgespeichert
Ein paar Milliönchen, hochbetagt;
Obgleich ein jeder weiß und sagt:
Er war mit Dummerjan geräuchert!

So war's

Der Teetopf war so wunderschön,
Sie liebt ihn wie ihr Leben.
Sie hat ihm leider aus Versehn
Den Todesstoß gegeben.

Was sie für Kummer da empfand,
Nie wird sie es vergessen.
Sie hielt die Scherben aneinand
Und sprach: So hat's gesessen!

Nörgeln

Nörgeln ist das Allerschlimmste,
Keiner ist davon erbaut;
Keiner fährt, und wär's der Dümmste,
Gern aus seiner werten Haut.

Rechthaber

Seine Meinung ist die rechte,
Wenn er spricht, müßt ihr verstummen,
Sonst erklärt er euch für Schlechte
Oder nennt euch gar die Dummen.

Leider sind dergleichen Strolche
Keine seltene Erscheinung.
Wer nicht taub, der meidet solche
Ritter von der eignen Meinung.

In trauter Verborgenheit

Ade, ihr Sommertage,
Wie seid ihr so schnell enteilt,
Gar mancherlei Lust und Plage
Habt ihr uns zugeteilt.

Wohl war es ein Entzücken,
Zu wandeln im Sonnenschein,
Nur die verflixten Mücken
Mischten sich immer darein.

Und wenn wir auf Waldeswegen
Dem Sange der Vögel gelauscht,
Dann kam natürlich ein Regen
Auf uns herniedergerauscht.

Die lustigen Sänger haben
Nach Süden sich aufgemacht,
Bei Tage krächzen die Raben,
Die Käuze schreien bei Nacht.

Was ist das für Gesause!
Es stürmt bereits und schneit.
Da bleiben wir zwei zu Hause
In trauter Verborgenheit.

Kein Wetter kann uns verdrießen.
Mein Liebchen, ich und du,
Wir halten uns warm und schließen
Hübsch feste die Türen zu.

Der Türmer

Der Türmer steht auf hohem Söller
Und raucht sein Pfeifchen echten Kneller,
Wobei der alte Invalid
Von oben her die Welt besieht.

Es kommt der Sommer allgemach.
Die Schwalben fliegen um das Dach,
Derweil schon manche stillbeglückt
Im Neste sitzt und fleißig drückt.
Zugleich tritt aus dem Gotteshaus
Ein neuvermähltes Paar heraus,
Das darf sich nun in allen Ehren
Getreulich lieben und vermehren. –

Der Sommer kam, und allenthalben
Schwebt ungezählt das Heer der Schwalben,
Die, wenn sie flink vorüberflitzen,
Des Türmers alten Hut beschmitzen.
Vom Platze unten tönt Juchhei,
Die Klosterschüler haben frei,
Sie necken, schrecken, jagen sich,
Sie schlagen und vertragen sich
Und grüßen keck mit Hohngelächter
Des Turmes hochgestellten Wächter. –

Der Sommer ging, die Schwalben setzen
Sich auf das Kirchendach und schwätzen.
Sie warten, bis der Abend da,
Dann flogen sie nach Afrika.
Doch unten, wo die Fackeln scheinen,
Begraben sie mal wieder einen

Und singen ihm nach frommer Weise
Ein Lebewohl zur letzten Reise.

Bedenklich schaut der Türmer drein.
Still geht er in sein Kämmerlein
Zu seinem großen Deckelkrug,
Und als die Glocke zehne schlug,
Nahm er das Horn mit frischem Mut
Und blies ein kräftiges Tuhuht.

Unfrei

Ganz richtig, diese Welt ist nichtig.
Auch du, der in Person erscheint,
Bist ebenfalls nicht gar so wichtig,
Wie deine Eitelkeit vermeint.

Was hilft es dir, damit zu prahlen,
Daß du ein freies Menschenkind?
Mußt du nicht pünktlich Steuern zahlen,
Obwohl sie dir zuwider sind?

Wärst du vielleicht auch, sozusagen,
Erhaben über gut und schlecht,
Trotzdem behandelt dich dein Magen
Als ganz gemeinen Futterknecht.

Lang bleibst du überhaupt nicht munter.
Das Alter kommt und zieht dich krumm
Und stößt dich rücksichtslos hinunter
Ins dunkle Sammelsurium.

Daselbst umfängt dich das Gewimmel
Der Unsichtbaren, wie zuerst,
Eh du erschienst, und nur der Himmel
Weiß, ob und wann du wiederkehrst.

Der Stern

Hätt einer auch fast mehr Verstand
Als wie die drei Weisen aus Morgenland
Und ließe sich dünken, er wär wohl nie
Dem Sternlein nachgereist wie sie;
Dennoch, wenn nun das Weihnachtsfest
Seine Lichtlein wonniglich scheinen läßt,
Fällt auch auf sein verständig Gesicht,
Er mag es merken oder nicht,
Ein freundlicher Strahl
Des Wundersternes von dazumal.

Der Nöckergreis

Ich ging zum Wein und ließ mich nieder
Am langen Stammtisch der Nöckerbrüder.
Da bin ich bei einem zu sitzen gekommen,
Der hatte bereits das Wort genommen.

«Kurzum» – so sprach er – «ich sage bloß,
Wenn man den alten Erdenkloß,
Der, täglich teilweis aufgewärmt,
Langweilig präzis um die Sonne schwärmt,
Genau besieht und wohl betrachtet
Und, was darauf passiert, beachtet,
So findet man, und zwar mit Recht,
Daß nichts so ist, wie man wohl möcht.

Da ist zuerst die Hauptgeschicht:
Ein Bauer traut dem andern nicht.
Ein jeder sucht sich einen Knittel,
Ein jeder polstert seinen Kittel,
Um bei dem nächsten Tanzvergnügen
Gewappnet zu sein und obzusiegen,
Anstatt bei Geigen- und Flötenton,
Ein jeder mit seiner geliebten Person,
Fein sittsam im Kreise herumzuschweben.
Aber nein! Es muß halt Keile geben.

Und außerdem und anderweitig:
Liebt man sich etwa gegenseitig?
Warum ist niemand weit und breit
Im vollen Besitz der Behaglichkeit?

Das kommt davon, es ist hienieden
Zu vieles viel zuviel verschieden.
Der eine fährt Mist, der andre spazieren;
Das kann ja zu nichts Gutem führen,
Das führt, wie man sich sagen muß,
Vielmehr zu mehr und mehr Verdruß.

Und selbst, wer es auch redlich meint,
Erwirbt sich selten einen Freund.
Wer liebt z.B. auf dieser Erde,
Ich will mal sagen, die Steuerbehörde?
Sagt sie, besteuern wir das Bier,
So macht's den Christen kein Pläsier.
Erwägt sie dagegen die Steuerkraft
Der Börse, so trauert die Judenschaft.
Und alle beide, so Jud wie Christ,
Sind grämlich, daß diese Welt so ist.

Es war mal 'ne alte runde Madam,
Deren Zustand wurde verwundersam.
Bald saß sie grad, bald lag sie krumm,
Heut war sie lustig und morgen frumm;
Oft aß sie langsam, oft aber so flink,
Wie Heinzmann, eh er zum Galgen ging.
Oft hat sie sogar ein bissel tief
Ins Gläschen geschaut, und dann ging's schief.
Sodann zerschlug sie mit großem Geklirr
Glassachen und alles Porzellangeschirr.
Da sah denn jeder mit Schrecken ein,
Es muß wo was nicht in Ordnung sein.

Und als sich versammelt die Herren Doktoren,
Da kratzten dieselben sich hinter den Ohren.

Der erste sprach: ‹Ich fürchte sehr,
Es fehlt der innere Durchgangsverkehr;
Die Gnädige hat sich übernommen;
Man muß ihr purgänzlich zu Hülfe kommen.›
Der zweite sprach: ‹O nein, mitnichten.
Es handelt sich hier um Nervengeschichten.›
‹Das ist's› – sprach der dritte – ‹was ich auch ahne;
Man liest zu viele schlechte Romane.›
‹Oder› – sprach der vierte – ‹sagen wir lieber,
Man hat das Schulden- und Wechselfieber.›
‹Ja› – meinte der fünfte – ‹das ist es eben;
Das kommt vom vielen Lieben und Leben.›

‹Ohweh› – rief der sechste – ‹der Fall ist kurios;
Am End ist die oberste Schraube los.›
‹Hah› – schrie der letzte – ‹das alte Weib
Hat unbedingt den Teufel im Leib;
Man hole sogleich den Pater her,
Sonst kriegen wir noch Malör mit Der.›

Der Pater kam mit eiligen Schritten;
Er tät den Teufel nicht lange bitten;
Er spricht zu ihm ein kräftiges Wort:
 ‹Rausraus, und hebe dich fort,
  Du Lügengeist,
  Der frech und dreist
 Sich hier in diesen Leib gewagt!›
‹I mag net!› – hat der Teufel gesagt.
Hierauf –
Doch lassen wir die Späß,
Denn so was ist nicht sachgemäß.
Ich sage bloß, die Welt ist böse.
Was soll zum Beispiel das Getöse,

Was jetzt so manche Menschen machen
Mit Knallbonbons und solchen Sachen.
Man wird ja schließlich ganz vertattert,
Wenn's immer überall so knattert.
Das sollte man wirklich solchen Leuten
Mal ernstlich verbieten und zwar beizeiten,
Sonst sprengen uns diese Schwerenöter
Noch kurz und klein bis hoch in den Äther,
Und so als Pulver herumzufliegen,
Das ist grad auch kein Sonntagsvergnügen.
Wie oft schon sagt ich: ‹Man hüte sich.›
Was hilft's? Man hört ja nicht auf mich.
Ein jeder Narr tut, was er will.
Na, meinetwegen! Ich schweige still!»

So räsonierte der Nöckergreis. –
Uns aber macht er so leicht nichts weis;
Und ging's auch drüber oder drunter,
Wir bleiben unverzagt und munter.

Es ist ja richtig: Heut pfeift der Spatz
Und morgen vielleicht schon holt ihn die Katz;
Der Floh, der abends krabbelt und prickt,
Wird morgens, wenn's möglich, schon totgeknickt;
Und dennoch lebt und webt das alles
Recht gern auf der Kruste des Erdenballes. –
Froh hupft der Floh. –
Vermutlich bleibt es noch lange so.

Autobiographisches

Autobiographies

Was mich betrifft

I

Es scheint wunderlich; aber weil andre über mich geschrieben, muß ich's auch einmal tun. Daß es ungern geschähe, kann ich dem Leser, einem tiefen Kenner auch des eigenen Herzens, nicht weismachen; daß es kurz geschieht, wird ihm eine angenehme Enttäuschung sein.

Ich bin geboren am 15. April 1832 zu Wiedensahl als der Erste von sieben.

Mein Vater war Krämer; klein, kraus, rührig, mäßig und gewissenhaft; stets besorgt, nie zärtlich; zum Spaß geneigt, aber ernst gegen Dummheiten. Er rauchte beständig Pfeifen, aber, als Feind aller Neuerungen, niemals Zigarren, nahm daher auch niemals Reibhölzer, sondern blieb bei Zunder, Stahl und Stein, oder Fidibus. Jeden Abend spazierte er allein durchs Dorf; zur Nachtigallenzeit in den Wald. Meine Mutter, still, fleißig, fromm, pflegte nach dem Abendessen zu lesen. Beide lebten einträchtig und so häuslich, daß einst über zwanzig Jahre vergingen, ohne daß sie zusammen ausfuhren.

Was weiß ich denn noch aus meinem dritten Jahr? Knecht Heinrich macht schöne Flöten für mich und spielt selber auf der Maultrommel, und im Garten ist das Gras so hoch und die Erbsen sind noch höher; und hinter dem strohgedeckten Hause, neben dem Brunnen, stand ein Kübel voll Wasser, und ich sah mein Schwesterchen drin liegen, wie ein Bild unter Glas und Rahmen, und als die Mutter kam, war sie kaum noch ins Leben zu bringen. Heut (1886) wohn ich bei ihr.

Gesangbuchverse, biblische Geschichten und eine Auswahl der Märchen von Andersen waren meine frühste Lektüre.

Als ich neun Jahr alt geworden, beschloß man, mich dem Bruder meiner Mutter in Ebergötzen zu übergeben. Ich freute mich drauf; nicht ohne Wehmut. Am Abend vor der Abreise plätscherte ich mit der Hand in der Regentonne, über die ein Strauch von weißen Rosen hing, und sang Christine! Christine! versimpelt für mich hin. Früh vor Tag wurde das dicke Pommerchen in die Scherdeichsel des Leiterwagens gedrängt. Das Gepäck ist aufgeladen; als ein Hauptstück der wohlverwahrte Leib eines alten Zinkedings von Klavier, dessen lästig gespreiztes Beingestell in der Heimat blieb; ein ahnungsvolles Symbol meiner musikalischen Zukunft. Die Reisenden steigen auf; Großmutter, Mutter, vier Kinder und ein Kindermädchen; Knecht Heinrich zuletzt. Fort rumpelt's durch den Schaumburger Wald. Ein Rudel Hirsche springt über den Weg; oben ziehen die Sterne; im Klavierkasten tunkt es. – Nach zweimaligem Übernachten bei Verwandten wurde das Ebergötzener Pfarrhaus erreicht.

Der Onkel (jetzt über 80 und frisch) war ein stattlicher Mann, ein ruhiger Naturbeobachter und äußerst milde; nur ein einziges Mal, wennschon öfters verdient, gab's Hiebe mit einem trocknen Georginenstengel; weil ich den Dorftrottel geneckt. Gleich am Tage der Ankunft schloß ich Freundschaft mit dem Sohne des Müllers. Sie ist von Dauer gewesen. Alljährlich besuch ich ihn und schlafe noch immer sehr gut beim Rumpumpeln des Mühlwerks und dem Rauschen des Wassers.

Einen älteren Freund gewann ich in dem Wirt und Krämer des Orts. Haarig bis an die Augen und hinein in die Halsbinde und wieder heraus unter den Rockärmeln bis an die Fingernägel; angetan mit gelblichgrüner Juppe, die das hintere Mienenspiel einer blauen Hose nur selten zu bemänteln suchte; stets in ledernen Klappantoffeln; unklar, heftig, nie einen Satz zu Ende sprechend; starker Schnupfer; geschmackvoller Blumenzüchter; dreimal vermählt; ist er mir bis zu seinem Tode ein lieber und ergötzlicher Mensch gewesen.

Bei ihm fand ich einen dicken Liederband, welcher durchgeklimpert, und viele der freireligiösen Schriften jener Zeit, die begierig verschlungen wurden.

Der Lehrer der Dorfjugend, weil nicht der meinige, hatte keine Gewalt über mich – solange er lebte. Aber er hing sich auf, fiel herunter, schnitt sich den Hals ab und wurde auf dem Kirchhof dicht unter meinem Kammerfenster begraben. Und von nun an zwang er mich allnächtlich, auch in der heißesten Sommerzeit, ganz unter der Decke zu liegen. Bei Tage ein Freigeist, bei Nacht ein Geisterseher.

Meine Studien teilten sich naturgemäß in beliebte und unbeliebte. Zu den erstern rechne ich Märchenlesen, Zeichnen, Forellenfischen und Vogelstellen. Zwischen all dem herum aber schwebte beständig das anmutige Bildnis eines blonden Kindes, dessen Neigung zu fesseln, oder um die eigene glänzen zu lassen, ein fabelhafter Reichtum, eine übernatürliche Gewandtheit und selbst die bekannte Rettung aus Feuersgefahr mit nachfolgendem Tode zu den Füßen der Geliebten sehr dringend zu wünschen schien.

Etwa ums Jahr 45 bezogen wir die Pfarre zu Lüthorst. – Vor meinem Fenster murmelt der Bach; dicht drüben steht ein Haus; eine Schaubühne des ehelichen Zwistes; der sogenannte Hausherr spielt die Rolle des besiegten Tyrannen. Ein hübsches natürliches Stück; zwar das Laster unterliegt, aber die Tugend triumphiert nicht. – In den Stundenplan schlich sich nun auch die Metrik ein. Die großen heimatlichen Dichter wurden gelesen; ferner Shakespeare. Zugleich fiel mir die «Kritik der reinen Vernunft» in die Hände, die, wenn auch noch nicht ganz verstanden, doch eine Neigung erweckte, in den Laubengängen des intimeren Gehirns zu lustwandeln, wo's bekanntlich schön schattig ist.

Sechzehn Jahr alt, ausgerüstet mit einem Sonett nebst zweifelhafter Kenntnis der vier Grundrechnungsarten, erhielt ich Einlaß zur polytechnischen Schule in Hannover, allwo ich mich in der reinen Mathematik bis zu No. 1 mit Auszeichnung emporschwang. – Im Jahr 48 trug auch ich mein gewichtiges Kuhbein, welches nie scharf geladen werden durfte, und erkämpfte mir in der Wachtstube die bislang noch nicht geschätzten Rechte des Rauchens und des Biertrinkens; zwei Märzerrungenschaften, deren erste mutig bewahrt, deren zweite durch die Reaktion des Alters jetzt merklich verkümmert ist. – Nachdem ich drei bis vier Jahre in Hannover gehaust, verfüge ich mich, von einem Maler ermuntert, in den Düsseldorfer Antikensaal. Unter Anwendung von Gummi, Semmel und Kreide übte und erlernt ich daselbst die beliebte Methode des Tupfens, mit der man das reizende lithographische «Korn» erzeugt. –

Von Düsseldorf geriet ich nach Antwerpen in die Malschule. – Ich wohnte am Eck der Käsbrücke bei einem Bartscherer. Er hieß Jan und sie hieß Mie. Zu gelinder Abendstunde saß ich mit ihnen vor der Haustüre, im grünen Schlafrock, die Tonpfeife im Munde; und die Nachbarn kamen auch herzu; der Korbflechter, der Uhrmacher, der Blechschläger; die Töchter in schwarzlackierten Holzschuhen. Jan und Mie waren ein zärtliches Pärchen, sie dick, er dünn; sie balbierten mich abwechselnd, verpflegten mich in einer Krankheit und schenkten mir beim Abschied in kühler Jahreszeit eine warme rote Jacke nebst drei Orangen. – Wie war mir's traurig zu Mut, als ich voll Neigung und Dankbarkeit nach Jahren dies Eck wieder aufsuchte, und alles war neu, und Jan und Mie gestorben, und nur der Blechschläger pickte noch in seinem alten eingeklemmten Häuschen und sah mich trüb und verständnislos über die Brille an.

Den deutschen Künstlerverein, bestehend aus einigen Malern, aus politischen Flüchtlingen und Auswanderungsagenten, besucht ich selten, fühlte mich aber geehrt durch Aufnahme einiger Scherze in die Kneipzeitung.

In Antwerpen sah ich zum erstenmal im Leben die Werke alter Meister; Rubens, Brouwer, Teniers; später Frans Hals. Ihre göttliche Leichtigkeit der Darstellung, die nicht patzt und kratzt und schabt, diese Unbefangenheit eines guten Gewissens, welches nichts zu vertuschen braucht, dabei der stoffliche Reiz eines schimmernden Juwels, haben für immer meine Liebe und Bewunderung gewonnen; und gern verzeih ich's ihnen, daß sie mich zu sehr geduckt haben, als daß ich's je recht gewagt hätte, mein Brot mit Malen zu verdienen, wie manch anderer auch. Die Versuche, freilich, sind nicht ausgeblieben; denn geschafft muß werden, und selbst der Taschendieb geht täglich auf Arbeit aus; ja, ein wohlmeinender Mitmensch darf getrost voraussetzen, daß diese Versuche, deren Resultate zumeist für mich abhanden gekommen, sich immerfort durch die Verhältnisse hindurchziehen, welche mir schließlich meinen bescheidenen Platz anwiesen.

Nach Antwerpen hielt ich mich in Wiedensahl auf. Was sich die Leute «ut oler welt» erzählten, klang mir sonderbar ins Ohr. Ich horchte genauer. Am meisten wußte ein alter, stiller, für gewöhnlich wortkarger Mann. Einsam saß er abends im Dunkeln. Klopft ich ans Fenster, so steckte er freudig den Trankrüsel an. In der Ofenecke steht sein Sorgensitz. Rechts von der Wand langt er sich die sinnreich senkrecht im Kattunbeutel hängende kurze Pfeife, links vom

Ofen den Topf voll heimischen Tabaks, und nachdem er gestopft, gesogen und Dampf gemacht, fängt er seine vom Mütterlein ererbten Geschichten an. Er erzählt gemächlich; wird's aber dramatisch, so steht er auf und wechselt den Platz, je nach den redenden Personen; wobei denn auch die Zipfelmütze, die sonst nur leis nach vorne nickte, in mannigfachen Schwung gerät.

Von Wiedensahl aus besucht ich den Onkel in Lüthorst. Ein Liebhabertheater im benachbarten Städtchen zog mich in den angenehmen Kreis seiner Tätigkeit; aber ernsthafter fesselte mich das wundersame Leben des Bienenvolkes und der damals wogende Kampf um die Parthenogenesis, den mein Onkel als gewandter Schriftsteller und Beobachter entscheidend mit durchfocht. Der Wunsch und Plan, nach Brasilien auszuwandern, dem Eldorado der Imker, blieb unerfüllt. Daß ich überhaupt praktischer Bienenzüchter geworden, ist freundlicher Irrtum.

Bei Gelegenheit dieser naturwissenschaftlichen Liebhaberei wurde unter andern auch der Darwin gelesen, der unvergessen blieb, als ich mich nach Jahren mit Leidenschaft und Ausdauer in den Schopenhauer vertiefte. Die Begeisterung für dieselben hat etwas nachgelassen. Ihr Schlüssel scheint mir wohl zu mancherlei Türen zu passen, in dem verwunschenen Schloß dieser Welt, nur nicht zur Ausgangstür.

Von Lüthorst trieb mich der Wind nach München, wo bei der grad herrschenden akademischen Strömung das kleine nicht eben geschickt gesteuerte Antwerpener Schifflein gar bald auf dem Trockenen saß. – Um so verlockender winkte der Künstlerverein. Die Veröffentlichung der dort verübten Späße, besonders der persönlichen Verhohnhacklungen, ist mir unerwünscht. Was hilft's? Dummheiten, wenn auch vertraulich in die Welt gesetzt, werden früher oder später doch leicht ihren Vater erwischen, mag er's wollen oder nicht. –

Es kann 59 gewesen sein, als die «Fliegenden» meinen ersten Beitrag erhielten: zwei Männer auf dem Eise, von denen einer den Kopf verliert. – Ich hatte auf Holz zu erzählen. Der alte praktische Strich stand mir wie andern zur Verfügung; die Lust am Wechselspiel der Wünsche, am Wachsen und Werden war auch bei mir vorhanden. So nahmen denn bald die kontinuierlichen Bildergeschichten ihren Anfang, welche, mit der Zeit sich unwillkürlich erweiternd, mehr Beifall gefunden, als der Verfasser erwarten durfte. Wer sie freundlich in die Hand nimmt, etwa wie Spieluhren, wird vielleicht finden, daß sie, trotz bummlichten Aussehens, doch teilweis im Leben geglüht, mit Fleiß gehämmert und nicht unzweckmäßig zusammengesetzt sind. Fast sämtlich sind sie in Wiedensahl gemacht, ohne wen zu fragen und, ausgenommen ein allegorisches Tendenzstück und einige Produkte des drängenden Ernährungstriebes, zum Selbstpläsier. Hätte jedoch die sorglos in Holzschuhen tanzende Muse den einen oder andern der würdigen Zuschauer auf die Zehe getreten, so wird das bei ländlichen Festen nicht weiter entschuldigt. Ein auffällig tugendsames Frauenzimmer ist's freilich nicht. Aber indem sie einerseits den Myrthenzweig aus der Hand des übertriebenen Wohlwollens errötend von sich ablehnt, hält sie anderseits gemütlich den verschleierten Blick eines alten Ästhetikers aus, dem bei der Bestellung des eigenen Ackers ein Stäubchen Guano ins Auge geflogen. – Man hat den Autor, den diese Muse begeistert, für einen Bücherwurm und Absonderling gehalten. Das erste ohne Grund, das zweite ein wenig mit Recht. Seine Nachlässigkeit im schriftlichen Verkehr mit Fremden ist schon mehrfach gerüchtsweise mit dem Tode bestraft. Für die Gesellschaft ist er nicht genugsam dressiert, um ihre Freuden geziemend zu würdigen und behaglich genießen zu können. Zu einer Abendunterhaltung jedoch, unter vier bis höchstens sechs Augen, in einer neutralen Rauchecke, bringt er noch immer eine Standhaftigkeit mit, die kaum dem anrückenden Morgen weicht. – So viel wollt ich von mir selber sagen. – Das Geklage über alte Bekannte hab ich schon längst den Basen anheimgestellt, und selbst über manche zu schweigen, die ich liebe und verehre, kam mir hier passend vor.

II

Wer grad in ein Ballett vertieft ist, wer eben seinen Namenstag mit Champagner feiert, wer zufällig seine eigenen Gedichte liest, wer Skat spielt oder Tarock, dem ist freilich geholfen.

Leider stehen diese mit Recht beliebten Mittel temporärer Erlösung nicht immer jedem zur

Verfügung. Oft muß man schon froh sein, wenn nur einer, der Wind machen kann, mal einen kleinen philosophisch angehauchten Drachen steigen läßt, aus altem Papier geklebt. Man wirft sein Bündel ab, den Wanderstab daneben, zieht den heißen Überrock des Daseins aus, setzt sich auf den Maulwurfshügel allerschärfster Betrachtung und schaut dem langgeschwänzten Dinge nach, wie's mehr und mehr nach oben strebt, sodann ein Weilchen in hoher Luft sein stolzes Wesen treibt, bis die Schnur sich verkürzt, bis es tiefer und tiefer sinkt, um schließlich matt und flach aufs dürre Stoppelfeld sich hinzulegen, von dem es aufgeflogen.

Wenigstens was mich betrifft, so mag nur einer kommen und mir beweisen, daß die Zeit und dies und das bloß ideal ist, ein angeerbtes Kopfübel, hartnäckig, inkurabel, bis der letzte Schädel ausgebrummt; er soll mich nur aufs Eis führen, seine blanken Schlittschuhe anschnallen, auf der gefrorenen Ebene seine sinnreichen Zahlen und Schnörkel beschreiben; ich will ihn gespannt begleiten, ich will ihm dankbar sein; nur darf es nicht gar so kühl werden, daß mir die Nase friert, sonst drücke ich mich lieber hinter irgendeinen greifbaren Ofen, wär es auch nur ein ganz bescheidener von schlichten Kacheln, bei dem man sich ein bissel wärmen kann.

Ja, die Zeit spinnt luftige Fäden; besonders die in Vorrat, welche wir oft weit hinausziehen in die sogenannte Zukunft, um unsere Sorgen und Wünsche aufzuhängen, wie die Tante ihre Wäsche, die der Wind zerstreut. – Als ob's mit dem Gedrängel des gegenwärtigen Augenblicks nicht grad genug wäre.

Und dann dies liebe, trauliche, teilweise grauliche, aber durchaus putzwunderliche Polterkämmerchen der Erinnerung, voll scheinbar welken, abgelebten Zeugs; das dennoch weiter wirkt, drückt, zwickt, erfreut; oft ganz, wie's ihm beliebt, nicht uns; das sitzen bleibt, obwohl nicht eingeladen; das sich empfiehlt, wenn wir es halten möchten. Ein Kämmerchen, in Fächer eingeteilt, mit weißen, roten Türen, ja selbst mit schwarzen, wo die alten Dummheiten hinter sitzen.

Vielleicht ist's grade Winter. Leise wimmeln die Flocken vor deinem Fenster nieder. Ein weißes Türchen tut sich auf. Sieh nur, wie deutlich alles dasteht; wie in einem hellerleuchteten Puppenstübchen. – Der Lichterbaum, die Rosinengirlanden, die schaumvergoldeten Äpfel und Nüsse, die braungebackenen Lendenkerle; glückliche Eltern, selige Kinder. – Freundlich betrachtest du das Bübchen dort, denn das warst du, und wehmütig zugleich, daß nichts Besseres und Gescheiteres aus ihm geworden, als was du bist.

Mach wieder zu. – Öffne dies rote Türchen. – Ein blühendes Frauenbild. Ernst, innig schaut's dich an; als ob's noch wäre, und ist doch nichts wie ein Phantom von dem, was längst gewesen.

Laß sein. – Paß auf das schwarze Türchen. – Da rumort's hinter. – Halt zu! – Ja, schon recht; solange wie's geht. – Du kriegst, wer weiß woher, einen Stoß auf Herz, Leber, Magen oder Geldbeutel. Du läßt den Drücker los. Es kommt die stille, einsame, dunkle Nacht. Da geht's um in der Gehirnkapsel und spukt durch alle Gebeine, und du wirfst dich von dem heißen Zipfel deines Kopfkissens auf den kalten und her und hin, bis dir der Lärm des aufdämmernden Morgens wie ein musikalischer Genuß erscheint.

Nicht du, mein süßer Backfisch! Du liegst da in deinem weißen Häubchen und weißen Hemdchen, du faltest deine schlanken Finger, schließest die blauen harmlos-träumerischen Augen und schlummerst seelenfriedlich deiner Morgenmilch mit Brötchen entgegen und selbst deiner Klavierstunde, denn du hast fleißig geübt.

Aber ich, Madam! und Sie, Madam; und der Herr Gemahl, der abends noch Hummer ißt, man mag sagen, was man will. – Doch nur nicht ängstlich. Die bösen Menschen brauchen nicht gleich alles zu wissen. Zum Beispiel ich, ich werde mich wohl hüten; ich lasse hier nur ein paar kümmerliche Gestalten heraus, die sich so gelegentlich in meinem Gehirn eingenistet haben, als ob sie mit dazu gehörten.

Es ist Nacht in der kunst- und bierberühmten Residenz. Ich komme natürlich aus dem Wirtshause, bin aber bereits in der Vorstadt und strebe meinem einsamen Lager zu. Links die Planke, rechts der Graben. Hinter mir eine Stadt voll leerer Maßkrüge, vor mir die schwankende Nebelsilhouette eines betagten Knickebeins. Bald drückt er zärtlich die Planke, bald zieht ihn der Graben an; bis endlich die Planke, des falschen Spieles müde, ihm einen solch verächtlichen Schubs gibt, daß er dem Graben, mit Hinterlassung des linken Filzschuhes, sofort in die geschmeidigen Arme sinkt. Ich ziehe ihn heraus bei den Beinen, wie einen Schubkarren. Er wischt sich die Ohren und wimmert kläglich: «Wissen S', i ßiech halt nimma recht!» – Gewiß häufig eine zutreffende Ausrede für ältere Herrn in verwickelten Umständen.

Ein andermal derselbe Weg. – Vor mir ein zärtliches Pärchen. Ihr schleift, am Bändel hängend, die Schürze nach. Ich wirble sie auf mit dem Stock und sage in gefälligem Ton: «Fräulein, Sie verlieren etwas.» Sie hört es nicht. Es ist der Augenblick vor einem Liebeskrach. Er schlägt sie zu Boden, tritt ihr dreimal hörbar auf die Brust, und fort ist er. – Schnell ging's. – Und was für einen sonderbaren Ton das gibt, so ein Fußtritt auf ein weibliches Herz. Hohl, nicht hell. Nicht Trommel, nicht Pauke. Mehr lederner Handkoffer; voll Lieb und Treu vielleicht. – Ich gebe ihr meinen Arm, daß sie sich aufrichten und erholen kann; denn man ist oft gerührt und galant, ohne betrunken zu sein.

Ein andermal ein anderer Weg. – Ein berühmter Maler hat mich zu Mittag geladen. Stolz auf ihn und meine silbervergoldete Dose, geh ich durch eine einsame Straße und drehe mir vorher noch eben eine Zigarette. Hinter mir kommt wer angeschlürft; er schlürft an mir vorbei. «Ja, Bedelleit, die hat koana gern; die mag neamed.» Er spricht es leise und bescheiden. Er schaut nicht seitwärts, er schaut nicht um; er schlürft so weiter. Hände im schwärzlichgrauen Paletot; schwärzlichgrauer Hut im Nacken, Hose schwärzlichgrau, unten mit Fransen dran; da, wo Hut und Paletotkragen ihre Winkel bilden, je ein Stückchen blasses Ohr zu sehn. Ein armer, farbloser Kerl. Schon zehn Mark vermutlich würden ihm recht sein. Freilich – der Schneider – die Fahrt ins Tirol – am End versäuft er's nur. – Macht nichts. Gib's ihm halt! – Inzwischen ist er weg ums Eck, für immer unerwischbar.

Schnell eine andere Tür. – Schau schau! – Zwischen zwei Hügeln, mitten hindurch der Bach, das Dörflein meiner Kindheit. Vieles im scharfen Sonnenlicht früher Eindrücke; manches überschattet von mehr als vierzig vergangenen Jahren; einiges nur sichtbar durch den Lattenzaun des Selbsterlebten und des Hörensagens. Alles so heiter, als hätt es damals nie geregnet.

Aber auch hier gibt's arme Leutchen. – Es ist noch die gute alte Zeit, wo man den kranken Handwerksburschen über die Dorfgrenze schiebt und sanft in den Chausseegraben legt, damit er ungeniert sterben kann; obschon der unbemittelte Tote immerhin noch einen positiven Wert hat; unter anderm für den Fuhrmann, der ihn zur Anatomie bringt.

Im Dörflein seitab, hier hinter den trüben Fensterscheiben, da sitzt vielleicht das «Puckelriekchen». Sie spinnt und spinnt. Auf die Lebensfreuden hat sie verzichtet. Aber drei Tage nach ihrem Tode, da wenigstens möchte sie sich mal so ein recht gemütliches Fest bereiten, nämlich ein ehrliches Begräbnis mit heilen Gliedmaßen, im schwarzlackierten Sarge, auf dem heimatlichen Kirchhofe. Nach dem Professor, der die toten Leute kaputtschneidet, will sie nicht hin; und dann müßte sie sich ja auch so schämen vor den Herren Studenten, weil sie gar so klein und mager und bucklicht ist. Darum bettelt sie und sinnt und spinnt von früh bis spät. – O weh! Zu früh schneidet die Parze den Flachs- und Lebensfaden ab. Es hat nicht gelangt. Nun heißt es doch: «Hinein in die ungehobelte Kiste» und «Krischan, spann an». Und dort fährt er hin mit ihr in der frühen Dämmerung, und wer grad verreisen muß, der kann mit aufsitzen. (Das wäre was gewesen für Tante Malchen, die immer so gern per Gelegenheit fuhr!)

Der dort langsam und verdrießlich Holz sägt, das scheint der «Pariser» zu sein. «Eine kalte Winternacht» – so pflegt er auf Plattdeutsch zu sagen – «ein Grenzstein im freien Feld und eine Pulle voll Schluck, das müßte einen bequemen Tod abgeben.» Oder: «Hätt ich nur erst eine Viertelstunde gehängt, mich dünkt, so wollt ich gleich mit einem um die Wette hängen, der schon ein ganzes Jahr gehängt hat.» Gegen die erste Manier schützt er Geldmangel vor, gegen die zweite den bedenklichen Anfang. Er zögert und zögert und muß sich zuletzt mit einem gewöhnlichen Tod begnügen, wie er grad vorkommt.

Hier im Hof, auf dem Steintritt vor der Tür, steht eine hübsche Frau. Sagen wir, Kreuzbänder an den Schuhen, Locken an den Schläfen, Schildpattkamm im Flechtennest. Ein fremder Betteljunge kommt durch die Pforte. Haare wie trockner Strohlehm; Hemd und Haut aus *einem* Topf gemalt; Hose geräumig, vermutlich das Geschenk eines mildtätigen Großvaters; Bettelsack mit scheinbar knolligem Inhalt; Stock einfach zweckentsprechend. «Heut kriegst du nichts; wir haben selbst Arme genug.» «So bra'r jöck de Düwel wat ower, dat je'r anne sticket!» Nach Abgabe dieses Segenswunsches entfernt er sich, um sein Sammelwerk anderweitig fortzusetzen. Nicht mit Erfolg. Hinter der Mauer hervor, bewehrt mit kurzem Spieß, tritt ihm unerwartet ein kleiner Mann entgegen, entledigt ihn, listig lächelnd, doch rücksichtslos, seiner Vorräte und zeigt ihm sodann unter Zuhilfenahme der umgekehrten Waffe, durch stoßweise Andeutungen auf der Kehrseite, den richtigen Weg zum Dorfe hinaus.

Dieser Wachsame und Gewaltige ist der «alte Danne». – Da er körperlich und geistig zu schwach geworden, um Tagelöhner zu sein, so hat man ihm ein Amt verliehn, mit dem Titel «Bettelvogt», und als Zeichen seiner Würde den Speer, «dat Baddelspeit». Kraft dessen ist er Herzog und Schirmherr aller einheimischen Bettler. – Er ißt «reihrund». Er schläft nachts im Pferdestall, nachmittags, bei günstiger Witterung, im Baumgarten hinter dem Hause. – Und hier kann man am besten eine Eigentümlichkeit an ihm beobachten, welche hauptsächlich bei alten unbemittelten Leuten vorzukommen scheint, die versäumt haben, sich ein neues Gebiß zu kaufen. – Atmet er ein – ein lautes Schnarchen; atmet er aus – ein leises Flöten. Erst dieser alte faltige grauborstige Mümmelmund hübsch weit abgerundet nach innen gezogen, dann plötzlich bei hohlen Backen hübsch zugespitzt nach außen getrieben und nur ein ganz feins Löchlein drin. – Für den Naturforscher, selbst bei häufiger Wiederholung, ein interessantes Phänomen. – Leider geht der alte Danne nur noch kurze Zeit seinen Erholungen und Amtsgeschäften nach. Es kommt so ein gewisser schöner, ausdermaßen warmer Nachmittag. Zwei flachsköpfige Buben, sehr bewandert in Obstangelegenheiten, besuchen grad zufällig in einem schattigen Garten einen berühmten Sommerbirnenbaum, um eben mal nachzusehen, wie die Sachen da liegen. – Der alte Danne liegt drunter. – Speer im Arm; still, bleich, gradausgestreckt; die Augen starr nach oben in die vollen Birnen gerichtet; Mund offen; zwei Fliegen kriechen aus und ein. Der alte Danne ist tot. – Und schlau hat er's abgepaßt, denn der neue Kirchhof wird nächstens eingeweiht. Er kommt noch auf den alten und kann ruhig weiter liegen, ohne von später kommenden Schlafgästen gestört zu werden. – Eine geschmackvolle Garnitur von Brennesseln steht um sein Grab herum. –

Ja, mein guter, wohlsituierter und lebendiger Leser! So muß man überall bemerken, daß es Verdrießlichkeiten gibt in dieser Welt und daß überall gestorben wird. Du aber sei froh. Du stehst noch da, wie selbstverständlich, auf deiner angestammten Erde. Und wenn du dann dahinwandelst, umbraust von den ahnungsvollen Stürmen des Frühlings, und deine Seele schwillt mutig auf, als solltest du ewig leben; wenn dich der wonnige Sommer umblüht und die liebevollen

Vöglein in allen Zweigen singen; wenn deine Hand im goldenen Herbst die wallenden Ähren streift; wenn zur hellglänzenden Winterzeit dein Fuß über blitzende Diamanten knistert – hoch über dir die segensreiche Sonne oder der unendliche Nachthimmel voll winkender Sterne – und doch, durch all die Herrlichkeit hindurch, allgegenwärtig, ein feiner, peinlicher Duft, ein leiser, zitternder Ton – und wenn du dann nicht so was wie ein heiliger Franziskus bist – sondern wenn du wohlgemut nach Hause gehst zum gutgekochten Abendschmaus und zwinkerst deiner reizenden Nachbarin zu und kannst schäkern und lustig sein, als ob sonst nichts los wäre, dann darf man dich wohl einen recht natürlichen und unbefangenen Humoristen nennen.

Fast wir alle sind welche. – Auch du, mein kleines drolliges Hänschen, mit deinem Mumps, deiner geschwollenen Backe, wie du mich anlächelst durch Tränen aus deinem dicken, blanken, schiefen Gesicht heraus, auch du bist einer; und wirst du vielleicht später mal gar ein Spaßvogel von Metier, der sich berufen fühlt, unsere ohnehin schon große Heiterkeit noch künstlich zu vermehren, so komm nur zu uns, guter Hans; wir werden dir gern unsere alten Anekdoten erzählen, denn du bist es wert.

«Ahem! – Wie war denn das Diner bei dem berühmten Maler?» so unterbrichst du mich, mein Wertester mit dem Doppelkinn. Nun! Kurz aber gut; Wein süperb; Schnepfen exquisit. – Doch ich sehe, du hast dich gelangweilt. Das beleidigt mich. Aber ich bin dir unverwüstlich gut. Ich werde sonstwie für dich sorgen; ich verweise dich auf den vielsagenden Ausspruch eines glaubwürdigen Blattes. «Il faut louer Busch pour ce qu'il a fait, et pour ce qu'il n'a pas fait.» Wohlan, mein Freund! Wende deinen Blick von links nach rechts, und vor dir ausgebreitet liegt das gelobte Land aller guten Dinge, die ich nicht gemacht habe.

Liebst du herz- und sonnenwarme Prosa, lies Werther. – Suchst du unverwelklichen Scherz, der wohl dauern wird, solang noch eine sinnende Stirn über einem lachenden Munde sitzt, begleite den Ritter von der Mancha auf seinen ruhmreichen Fahrten. – Willst du in einem ganzen Spiegel sehn, nicht in einer Scherbe, wie Menschen jeder Sorte sich lieben, necken, raufen, bis jeder sein ordnungsmäßiges Teil gekriegt, schlag Shakespeare auf. – Trägst du Verlangen nach entzückend mutiger Farbenlust, stelle dich vor das Flügelbild Peterpauls in der Scheldestadt und laß dich anglänzen von der jungfräulichen Mutter mit dem Kinde. – Oder sehnst du dich mehr nach den feierlichen Tönen einer durchleuchteten Dämmerung, besuch den heiligen Vater in seinem beneidenswerten Gefängnis und schau den Sebastian an. – Und ist dir auch das noch nicht hinreichend, so zieh meinetwegen an den Arno, wo eine gedeckte Brücke zwei wundersame Welten der Kunst verbindet.

Damit, denk ich, wirst du für acht Tage genug haben, und wärst du so genußfähig wie ein Londoner Schneidermeister auf Reisen.

Von mir über mich

Kein Ding sieht so aus, wie es ist. Am wenigsten der Mensch, dieser lederne Sack voller Kniffe und Pfiffe. Und auch abgesehn von den Kapriolen und Masken der Eitelkeit. Immer, wenn man was wissen will, muß man sich auf die zweifelhafte Dienerschaft des Kopfes und der Köpfe verlassen und erfährt nie recht, was passiert ist. Wer ist heutigen Tages noch so harmlos, daß er Weltgeschichten und Biographien für richtig hält? Sie gleichen den Sagen und Anekdoten, die Namen, Zeit und Ort benennen, um sich glaubhaft zu machen. Sind sie unterhaltlich erzählt, sind sie ermunternd und lehrreich, oder rührend erbaulich, nun gut! so wollen wir's gelten lassen. Ist man aber nicht grad ein Professor der Beredsamkeit und sonst noch allerlei, was der heilige Augustinus gewesen, und will doch partout über sich selbst was schreiben, dann wird man wohl am besten tun, man faßt sich kurz. Und so auch ich.

Ich bin geboren 1832 in Wiedensahl. Mein Vater war Krämer, heiter und arbeitsfroh; meine Mutter, still und fromm, schaffte fleißig in Haus und Garten. Liebe und Strenge sowohl, die mir von ihnen zuteil geworden, hat der «Schlafittig» der Zeit aus meiner dankbaren Erinnerung nicht zu verwischen vermocht.

Mein gutes Großmütterlein war zuerst wach in der Früh. Sie schlug Funken am P-förmigen

Stahl, bis einer zündend ins «Usel» sprang, in die halbverkohlte Leinwand im Deckelkästchen des Feuerzeugs; und bald flackerte es lustig in der Küche auf dem offenen Herde unter dem Dreifuß und dem kupfernen Kessel; und nicht lange, so hatte auch das Kanonenöfchen in der Stube ein rotglühendes Bäuchlein, worin's bullerte. Als ich sieben, acht Jahr alt war, durft ich zuweilen mit aufstehn; und im Winter besonders kam es mir wonnig geheimnisvoll vor, so früh am Tag schon selbstbewußt in dieser Welt zu sein, wenn ringsumher noch alles still und tot und dunkel war. Dann saßen wir zwei, bis das Wasser kochte, im engen Lichtbezirk der pompejanisch geformten zinnernen Lampe. Sie spann. Ich las ein paar schöne Morgenlieder aus dem Gesangbuch vor.

Später beim Kaffee nahmen Herrschaft, Knecht und Mägde, wie es guten Freunden geziemt, am nämlichen Tische Platz.

Um diese Zeit meines Lebens passierte eine kleine Geschichte, die recht schmerzhaft und schimpflich für mich ablief. Beim Küster diente ein Kuhjunge, fünf, sechs Jahre älter als ich. Er hatte in einen rostigen Kirchenschlüssel, so groß wie dem Petrus seiner, ein Zündloch gefeilt, und gehacktes Fensterblei hatte er auch schon genug; bloß das Pulver fehlte ihm noch zu Blitz und Donner. Infolge seiner Beredsamkeit machte ich einen stillen Besuch bei einer gewissen steinernen Kruke, die auf dem Speicher stand. Nachmittags zogen wir mit den Kühen auf die einsame Waldwiese. Großartig war der Widerhall des Geschützes. Und so beiläufig ging auch ein altes

Bäuerlein vorbei, in der Richtung des Dorfes. Abends kehrt ich fröhlich heim und freute mich so recht auf das Nachtessen. Mein Vater empfing mich an der Tür und lud mich ein, ihm auf den Speicher zu folgen. Hier ergriff er mich am linken Flügel und trieb mich vermittels eines Rohrstockes im Kreise umher, immer um die Kruke herum, wo das Pulver drin war. Wie peinlich mir das war, ließ ich weithin verlautbaren. Und sonderbar! Ich bin weder Jäger noch Soldat geworden.

Als ich neun Jahre alt war, sollt ich zu dem Bruder meiner Mutter nach Ebergötzen. Wie Kinder sind, halb froh halb wehmütig, plätscherte ich am Abend vor der Abreise mit der Hand in der Regentonne, über die ein Strauch von weißen Rosen hing, und sang Christine! Christine! versimpelt für mich hin.

Und so spannte denn in der Früh vor Tag Knecht Heinrich das Pommerchen vor den Leiterwagen. Die ganze Familie, ausgenommen der Vater, stieg auf, um dem guten Jungen das Geleite zu geben. Hell schienen die Sterne, als wir durch den Schaumburger Wald fuhren. Hirsche sprangen über den Weg.

In Wirtshäuser einkehren taten wir nicht; ein wenig seitwärts von der Straße wurde stillgehalten, der Deckel der Ernährungskiepe wurde aufgetan und unter anderm ein ganzer geräucherter Schinken entblößt, der sich bald merklich verminderte. Nach mehrmaligem Übernachten bei Verwandten erreichten wir glücklich das Ebergötzener Pfarrhaus.

Gleich am Tage nach der Ankunft schloß ich

Freundschaft mit dem Sohne des Müllers. Wir gingen vors Dorf hinaus, um zu baden. Wir machten eine Mudde aus Erde und Wasser, die wir «Peter und Paul» benannten, überkleisterten uns damit von oben bis unten, legten uns in die Sonne, bis wir inkrustiert waren wie Pasteten, und spülten's im Bach wieder ab.

Auch der Wirt des Ortes, weil er ein Piano besaß, wurde bald mein guter Bekannter. Er war rauh wie Esau. Ununterbrochen kroch das schwarze Haar in die Krawatte und aus den Ärmeln wieder heraus bis dicht an die Fingernägel. Beim Rasieren mußte er weinen, denn das Jahr 48, welches selbst den widerspenstigsten Bärten die Freiheit gab, war noch nicht erschienen. Er trug lederne Klappantoffeln und eine gelbgrüne Joppe, die das hintere Mienenspiel der blaßblauen Hose nur selten zu bemänteln suchte. Seine Philosophie war der Optimismus mit rückwirkender Kraft; er sei zu gut für diese Welt, pflegte er gern und oft zu behaupten. Als er einst einem Jagdhunde mutwillig auf die Zehen trat und ich meinte, das stimmte nicht recht mit seiner Behauptung, kriegt ich sofort eine Ohrfeige. Unsere Freundschaft auch. Doch die Erschütterung währte nicht lange. Er ist mir immer ein lieber und drolliger Mensch geblieben. Er war ein geschmackvoller Blumenzüchter, ein starker Schnupfer und kinderlos, obgleich er sich dreimal vermählt hat.

Bei ihm fand ich einen dicken Notenband, der durchgeklimpert, und freireligiöse Schriften jener Zeit, die begierig verschlungen wurden.

Mein Freund aus der Mühle, der meine gelehrten Unterrichtsstunden teilte, teilte auch meine Studien in freier Natur. Dohnen und Sprenkeln wurden eifrig verfertigt, und der Schlupfwinkel keiner Forelle, den ganzen Bach entlang, unter Steinen und Baumwurzeln, blieb unbemerkt von uns.

Zwischen all dem herum aber schwebte beständig das anmutige Bildnis eines blondlockigen Kindes. Natürlich sehnte ich oft die bekannte Feuersbrunst herbei mit nachfolgendem Tode zu den Füßen der geretteten Geliebten. Meist jedoch war ich nicht so rücksichtslos gegen mich selbst, sondern begnügte mich mit dem Wunsch, daß ich zauberhaft fliegen und hupfen könnte, hoch in der Luft, von einem Baum zum andern, und daß sie es mit ansähe und wäre starr vor Bewunderung.

Von meinem Onkel, der äußerst milde war, erhielt ich nur ein einzig Mal Hiebe, mit einem trockenen Georginenstengel, weil ich den Dorftrottel geneckt hatte. Dem war die Pfeife voll Kuhhaare gestopft und dienstbeflissen angezündet. Er rauchte sie aus, bis aufs letzte Härchen, mit dem Ausdruck der seligsten Zufriedenheit. Also der Erfolg war unerwünscht für mich in zwiefacher Hinsicht. Es macht nichts. Ein Trottel bleibt immer eine schmeichelhafte Erinnerung.

Gern gedenk ich auch des kleinen alten Bettelvogts, welcher derzeit *dat baddelspeit* trug, den kurzen Spieß, als Zeichen seines mächtigen Amtes. Zu warmer Sommerzeit hielt er sein Mittagschläfchen im Grase. Er konnte bemerkenswert schnarchen. Zog er die Luft ein, so machte er den Mund weit auf, und es ging: Krah! Stieß er sie aus, so machte er den Mund ganz spitz, und es ging: Püh! wie ein sanfter Flötenton. Einst fanden wir ihn tot unter dem berühmtesten Birnbaume des Dorfes; Speer im Arm; Mund offen; so daß man sah: Krah! war sein letzter Laut gewesen. Um ihn her lagen die goldigsten Sommerbirnen; aber für diesmal mochten wir keine.

Etwa ums Jahr 45 bezogen wir die Pfarre zu Lüthorst.

Unter meinem Fenster murmelte der Bach. Gegenüber am Ufer stand ein Haus, eine Schaubühne des ehelichen Zwistes. Das Stück fing an hinter der Szene, spielte weiter auf dem Flur und schloß im Freien. Sie stand oben vor der Tür und schwang triumphierend den Reiserbesen; er stand unten im Bach und streckte die Zunge heraus; und so hatte er auch seinen Triumph.

In den Stundenplan schlich sich nun auch die Metrik ein. Dichter, heimische und fremde, wurden gelesen. Zugleich fiel mir die «Kritik der reinen Vernunft» in die Hände, die, wenn auch damals nur spärlich durchschaut, doch eine Neigung erweckte, in der Gehirnkammer Mäuse zu fangen, wo es nur gar zu viel Schlupflöcher gibt.

Sechzehn Jahre alt, ausgerüstet mit einem Sonett und einer ungefähren Kenntnis der vier Grundrechnungsarten, erhielt ich Einlaß zur polytechnischen Schule in Hannover.

Hier ging mit meinem Äußeren eine stolze Veränderung vor. Ich kriegte die erste Uhr – alt, nach dem Kartoffelsystem – und den ersten Paletot – neu, so schön ihn der Dorfschneider zu bauen vermochte. Mit diesem Paletot, um ihn recht sehen zu lassen, stellt ich mich gleich den ersten Morgen sehr dicht vor den Schulofen. Eine brenzlichte Wolke und die freudige Teilnahme der Mitschüler ließen mich ahnen, was hinten vor sich ging. Der umfangreiche Schaden wurde kuriert nach der Schnirrmethode, beschämend zu sehn; und nur noch bei äußerster Witterungsnot ließ sich das einst so prächtige Kleidungsstück auf offener Straße blicken.

In der reinen Mathematik schwang ich mich bis zu «Eins mit Auszeichnung» empor, aber in der angewandten bewegt ich mich mit immer matterem Flügelschlage.

Ein Maler wies mir den Weg nach Düsseldorf. Ich kam, soviel ich weiß, grad an zu einem jener Frühlingsfeste, für diesmal die Erstürmung einer Burg, die weithin berühmt waren. Ich war sehr begeistert davon und von dem Maiwein auch.

Nachdem ich mich schlecht und recht durch den Antikensaal hindurchgetüpfelt hatte, begab ich mich nach Antwerpen in die Malschule, wo man, so hieß es, die alte Muttersprache der Kunst noch immer erlernen könne.

In dieser kunstberühmten Stadt sah ich zum ersten Male die Werke alter Meister: Rubens, Brouwer, Teniers, Frans Hals. Ihre göttliche Leichtigkeit der Darstellung malerischer Einfälle, verbunden mit stofflich juwelenhaftem Reiz; diese Unbefangenheit eines guten Gewissens, welches nichts zu vertuschen braucht; diese

Farbenmusik, worin man alle Stimmen klar durchhört, vom Grundbaß herauf; haben für immer meine Liebe und Bewunderung gewonnen.

Ich wohnte am Eck der Käsbrücke bei einem Bartscherer. Er hieß Jan, seine Frau hieß Mie. In gelinder Abendstunde saß ich mit ihnen vor der Haustür; im grünen Schlafrock; die Tonpfeife im Munde; und die Nachbarn kamen auch herzu; die Töchter in schwarzlackierten Holzschuhen. Jan und Mie balbierten mich abwechselnd, verpflegten mich während einer Krankheit und schenkten mir beim Abschied in kalter Jahreszeit eine warme rote Jacke und drei Orangen.

Nach Antwerpen hielt ich mich in der Heimat auf.

Was damals die Leute «ut oler welt» erzählten, sucht ich mir fleißig zu merken, doch wußt ich leider zu wenig, um zu wissen, was wissenschaftlich bemerkenswert war. Das Vorspuken eines demnächstigen Feuers hieß: *wabern.* Den Wirbelwind, der auf der Landstraße den Staub auftrichtert, nannte man: *warwind;* es sitzt eine Hexe drin. Übrigens hörte ich, seit der «alte Fritz» das Hexen verboten hätte, müßten sich die Hexen sehr in acht nehmen mit ihrer Kunst.

Von Märchen wußte das meiste ein alter, stiller, für gewöhnlich wortkarger Mann. Für Spukgeschichten dagegen von bösen Toten, die wiederkommen zum Verdrusse der Lebendigen, war der Schäfer Autorität. Wenn er abends erzählte, lag er quer über dem Bett, und wenn's ihm trokken und öd wurde im Mund, sprang er auf und ging vor den Tischkasten und biß ein neues Endchen Kautabak ab zur Erfrischung. Sein Frauchen saß daneben und spann.

In den Spinnstuben sangen die Mädchen, was ihre Mütter und Großmütter gesungen. Während der Pause, abends um neun, wurde getanzt; auf der weiten Haustenne; unter der Stallaterne; nach dem Liede:

> *maren will wi hawern meihn,*
> *wer schall den wol binnen?*
> *dat schall (meiers dortchen) don,*
> *de will eck wol finnen.*

Von Wiedensahl aus besucht ich auf längere Zeit den Onkel in Lüthorst. Es hatte sich grad um einen Grundsatz der Wissenschaft, nämlich, daß nur aus einem befruchteten Ei ein lebendes Wesen entstehen könne, ein Streit erhoben. Ein schlichter katholischer Pfarrer wies nach, daß die Bienen eine Ausnahme machten. Mein Onkel, als gewandter Schriftsteller und guter Beobachter, ergriff seine Partei und beteiligte sich lebhaft an dem Kampfe. Auch mich zog es unwiderstehlich abseits in das Reich der Naturwissenschaften. Ich las Darwin, ich las Schopenhauer damals mit Leidenschaft. Doch so was läßt nach mit der Zeit. Ihre Schlüssel passen ja zu vielen Türen in dem verwunschenen Schloß dieser Welt; aber kein «hiesiger» Schlüssel, so scheint's, und wär's der Asketenschlüssel, paßt jemals zur Ausgangstür.

Von Lüthorst ging ich nach München. Indes in der damaligen akademischen Strömung kam mein flämisches Schifflein, das wohl auch schlecht gesteuert war, nicht recht zum Schwimmen.

Um so angenehmer war es im Künstlerverein, wo man sang und trank und sich nebenbei karikierend zu necken pflegte. Auch ich war solchen persönlichen Späßen nicht abgeneigt. Man ist ein Mensch und erfrischt und erbaut sich gern an den kleinen Verdrießlichkeiten und Dummheiten anderer Leute. Selbst über sich selber kann man lachen mitunter, und das ist ein Extrapläsier, denn dann kommt man sich sogar noch klüger und gedockener vor als man selbst.

Lachen ist ein Ausdruck relativer Behaglichkeit. Der Franzel hinterm Ofen freut sich der Wärme um so mehr, wenn er sieht, wie sich draußen der Hansel in die rötlichen Hände pustet. Zum Gebrauch in der Öffentlichkeit habe ich jedoch nur Phantasiehanseln genommen. Man kann sie auch besser herrichten nach Bedarf und sie eher tun und sagen lassen, was man will. Gut schien mir oft der Trochäus für biederes Reden; stets praktisch der Holzschnittstrich für stilvoll heitere Gestalten. So ein Konturwesen macht sich leicht frei von dem Gesetze der Schwere und kann, besonders wenn es nicht schön ist, viel aushalten, eh es uns weh tut. Man sieht die Sach an und schwebt derweil in behaglichem Selbstgefühl über den Leiden der Welt, ja über dem Künstler, der gar so naiv ist.

Auch das Gebirg, das noch nie in der Nähe gesehene, wurde für längere Zeit aufgesucht. An einem Spätnachmittag kam ich zu Fuß vor dem Dörfchen an, wo ich zu bleiben gedachte. Gleich das erste Häuschen mit dem Plätscherbrunnen und dem Zaun von Kürbis durchflochten sah verlockend idyllisch aus. Feldstuhl und Skizzenbuch wurden aufgeklappt. Auf der Schwelle saß ein steinaltes Mütterlein und schlief, das Kätzchen daneben. Plötzlich, aus dem Hintergrunde des Hauses, kam eine jüngere Frau, faßte die Alte bei den Haaren und schleifte sie auf den Kehrichthaufen. Dabei quäkte die Alte, wie ein Huhn, das geschlachtet werden soll. Feldstuhl und Skizzenbuch wurden zugeklappt. Mit diesem Rippenstoße führte mich das neckische Schicksal zu den trefflichen Bauersleuten und in die herrliche Gegend, von denen ich nur ungern wieder Abschied nahm.

Es kann 59 gewesen sein, als zuerst in den «Fliegenden» eine Zeichnung mit Text von mir gedruckt wurde: zwei Männer, die aufs Eis gehn, wobei einer den Kopf verliert. Vielfach, wie's die Not gebot, illustrierte ich dann neben eigenen auch fremde Texte. Bald aber meint ich, ich müßte alles halt selber machen. Die Situationen gerieten in Fluß und gruppierten sich zu kleinen Bildergeschichten, denen größere gefolgt sind. Fast alle hab ich, ohne wem was zu sagen, in Wiedensahl verfertigt. Dann hab ich sie laufen lassen auf den Markt, und da sind sie herumgesprungen, wie Buben tun, ohne viel Rücksicht zu nehmen auf gar zu empfindliche Hühneraugen; wohingegen man aber auch wohl annehmen darf, daß sie nicht gar zu empfindlich sind, wenn sie mal Schelte kriegen.

Man hat den Autor für einen Bücherwurm und Absonderling gehalten. Das erste mit Unrecht.

Zwar liest er unter anderm die Bibel, die großen Dramatiker, die Bekenntnisse des Augustin, den Pickwick und Don Quichotte und hält die Odyssee für das schönste der Märchenbücher, aber ein Bücherwurm ist doch ein Tierchen mit ganz andern Manierchen.

Ein Sonderling dürft er schon eher sein. Für die Gesellschaft, außer der unter vier bis sechs Augen, schwärmt er nicht sehr.

Groß war auch seine Nachlässigkeit, oder Schüchternheit, im schriftlichen Verkehr mit Fremden. Der gewandte Stilist, der seine Korrespondenten mit einem zierlichen Strohgeflechte beschenkt, macht sich umgehend beliebt, während der Unbeholfene, der seine Halme aneinanderknotet, wie der Bauer, wenn er Seile bindet, mit Recht befürchten muß, daß er Anstoß erregt. Er zögert und vergißt.

Verheiratet ist er auch nicht. Er denkt gelegentlich eine Steuer zu beantragen auf alle Ehemänner, die nicht nachweisen können, daß sie sich lediglich im Hinblick auf das Wohl des Vaterlandes vermählt haben. Wer eine hübsche und gescheite Frau hat, die ihre Dienstboten gut behandelt, zahlt das Doppelte. Den Ertrag kriegen die alten Junggesellen, damit sie doch auch eine Freud haben.

Ich komme zum Schluß. Das Porträt, um rund zu erscheinen, hätte mehr Reflexe gebraucht. Doch manche vorzügliche Menschen, die ich liebe und verehre, für Selbstbeleuchtungszwecke zu verwenden, wollte mir nicht passend erscheinen, und in bezug auf andere, die mir weniger sympathisch gewesen, halte ich ohnehin schon längst ein mildes, gemütliches Schweigen für gut.

So stehe ich denn tief unten an der Schattenseite des Berges. Aber ich bin nicht grämlich geworden; sondern wohlgemut, halb schmunzelnd, halb gerührt, höre ich das fröhliche Lachen von anderseits her, wo die Jugend im Sonnenschein nachrückt und hoffnungsfreudig nach oben strebt.

Nachwort

Wilhelm Busch hat – weitgehend wider Willen – etwas erreicht, was den meisten Künstlern, so sehr sie auch zeitlebens darum ringen, versagt bleibt: unverminderte Popularität. Sein Werk stellte (und stellt) offenbar keine Aktualitätsfragen – mag sein, weil die Antwort scheinbar vorgegeben war oder weil man bei konsequentem Weiterfragen in Zonen vorgestoßen wäre, die einem den «Humoristischen Hausschatz» vergällt hätten. Wie auch immer: Busch war nie «vorbei», und dementsprechend brauchte es auch keine plötzlichen Neuentdeckungen, mit denen jeweils Busch-Renaissancen hätten eingeleitet werden können. Was dennoch einer Korrektur bedarf und sie auch erlaubt, ist das Bild, das man sich gemeinhin von Wilhelm Busch gemacht hat und das für seinen Dauererfolg maßgebend ist.

Busch als Autor des «Max und Moritz», neben dem «Struwwelpeter» wohl eines der beliebtesten Kinderbücher deutscher Sprache; Busch als Verfasser der vergnüglichen Bildergeschichten, etwa der «Frommen Helene», der «Knopp»-Trilogie, des «Balduin Bählamm», des «Maler Klecksel», die zweifellos zu Recht als einzigartige Leistung geschätzt werden; Busch als virtuoser Verskünstler, leicht zitierbar, und als Schöpfer pointiert-treffender Lebensweisheiten in nahezu jeder Situation bei der Hand. Soweit der gängige Busch.

Daß daneben oder darunter (chronologisch gesehen, müßte man sagen: darüber) auch noch ein anderer Busch existiert, der dieses Bild zumindest in Frage stellt, ist nichts Neues, aber gleichwohl verhältnismäßig wenig bekannt. Es ist mit ein Zweck dieses Bändchens, darauf aufmerksam zu machen. Wichtig erscheint uns, daß es mit der nötigen Zurückhaltung geschehe; die Korrektur sollte in einer Erweiterung bestehen und nicht in erster Linie in der Denunzierung der traditionellen Auffassungen über einen der meistgelesenen Autoren des 19. Jahrhunderts.

Der Dichter

«Ich bin geboren am 15. April 1832 zu Wiedensahl als der Erste von sieben.» So heißt es lakonisch in Buschs Autobiographie «Was mich betrifft» von 1886, und auch in den späteren Neufassungen der Selbstdarstellung von 1893 und 1894 bleibt es bei dieser knappen Feststellung.

1832 ist das Todesjahr Goethes, aus dessen Nachlaß im selben Jahr der «Faust II» erscheint. Mörikes «Maler Nolten» kommt heraus, ebenso Eichendorffs kleines Lustspiel «Die Freier». Die Romantik ist am Ausklingen: Friedrich Schlegel und Achim von Arnim etwa sind wenig früher gestorben, und auch wenn Brentano noch zehn, Eichendorff gar noch fünfundzwanzig Jahre lebt, so ist doch ihre hohe Zeit vorbei. «Da dunkelts und rauschts so eigen / Von der alten, schönen Zeit», heißt es im 1834 erschienenen Roman

«Dichter und ihre Gesellen», dem letzten größeren poetischen Werk Eichendorffs. Immerhin: das Rauschen ist für ihn noch vernehmbar; der Strom fließt noch von der «Heimat» her.

Gestorben ist Wilhelm Busch 1908. Georges, Hofmannsthals, Rilkes wesentlichste Gedichtsammlungen sind zum Teil nur wenige Jahre zuvor entstanden oder in diesem Jahr erschienen wie etwa die «Neuen Gedichte» Rilkes. Der Expressionismus meldet sich an. Es erscheint Robert Walsers «Jakob von Gunten» und ein Jahr später Thomas Manns «Königliche Hoheit». 1908 schließlich ist das Geburtsjahr des heute siebzigjährigen Edzard Schaper. Günther Eich – um nochmals einen Gegenpol zu nennen – ist 1907 geboren.

Daß eine solche Betrachtungsweise nichts zu belegen vermag, ist klar; auf Kalenderzetteln ist Derartiges anzutreffen. Im Falle von Wilhelm Busch gibt sie uns aber doch einen Hinweis: man legt sich Rechenschaft über das «Woher?» ab, womit hier weniger der geographische Ort als vielmehr der Geist der Zeit gemeint ist, dem der Dichter entstammt: der klassisch-romantischen Endphase. Und man erkennt – vielleicht doch nicht ganz ohne Verwunderung –, daß Busch bis in unser Jahrhundert hineinreicht, bis unmittelbar an die Zeit der großen Umbrüche heran. Und da Umbrüche, auch die geistigen, selten aus dem Nichts heraus entstehen, gehört Busch in mancher Hinsicht zu den Vorläufern und Vorbereitern dessen, was wir – unbestimmt genug – die «Moderne» nennen.

Wilhelm Busch und Gottfried Keller

Die Vita Wilhelm Buschs läßt sich an und für sich den beiden schon erwähnten Selbstdarstellungen entnehmen. Was Busch darin aber eher verschweigt als heraushebt, sind die eigentlichen Lebensfakten. Es gilt tatsächlich das Bild, das Busch im zweiten Teil von «Was mich betrifft» verwendet, wenn er vom «Lattenzaun des Selbsterlebten» spricht: der Zaun spart Lücken aus. Eine der wesentlichsten: «Nach Antwerpen hielt ich mich in Wiedensahl auf.» Was hier als «Aufenthalt» bezeichnet wird, dauerte vom Frühjahr 1853 bis zum Herbst 1854. Die Krankheit, während der Busch von seinen Antwerpener Wirtsleuten so rührend gepflegt wurde, hieß Typhus; der Abschied von Antwerpen war Flucht; die seelische Situation diejenige eines Zusammenbruchs.

Und hier liegt denn auch die Parallele zu Gottfried Keller, dem um dreizehn Jahre jüngeren Zürcher, der seinerseits ausgezogen war, um Maler zu werden. Für ihn war München die Schicksalsstadt, aus der er 1842 als ein Gescheiterter in die Heimat zurückfloh. Und auch für ihn folgte darauf eine Phase der tiefen Unsicherheit, der Suche und der Neuorientierung, was nach außen hin den Anschein der Faulheit, ja der Lebensuntüchtigkeit erweckte. Gewiß, für Wilhelm Busch war die Zeit zu Hause – eine Zeit der Rekonvaleszenz in mehrfacher Hinsicht – viel ausgeprägter ein Unterbruch, dem ein neuer Anlauf nach und in München folgen sollte. Aber was er dann als Maler in München erlebte, war im Grunde nur noch eine Bestätigung früheren Scheiterns: «Klemme und ich gingen von Antwerpen nach München, wo wir das Malen verlernten, das wir dort gelernt hatten», so hart urteilte Busch in späteren Jahren. Es ist darum nicht verwunderlich, daß sich in München der Kurswechsel vollzogen hat, der Busch auf die Bahn führte, auf der er zum Erfolg gelangen sollte. Allerdings nicht an der Akademie, sondern im Künstlerverein «Jung-München», wo seine Beiträge in der Kneipzeitung und im Karikaturenbuch auffielen und wo auch Kaspar Braun, der Verleger der «Fliegenden Blätter», sehr bald auf ihn aufmerksam wurde. Was 1859 mit den ersten Beiträgen zu der humoristisch-satirischen Wochenschrift und den im selben Verlag erscheinenden «Münchner Bilderbogen» begann, entwickelte sich stetig und konsequent zu Buschs wesentlichster Leistung, zur langen Reihe der Bildergeschichten, die 1864/65 mit den «Bilderpossen» und vor allem mit dem «Max und Moritz» anfing und drei Jahrzehnte später mit dem «Balduin Bählamm» und dem «Maler Klecksel» ihren Höhepunkt und Abschluß fand.

Was dann noch folgt – und den größten Teil des vorliegenden Bändchens ausmacht – ist mit kleinen Ausnahmen «nur noch Sprache», wobei dem «nur» hier ausschließlich quantitative Bedeutung zukommt: die beiden Prosa-Erzählungen «Eduards Traum» (1891) und «Der Schmetterling» (1893) einerseits, und anderseits die Gedichtsammlung «Zu guter Letzt» (1894), der zwanzig Jahre früher schon die «Kritik des Herzens» vorangegangen war und der – nach Buschs Tod erschienen – die Sammlung «Schein und Sein» folgte. Es wäre verfehlt, zu behaupten, daß Busch in seiner letzten Schaffensperiode das Bild gewissermaßen «abgestreift» und in der reinen Sprache zum «Eigentlichen» gefunden hätte; damit würde lediglich eine Meisterschaft gegen die andere ausgespielt. Aber diese rein dichterischen Werke sind doch ein wesentliches Zeugnis von Buschs Sprachkunst, der gebundenen wie der prosaischen, und gleichzeitig auch Zeugnis für das neue Medium, das, Jahrzehnte früher, den tief unbefriedigten Maler neue Möglichkeiten der Gestaltung entdecken ließ. Und insofern ist auch der Gedanke an Gottfried Keller statthaft, der einen analogen Weg beschreitet, wenn er sich auch in seiner Doppelbegabung absoluter zugunsten der Sprache entschieden hat als Busch.

Doch nicht nur im «Wie?», sondern auch im «Was?» haben Keller und Busch Gemeinsamkeiten: Für Kellers Weltbild ist die Begegnung mit dem Philosophen Feuerbach in Heidelberg entscheidend, an dessen Lehre sich seine eigenen Gedanken klären, verdeutlichen und bestätigen. Für Busch spielt Schopenhauer diese Rolle. An Arthur Schopenhauers Theorie von der «Welt als Wille und Vorstellung», mit der er sich in vertieftem Maße während der Frankfurter Zeit zwischen 1868 und 1872 beschäftigte, erkennt er vieles genauer und systematischer, was seit jeher eigene Einsicht und Erfahrung gewesen war. Einen unmittelbaren Niederschlag findet der so «geläuterte» Pessimismus in sehr vielen Gedichten Wilhelm Buschs. In ein Handexemplar der ersten Ausgabe der «Kritik des Herzens» schrieb er:

«In kleinen Variationen über ein bedeutendes Thema soll dieses Büchlein ein Zeugnis meines und unseres bösen Herzens ablegen. Recht unbehaglich! muß ich sagen. Also schweigen wir darüber, oder nehmen wir die Miene der Verachtung an und sagen, es sei nicht der Mühe wert, oder werfen wir uns in die Brust und erheben wir uns in sittlicher Entrüstung! oder sagen wir kurzweg: es ist nicht wahr! Wer das letztere vorzieht und das Büchlein für falsch hält, der trete vor und lasse sich etwas genauer betrachten. – Was aber die sogenannte sittliche Entrüstung anbelangt, so muß sie wohl keine rechte Tugend sein, weil wir so eifrig dahinter her sind. – Schwieriger und heilsamer scheint mir das offene Geständnis, daß wir nicht viel taugen ‹von Jugend auf›.»

Und schließlich: beide, Keller und Busch, haben nicht geheiratet. Wie verschieden die individuellen Gründe auch sein mögen, sie wurzeln gemeinsam in einem tiefen Mißtrauen dem eigenen Glück gegenüber. Daß unter beider Briefen diejenigen zu den schönsten gehören, die als offene oder versteckte Liebesbriefe zu bezeichnen sind, ist einer der Widersprüche, mit denen Busch und Keller zu leben hatten und der zugleich auch ein Zeichen ihrer Zeit darstellt. «... Denn die Summe unsres Lebens / Sind die Stunden, wo wir lieben», sagt Busch 1874 in «Dideldum!».

Das wesentlichste gemeinsame «Zeichen der Zeit» schließlich, unter dem Keller und Busch stehen, ist ihr Stil, ihre Art, die Welt zu sehen und sich ein Bild von ihr zu machen.

Das realistische Bild

«Jede Sprache ist Bildersprache», schreibt Busch 1875 in einem Brief an die holländische Schriftstellerin Maria Anderson. Und wenn er auch die Bedeutung dieser Aussage über die eigene Person hinausreichen läßt, so ist doch sein eigenes Sprechen, seine Dichtung also, auf jeden Fall mit einbezogen und dadurch charakterisiert. Bildhaftigkeit der Sprache setzt aber eine bestimmte geistige Position voraus, von der aus gesehen das, was zur Sprache gebracht wird, als Bild erscheint, und ein bestimmtes geistiges Vermögen, welches das, was mit der Sprache geholt wird, als Bild erfaßt.

«Man wirft sein Bündel ab, den Wanderstab daneben, zieht den heißen Überrock des Daseins aus, setzt sich auf den Maulwurfshügel allerschärfster Betrachtung...»

Man kann diesen Satz aus dem zweiten Teil der Selbstbiographie «Was mich betrifft» geradezu als Schlüssel gebrauchen, da er die erwähnte Position als diejenige des unbeteiligten Zuschauers aus Distanz, die erwähnte Fähigkeit als genaueste Beobachtung kennzeichnet, beides Anzeichen einer realistischen Anschauung. Aber was ergibt das in einer Selbstbiographie, wo doch persönlichstes und unmittelbarstes Erleben viel eher zur «Beichte» als zu einem «präzisen Bild» führen sollten? Buschs Selbstbiographie ist denn auch alles andere als Bekenntnis:

«Schau schau! – Zwischen zwei Hügeln, mitten hindurch der Bach, das Dörflein meiner Kindheit. Vieles im scharfen Sonnenlicht früher Eindrücke; manches überschattet von mehr als vierzig vergangenen Jahren; einiges nur sichtbar durch den Lattenzaun des Selbsterlebten und des Hörensagens. Alles so heiter, als hätt es damals nie geregnet.»

Was durch diesen «Lattenzaun» sichtbar wird, sind Bilder und Bildchen aus Buschs Leben, lose aneinandergereiht und nur im ersten Teil von «Was mich betrifft» chronologisch geordnet, biographische Rück-Blicke. Was aber nicht erscheint in dieser Selbstbiographie, das heißt: nicht direkt, ist das «Selbst» des Autors. Indem Busch – dem später gewählten Titel «Von mir über mich» entsprechend – gleichsam von sich selber Abstand nimmt, sein eigenes Selbst aus der Selbstbiographie herauszieht auf einen entfernten, unbeteiligten Beobachterpunkt hin, fehlen unmittelbar persönliche Angaben fast ganz. Daß aber der «wohlsituierte Leser», der «Werteste mit dem Doppelkinn», gerade das Intim-Persönliche erwartet, weiß Busch, und so tröstet er ihn mit dem «vielsagenden Ausspruch eines glaubwürdigen Blattes: ‹Il faut louer Busch pour ce qu'il a fait, et pour ce qu'il n'a pas fait.›»

Auf die Selbstbiographie bezogen, stimmt das, denn die Lücken, eben das Fehlen der spontanen Selbstäußerung, sind vielleicht nicht zu loben, aber sie sind bezeichnend, weil sie sogar dort den unbeteiligten Zuschauerstandpunkt Buschs erkennbar machen, wo man am meisten beteiligter Mitspieler ist. «Wer zusieht, sieht mehr, als wer mitspielt», bemerkt Busch denn auch in einem seiner «Sprikker». Und er sieht nicht nur mehr, er sieht auch präziser, weil ihm seine Position allerschärfste Beobachtung ermöglicht; und diese wiederum erlaubt die Feststellung des Details, denn «was auf Beobachtung beruht, ist immer interessant», und «... auch der allergewöhnlichste Gegenstand, in Licht und Gegenlicht, ist wert der Betrachtung». Präzision und Schärfe, Sachlichkeit und Anschaulichkeit sind ja nun auch die wesentlichsten Merkmale der Bilder Wilhelm Buschs, der gezeichneten wie der beschriebenen.

Der romantische Grund

«Sie fragen nach den Quellen meiner Stoffe. Ich weiß wenig darüber zu sagen... Volkslied, Märchen, Sage sind an einem fast beständigen Dorfbewohner, wie ich, natürlich auch nicht lautlos vorübergegangen.»

Diese briefliche Äußerung des vierundfünfzigjährigen Wilhelm Busch setzt uns einigermaßen in Erstaunen, denn Volkslied, Märchen und Sage wollen nicht so recht zum distanzierten Zuschauer und scharfen Beobachter passen. Die Stimmungshaftigkeit des Volksliedes, die Unwirklichkeit des Märchens und der Sage scheinen wenig geeignet, den Grund zu den präzisen Bildern abzugeben, wie wir sie als Kennzeichen für Buschs Realismus angeführt haben. Vielmehr sind Volkslieder und Märchen ausgesprochene Wesenselemente der Romantik.

Am direktesten ablesen läßt sich das an der frühen Entwicklung Buschs als Maler und Zeichner. Wie er 1852, nach bloß einjährigem Studium an der Düsseldorfer Kunstakademie, nach Antwerpen kommt und dort der großen flämischen Malerei des 17. Jahrhunderts begegnet – Rubens, Brouwer, Teniers, später Frans Hals –, schreibt er unter dem Eindruck dieses Kunsterlebnisses in sein Tagebuch: «Von diesem Tage an datiere sich die bestimmtere Gestaltung meines Charakters als Mensch und Maler. Es sei mein zweiter Geburtstag.» Der Geburtstag als Realist, sind wir geneigt zu sagen, und auf weite Sicht stimmt das: die Abwendung von den damals in Deutschland vorherrschenden Kunstströmungen mit ihrem gar nicht mehr romantischen, sondern bloß romantisierenden Geist – vielfach überspannt und künstlich, blaß und schwächlich – zugunsten einer klar erfaßten Wirklichkeit ist unverkennbar und endgültig. Die allegorischen Sujets, die Märchenmotive verschwinden aus Buschs Malerei und machen Naturstudien, Skizzen aus der alltäglichen Umgebung Platz; die Zeichentechnik entwickelt sich immer deutlicher gegen einen realistischen Linienstil hin.

Auf «kürzere Sicht» hingegen klingt die Tagebuchentschließung weit sicherer, als es Buschs

innerer Lage entsprach, und kann nicht über die
– bereits erwähnte – Krise hinwegtäuschen, welche der geistige und künstlerische Umbruch in
ihm ausgelöst hatte. So kam es zur «Flucht nach
Hause», denn nur daheim, in der Ruhe und Abgeschiedenheit Wiedensahls, konnte er Besinnung
und Festigung finden. Und da ist es nun höchst
aufschlußreich zu verfolgen, womit sich Busch
während der anschließenden anderthalb Jahre
beschäftigt: er sammelt Volksmärchen, Sagen,
Volkslieder und Volkssprüche, eine stattliche
Anzahl alles in allem, die aber erst 1910, zwei
Jahre nach seinem Tode, unter dem Titel «Ut
ôler welt» im Druck erschienen sind.

Mit Volksliedern und Volksmärchen dringt
aber ein ganz anderer Geist auf ihn ein, als er in
der malerischen Modeströmung am Werk war;
ein Geist, der ja nur insofern «romantisch» zu
nennen ist, als er der Romantik im engeren, epochemäßigen Sinne so sehr entsprach, daß er deren Denken und Fühlen in vollkommener Weise
auszusprechen vermochte. Versucht man diesen
Geist zu fassen, so kann es am ehesten mit dem
Begriff der Bewegung geschehen, die im Volkslied, dem Lyrischen schlechthin, als Rhythmus
und Klang, im Märchen als Handlung erscheint.
So ist es verständlich, daß Busch beide als seine
Quellen bezeichnet, die ihn nähren und aus denen er schöpfen kann. Dies zeigt sich nur schon
äußerlich bestandesmäßig, da sowohl volksliedhafte Lyrik als auch Märchen in Buschs Werk
vorkommen.

So finden wir etwa in der «Kritik des Herzens»

oder in «Zu guter Letzt» ausgesprochen lyrische Gedichte, deren unmittelbarer Gefühlsausdruck deutlich an echt romantische Lieder erinnert. Daß es aber nur wenige sind, ist begreiflich, wenn man sich der bewußten Zurückhaltung in jedem gefühlshaften Bekenntnis erinnert, wie sie sich in der Selbstbiographie gezeigt hat. Und ebenso begreiflich ist es, wenn diese Beispiele – von einigen wirklichen Ausnahmen abgesehen – deutlich erkennen lassen, daß sich Busch darin typisch romantisch-lyrischer Stilmittel bedient, was er aber auch überall dort tut, wo nun kein Gefühlsinhalt, sondern ein klares Bild zur Sprache gebracht wird. Letzteres ergibt dann Buschs so typische Verssprache, ist seine ganz persönliche Schöpfung aus der lyrischen Quelle.

Im Falle des Märchens liegen die Verhältnisse darum anders, weil es «Volksmärchen aus Buschs Hand» nicht geben kann. Die Volksmärchen hat er in seiner Jugend gesammelt, die Märchenerzählungen «Eduards Traum» und «Der Schmetterling» im Alter geschaffen als zwei seiner wesentlichsten dichterischen Werke. Dazu kommt noch, daß die romantische Grundkraft der Bewegung im Märchen als Handlung erscheint und darum ganz anders ins präzise Bild einzudringen vermag als der Klang und der Rhythmus des Lyrischen; jene ist eine prägende Kraft, diese werden als sprachlich-formale Mittel verwendet.

Die wechselseitige Prägung

Inwiefern nun das Element, welches wir als das «Romantische» bezeichnet haben, in das Bild realistischer Gegenständlichkeit eindringt, um es in der für Busch kennzeichnenden Weise zu prägen, ist im folgenden kurz darzustellen, wobei wir von Mal zu Mal einem höheren Grad der Einprägsamkeit begegnen werden.

Auf einer ersten und untersten Ebene kann man es ganz wörtlich verstehen und kommt damit zu einer Komik, die Schopenhauer folgendermaßen umschreibt: «... näher betrachtet, beruht der Humor auf einer subjektiven, aber ernsten und erhabenen Stimmung, welche unwillkürlich in Konflikt gerät mit einer ihr sehr heterogenen, gemeinen Außenwelt, der sie weder ausweichen noch sich selbst aufgeben kann.» Genau das ist der Fall bei einem großen Teil der «komischen Figuren», welche die Welt Wilhelm Buschs bevölkern, und ein Paradebeispiel unter ihnen bilden immer wieder die Künstlergestalten, Balduin Bählamm etwa, der «verhinderte Dichter», wie er im Untertitel der entsprechenden Bildergeschichte genannt wird. Als ein zweiter Werther schwärmt er und dichtet; bloß: seine «erhabenen Stimmungen» sind das Produkt von Maßnahmen, eilt er doch abends gleich nach Büroschluß schnurstracks in den Park, um dort «den holden Musen sich zu weihen», oder, wie auch das zu nichts führt, zieht er aufs Land hinaus, «wo Ruhe herrscht und Friede waltet». Aber es geht ihm dabei wie dem Hasen im Wettlauf mit dem Igel: Wie er mit seinem Dichtergepäck dem Bummelzug entsteigt, da scheinen alle die Personen und Gegenstände gleichsam wartend dazustehen, welche die ersehnte Begegnung mit der Muse, der «in Weiß gehüllten Flügeldame», listig und zum Teil bösartig verhindern werden.

Ein tragischer Fall also? Keineswegs! Tragisch wäre er dann, wenn er als echter Repräsentant einer höheren Dichterwelt am Widerstand der niedrigen Alltagswelt scheitern müßte. Das Wertherschicksal! Aber das trifft im Falle Bählamms ja nicht zu, denn er kommt von seiner Büro-Ebene gar nie wirklich los, also kann auch kein eigentlicher Sturz stattfinden, kein wahrhaft tragischer Fall. Wohl aber ein komischer, einer, der nicht durchbricht ins Bodenlose, sondern aufgefangen wird von dem Boden, auf den Bählamm in Tat und Wahrheit hingehört und von dem er sich künstlich abzuheben versuchte. «Um neune wandelt Bählamm so / Wie ehedem auf sein Bureau.» Das ist sein Platz, und dabei bleibt es. Er hat erlebt, was dem «Fliegenden Frosch» in «Hernach» (1908) zustößt:

> «Wenn einer, der mit Mühe kaum
> Gekrochen ist auf einen Baum,
> Schon meint, daß er ein Vogel wär,
> So irrt sich der.»

Wenn wir behauptet haben, es sei das «Romantische», das Bewegung ins präzise Bild hineinbringe und dadurch Buschs realistische Welt in bestimmter Weise präge, so stimmt das in Bählamms Fall nur bedingt, denn dieser verkörpert eine Romantik, die für Busch längst hinfällig geworden ist. Als Romantiker-Karikatur aber, die immer dann aus den Wolken fällt, wenn sie mit der Erde in Berührung kommt, löst Bählamm tatsächlich die zur Geschichte nötige Handlung aus, und diese wiederum bildet den ständigen Anlaß zur Entstehung des Komischen. Aber eben, beides geschieht auf seine Kosten. Als überspannte Figur ist er es nicht, der prägt, sondern der geprägt wird; das Romantische ist hier also nur der Vorwand zur Bestätigung des Realistischen. Was als spezifischer Gewinn dabei herausspringt, ist – Schopenhauer entsprechend – Komik der Figur, aber auch Komik der Sprache.

Der pointierte Reim

«Muß ich mich schon wieder plagen?
Also wieder ein Gedicht?
Soll ich wagen Nein! zu sagen?
Nein, ich bin kein Bösewicht.

Dehne dich, Poetenleder!
Werde flüssig, alter Leim!
Sieh, schon tröpfelt aus der Feder
Der mit Angst gesuchte Reim.

Und so zeig ich mit Vergnügen
Mich als einen netten Herrn –
Ach, mitunter muß man lügen,
Und mitunter lügt man gern!»

Das Gedichtchen aus den «Antworten an Autographensammler und Dergleichen» ist an und für sich bedeutungslos, aber es sagt dennoch einiges aus, zum Beispiel über den Reim, der ein Gedicht regelrecht auszumachen scheint.

Mit dem Textbeispiel sind wir ganz unwillkürlich in den sprachlichen Bereich hineingeraten und erinnern uns dabei der Feststellung, daß Busch sich romantisch-lyrischer Stilmittel bediene. Und es trifft zu: typisch für ihn ist ja die gebundene Form, seine Verssprache. Der Umstand allerdings, daß gerade sie es ist, die ihren Schöpfer für alle Lebenssituationen zitierbar gemacht hat, läßt eine deutliche «Prägung» erwarten. Was Sprache zur Verssprache macht, das sind «Vers und Reim». Sogar Bählamm weiß das, der zu Hause Hut und Rock an den gewohnten Kleiderstock hängt und von dem es dann heißt:

> «Und schmückt in seinem Kabinett
> Mit Joppe sich und Samtbarett,
> Die, wie die Dichtung Vers und Reim,
> Den Dichter zieren, der daheim.»

Wir beschränken uns auf das zweite der beiden namentlich erwähnten Stilmittel, auf den Reim, der bekanntlich in lyrischen Gebilden, vor allem den klassisch-romantischen, einen hervorragenden Platz einnimmt, innerlich und äußerlich. Äußerlich nur schon deshalb, weil er sich an der exponiertesten Stelle, dem Zeilen-Ende, ereignet und so die «Blüte des Verses» darstellt; innerlich, weil er einen Gleichklang herstellt, der jedoch auch Einklang sein muß.

Gerade der Vergleich mit Joppe und Samtbarett zeigt nun aber sehr deutlich, wie es hier mit dem Reim bestellt ist: Zierat ist er; er ist aufgesetzt wie das Barett und dient wie Bählamms Samtjacke dazu, den Schein zu wahren, den Schein des Einklanges nämlich, der im tonmäßigen Gleichklang hörbar werden sollte. Und so wie Balduin Bählamm sein Dichtertum möglichst augenfällig zur Schau stellt, genau so bringt Busch den Reim möglichst ohrenfällig zu Gehör, tut er alles, um den Gleichklang zu betonen, buchstäblich verstanden. Reimschema, Zeilenlänge, Takt und Rhythmus, Zäsur und Zeilensprünge, Reimwörter: alles wird «schallverstärkend» eingesetzt. Aber unter dem Deckmantel größter lautlicher Übereinstimmung treibt er ein recht hämisches Spiel, indem er äußerlich im Reim vereinigt, was der Anlage nach unvereinbar ist; indem er Reimpartner zusammenbringt, die einander nichts zu sagen haben. Die Verbindung erfolgt unter Vortäuschung falscher Tatsachen und scheitert im Augenblick, da die Unvereinbarkeit offenkundig wird.

Daß dies auch der Augenblick sein muß, in dem das Komische entsteht, dürfte nach dem bisher Gesagten klar sein. Auch hier ist es so, daß der Anspruch auf Übereinstimmung, den der Reim äußerlich, tonmäßig erhebt, von innen her unerfüllt bleibt, was zur Folge hat, daß wir aus dem Rahmen, den unsere Erwartung gespannt hat, herausfallen. Auch für den Leser oder Hörer gilt die Erfahrung Bählamms: «Erschüttert gehen Vers und Reime / Mitsamt dem Kunstwerk aus dem Leime.»

Damit, so scheint es, ist anhand eines sprachlichen Phänomens das aufgezeigt, was zuvor schon am Verhalten und Schicksal einer Figur erkennbar war. Ja und nein! Ja, was den Entstehungsvorgang des Komischen betrifft; nein, wenn man die Gewichtsverteilung der beiden Elemente betrachtet. Zwar streben sie auch infolge ihrer inneren Unvereinbarkeit auseinander; durch den äußeren Gleichklang aber werden sie zusammengehalten. Es entsteht somit eine zugespitzte Sprachsituation – nichts anderes ist der Grund für die Pointiertheit von Buschs Reimen.

Es ist klar, daß das Gesagte vor allem einmal für den Zweizeiler gilt, der den unverkennbaren Busch-Ton bzw. Busch-Reim am ausgeprägtesten hörbar werden läßt. Es gilt aber auch für die Gedichte in der «Kritik des Herzens», der Sammlung «Zu guter Letzt» und der nachgelassenen Stücke in «Schein und Sein», in die sich zwar der Zweizeiler auch immer wieder einschleicht, die aber doch mehrheitlich die traditionellen Reimfolgen der Vierzeilerstrophe verwenden. Das dürfte nach der Bilderlosigkeit ein weiterer Grund dafür gewesen sein, warum die erste Gedichtsammlung, die «Kritik des Herzens» (1874), nicht den Erfolg der anderen Schöpfungen aus Buschs Feder hatte. Da las man plötzlich Gedichte, die aussahen wie andere auch; das Einmalige der Zweizeiler schien verlorengegangen zu sein.

Doch war und ist das ein Schein, der trügt. Die meisten Gedichte – die eigentlich «lyrischen» seien hier ausgeklammert – sind nach demselben Prinzip gebaut wie die Zweizeiler. Was sonst durch das Bild geliefert wird, die Situation nämlich, muß nun durch die Sprache erfaßt und beschrieben werden. Die Widersprüchlichkeit von «Satz und Gegensatz» kommt in der Folge aber genau gleich zum Spielen. Der Satz: die Situation, eine äußere oder eine innere, wird dargestellt, knapp, bildhaft, prägnant, wobei Rhythmus und Reim das ihre zum flüssigen Verlauf der Dinge beitragen. Gegensatz: der «Konflikt», von dem Schopenhauer spricht, sei er nun Resultat, Reaktion oder Entlarvung des Gegebenen. Und dieser Vorgang spielt sich auch in der Sprache ab; nicht Vers und Reim selber gehen dabei aus dem Leime, aber sie markieren den Kippmoment, spiegeln ihn und sind dadurch mitverantwortlich für die definitiv abschließende Komik. Wenn in den Zweizeilern Buschs die Komik im Reim selber steckt, so steckt sie in den Gedichten in der Pointe, die der Reim schafft:

> «Die Tante winkt, die Tante lacht:
> He, Fritz, komm mal herein!
> Sieh, welch ein hübsches Brüderlein
> Der gute Storch in letzter Nacht
> Ganz heimlich der Mama gebracht.
> Ei ja, das wird dich freun!
>
> Der Fritz, der sagte kurz und grob:
> Ich hol 'n dicken Stein
> Und schmeiß ihn an den Kopp!»

Das groteske Geschehen

Die neue Gewichtsverteilung gilt nun noch in verstärktem Maße, wenn wir als drittes und letztes Thema einen Blick auf die beiden Prosa-Novellen, auf «Eduards Traum» und auf «Der Schmetterling» werfen. Friedrich Bohne sagt im Nachwort zu seiner schönen Busch-Studienausgabe: «Die Odyssee des denkenden, d. h. reflexfähigen Punktes Eduard spiegelt das Werden und Wachsen einer Weltansicht. Der ‹kleine Ausflug› des arglosen Schmetterlingsjägers Peter gibt Auskunft über ein Schicksal.»

Die Versuchung ist groß, in entsprechend paralleler Betrachtungsweise weiterzufahren und die beiden Erzählungen zu einer Art von «Dublette» zusammenzufügen. Daß es sich im einen Fall um einen Traum, im anderen um ein Märchen handelt, scheint die Richtigkeit einer solchen Absicht noch zu unterstreichen: Traum und Märchen sind ja doch in mancher Beziehung wesensverwandt. In beiden Fällen kommt es tatsächlich auch zu einem Kontakt von Realem und Irrealem; nur ist er je anders beschaffen und kommt – das vor allem – auf verschiedene Weise zustande.

In «Eduards Traum» ist es der Ansatzpunkt, der die speziellen Bedingungen dafür schafft. Wortwörtlich verstanden! Eduard nämlich verwandelt sich im Traum zu einem «denkenden Punkt». Diese Vorstellung taucht bei Busch immer wieder auf.

Als denkender Punkt, als bloß «mathematischer» Körper hat Eduard die Möglichkeit, außerhalb des Körperlichen – auch außerhalb seines eigenen Körpers – auf Reisen zu gehen und sich die Welt anzusehen. Was so entsteht, ist ein Weltspiegel von schärfstem Zuschliff, in dem immer wieder das erkennbar wird, was Busch durch Schopenhauer bestätigt fand und was sein pessimistisches Weltbild ausmacht, daß nämlich «der böse Dämon», den der Mensch bei seiner Geburt empfängt und der ihn von da an begleitet, «der stärkere und gesundere» ist; «er ist der heftige Lebensdrang» – so in einem Brief an Maria Anderson. Da es ein Punkt ist, der dem Treiben zusieht, sind diese Eindrücke «punktuell»; aus dem Weltbild werden Weltbildchen, die uns ausgeprägt an den zweiten Teil von «Was mich betrifft» erinnern oder an einzelne Situationen in den Bildergeschichten. Doch da der denkende Punkt Eduard zugleich auch seinen «Bedarf an Raum und Zeit» selber macht, wird aus dem Spiegel des öftern ein Zerrspiegel: die Bilder erscheinen phantastisch gebrochen, die Abläufe phantastisch verkürzt. Man kann von «Verfremdung» der Wirklichkeit sprechen und dabei an die Wurst im Preise von 93 Pfennigen denken, der die 17 Schneidergesellen mit gespreizten Beinen, gespreizten Scheren und gespreizten Mäulern hinterherlaufen, oder auch an die unglücklichen Leute auf dem Bahndamme: «Als der Zug vorüber war, kam der Bahnwärter und sammelte die Köpfe. Er hatte bereits einen hübschen Korb voll in seinem Häuschen stehen.» Wenn die Definition stimmt, daß das Groteske die «verfremdete Welt» sei, dann treffen wir es in «Eduards Traum» immer wieder an. (Wolfgang Kayser, der diese Formel in einem Buch über das Groteske in der Kunst aufgestellt hat, braucht bezeichnenderweise die Bahndamm-Szene, um seine Aussage zu illustrieren.) Verantwortlich für dessen Zustandekommen ist die Optik des «nulldimensionalen Wesens» mit Namen Eduard.

Aber eben: wir treffen es an, sehr häufig sogar, aber es ist nicht zwangsläufig da. In der anderen Geschichte, in «Der Schmetterling», ist das dann der Fall. Nur schon der Anfang scheint ein merkwürdiges Gemisch von Märchen und Lebensbericht zu verraten. Offenbar haben wir es auch hier mit einer doppelbödigen Geschichte zu tun.

Peter, der Held der Erzählung, ist ein rechter Taugenichts, und wie sein Wesensverwandter bei Eichendorff begibt auch er sich auf eine lange Wanderschaft durch die Welt. Bloß geschieht es nicht wie bei jenem aus einem inneren «Frühlingsentschluß» heraus, sondern infolge eines Mißgeschicks. Auf der Jagd nach einem besonders schönen Schmetterlingsexemplar verirrt er sich, womit die lange Reihe der peinlichen Überraschungen beginnt, die ihm mehr und mehr zusetzen, so daß er am Ende bei einem Blick in den Spiegel von sich sagen muß: «Der, den ich darin erblickte, gefiel mir nicht. Kopf kahl, Nase rot, Hals krumm, Bart struppig; ein halber Frack, ein halbes Bein; summasummarum ein gräßlicher Mensch. Und das war ich.» So sehr Peter auch verunstaltet ist, von der Welt, in der er lebt und die er vertritt, müssen wir sagen, sie sei von Busch in höchstem Maße «körperlich» gestaltet. Es ist eine derb-greifbare, durch und durch konkrete Alltagswelt, in realistischen, präzisen Bildern beschrieben.

Anders diejenige Lucindes. Dargestellt zwar ist auch sie höchst gegenständlich: die junge Hexe vor dem Fenster ist ein bemerkenswert anschauliches Bild. Aber was in Lucindes Reich geschieht und was sie selber tut, das hat mit Realität nichts mehr zu tun: Hexe, Geist, Teufel; Verwandlung, Ver- und Entzauberung; Märchentiere und Märchendinge – alles ist vorhanden, was zur übernatürlichen, jenseitigen Welt des Märchens gehört.

Und was nun folgen muß, ist schon beinahe selbstverständlich, denn die beiden Ebenen laufen ja nicht getrennt nebeneinander her, sondern treten ständig in Bezug zueinander. Die Märchenebene Lucindes wird «materialisiert» durch den Stoff, woraus Peters Welt gemacht ist; und diese wird geprägt und verfremdet von unwirklichen, unfaßlichen Kräften, dem puren Gegenteil der begreifbaren Wirklichkeit.

Dieses Verhältnis, das nun mit vollstem Recht als wechselseitige Prägung bezeichnet werden kann, hat zudem noch eine bedeutsame Folge: Was sich bereits beim Reim angekündigt hat, wo wir weniger ein Aus-dem-Rahmen-Fallen als vielmehr eine gespannte Situation vorgefunden haben, weil der Reim die beiden widerstrebenden Elemente formal zusammenhielt, das wird hier nun offenkundig. Denn keine der beiden

Ebenen, weder diejenige Peters noch diejenige Lucindes, vermag die andere zu eliminieren, indem sie diese aus ihrem Rahmen herausfallen ließe, dafür sind beide zu fest ineinander verhaftet, zur Kongruenz gebracht, ohne kongruent zu sein. Indem aber auf solche Weise der Fall verunmöglicht wird, obgleich das nötige Gefälle vorhanden wäre, kann auch die Komik nicht frei werden; sie wird verhindert, zurückgestaut und verwandelt sich so in das Groteske.

Ermöglicht wird dies alles, weil das «romantische Element», das mit der Märchenwelt ins doppelbödige Spiel hineingebracht wird, nun plötzlich eine ganz andere Dynamik besitzt, als dies im Falle Bählamms oder im Falle des Reims als Stilmittel festzustellen war. Hier macht es sich als eine massive Kraft bemerkbar, die es möglicherweise auch in sich hätte, nicht bloß verfremdend, sondern zerstörend auf die Wirklichkeit einzudringen; als eine Kraft, von der Busch in einem Brief an Maria Anderson sagt: «Die ist, was Schopenhauer den Willen nennt, der allgegenwärtige Drang zum Leben.» Als die Grundkraft zu allem Sein drängt sie sich machtvoll auf, immer und überall, denn: «Nirgend sitzen tote Gäste. / Allerorten lebt die Kraft.» – wie der Anfang eines Gedichtes lautet. Und diese Kraft ist es, welche in Buschs Märchenerzählung plötzlich Gestalt annimmt; die aber auch im gesamten übrigen Werk lebendig ist und vor allem die Dinge erfüllt, so daß diese einen unberechenbaren Hintergrund erhalten, der dann als «Tücke des Objekts» höchst peinlich zutage treten kann.

«Jed Ding, und wär's ein irdener Topf, besitzt eine Art von schlauer Verborgenheit», sagt Busch selber.

Romantisch aber ist diese Kraft insofern, als sie einem rational nicht erfaßbaren Urbereich innewohnt, denn Schopenhauers Wille als das «Ansich der Welt» ist das schlechthin Grundlose und Unergründliche – ein wenig solider Rahmen für das präzise Bild! So ist auch das Motto zu verstehen, das Busch über sein Märchen vom «Schmetterling» gesetzt hat:

«Kinder, in ihrer Einfalt, fragen immer und immer: Warum? Der Verständige tut das nicht mehr; denn jedes Warum, das weiß er längst, ist nur der Zipfel eines Fadens, der in den dicken Knäuel der Unendlichkeit ausläuft, mit dem keiner recht fertig wird, er mag wickeln und haspeln, so viel er nun will.»

Und schließlich können wir nun sagen: Wenn wir ebendiese unergründlich drängende, bildende und zerstörende Kraft, die Busch in seinem Werk beschwört, als «romantisch» bezeichnet haben, so ist dies weniger zur Charakterisierung eines geistigen Erbgutes geschehen als vielmehr zur Bestimmung einer geistigen Neuentdeckung. Denn überall, sogar in der Wissenschaft, glaubt Busch, wie er 1895 an Lenbach schreibt, «zu wittern, daß die todte Unterlage, auf der man bishero gewirthschaftet, allmählig lebendig wird. Munterkeit bis in's Kleinste würde zu der Art des Denkvergnügens, an die ich gewöhnt bin, gut passen.»

Im Werk Buschs und im Weltbild, das sich

darin abbildet, erleben wir mit, wie eine unfaßbare und selbsttätige Kraft durch den scheinbar gesicherten Boden klar geordneter Gegenständlichkeit erregend und verstörend durchzubrechen droht, wodurch Wilhelm Busch als Dichter an die Schwelle der Moderne heranrückt.

Der Fluchtpunkt

Die paar wenigen Linien zu einem Bild des Dichters Wilhelm Busch sollten zum Schluß einen Fluchtpunkt aufweisen, worin sie zusammenlaufen. Einen ersten Hinweis auf diesen Punkt gibt der bereits zitierte Satz aus der Selbstbiographie: «Man wirft sein Bündel ab, den Wanderstab daneben, zieht den heißen Überrock des Daseins aus, setzt sich auf den Maulwurfshügel allerschärfster Betrachtung...» Bis jetzt war nur der Schluß berücksichtigt, der die unbeteiligte Zuschauerposition umschreibt. Aber auch der Anfang ist deutlich und entspricht dem, was Busch in einem der wichtigen Briefe 1897 an Grete Meyer-Thomsen wie folgt formuliert: «Denn nur der Mensch mit seinem weitläufigen Intellekt (=Hirn) kann die Mängel der Welt durchschaun, kann austreten aus dem Geschäft, kann sich zur Ruhe setzen im seligen Nirgendwo.» Was heißt das? Doch nichts anderes als Flucht, wenn auch im Sinne einer freiwilligen Auswanderung, die aber weit über den Punkt hinausführt, der die Voraussetzung zur «allerschärfsten Betrachtung» bildet. Vom «seligen Nirgendwo» aus ist diese letztlich gar nicht mehr verbindlich und ist die realistische Weltanschauung kein unbedingt gültiger Maßstab mehr. Trotzdem läßt es uns aufhorchen, denn im «Nirgendwo» ist das «Nichts» angelegt; Busch wäre demgemäß ein «Nihilist»?

Biographisch heißt der Fluchtpunkt Wiedensahl, später Mechtshausen, wohin sich Busch nach dem radikalen Bruch mit München immer endgültiger zurückzog. Der «Oansidl im Hinterwald», wie er sich in einem Brief selber bezeichnet, ließ sich künftig nur noch schwer und bloß von ganz wenigen Menschen aus der Einsamkeit seines «Dachsbaues» herauslocken; sein persönliches «Austreten aus dem Geschäft» hatte also definitiven Charakter.

Dies scheint nicht zum großen Thema zu gehören und bildet doch dessen Hauptmotiv. Denn es ergeht Busch wie dem zum Punkt gewordenen Eduard, der ausruft: «Wie? Hat man denn, nachdem man seinen alten Menschen so gut wie abgewickelt, doch noch immer was an sich?» Auch Buschs Punkt, auf den er sich zurückgezogen hat, «hat noch immer was an sich», besitzt Substanz und ist deshalb ein – wenn auch minimalster – Kreis: derjenige des Hauses, des Gartens mit all seinen vielen Tieren und Pflanzen; ist ein engster Naturbereich, der nicht vergeblich den Anfang oder das Ende vieler Busch-Briefe bildet. So schreibt er beispielsweise am Heiligen Abend 1905 nach Frankfurt an Johanna Keßler:

«Derweil such ich, so gut es geht, in der Nähe einen Zipfel der Natur zu erfassen, damit ich nicht mürrisch werde. Im Haus hör ich die fröhlichen Stimmen der Kinder, die glücklich erregt sind in Erwartung des Lichterbaums und der Bescherung heut abend. Draußen krähen die Hähne, die Enten trompeten. Zu den Futternäpfen in den Bäumen fliegen die listigen lustigen Meisen. Täglich beseh ich im Garten die träumenden Pflanzen. Sie leben noch, erwachen wieder, wenn der Frühling kommt, und so nehm ich sie als Bild unseres eigenen Daseins.»

An diesem «Zipfel der Natur» wird dann auch eine allerletzte Bindung möglich und kann Busch von Vögeln, Bäumen und Gesträuchen sagen: «Sind's nicht Anverwandte?»

Der Ort, wo Busch steht, ist ein äußerster Punkt, ein Punkt «auf der Peripherie» gleichsam, aber kein Punkt im freien Raum außerhalb, im Nichts. Dies gilt es jetzt, am Ende, zu betonen und damit die vorhin geäußerte Feststellung zu präzisieren, Busch stehe als Dichter und als Maler an der Schwelle zur Moderne. Die Redensart erhält wörtliche Bedeutung und bezeichnet genau den Fluchtpunkt sowohl zu Wilhelm Buschs Künstlertum als auch zum einseitig dichterischen Bild, das hier davon entworfen werden konnte.

Peter Marxer

Inhalt

Kritik des Herzens 5

  Es wohnen die hohen Gedanken 7
  Sei ein braver Biedermann 7
  Es sitzt ein Vogel auf dem Leim 8
  Ich kam in diese Welt herein 8
  Der Hausknecht in dem «Weidenbusch» 8
  Die Selbstkritik hat viel für sich 9
  Es kam ein Lump mir in die Quer 9
  Die Rose sprach zum Mägdelein 10
  Man wünschte sich herzlich gute Nacht 10
  Mein Freund, an einem Sonntagmorgen 11
  Du fragtest mich früher nach mancherlei 11
  Kennt der Kerl denn keine Gnade? 12
  Mich wurmt es, wenn ich nur dran denke . . . 12
  Ich hab von einem Vater gelesen 13
  Laß doch das ewge Fragen 13
  Vor Jahren waren wir mal entzweit 14
  Ich meine doch, so sprach er mal 14
  Es saßen einstens beieinand 15
  Er stellt sich vor sein Spiegelglas 16
  Wenn alles sitzen bliebe 16
  Ein dicker Sack – den Bauer Bolte 17
  Wirklich, er war unentbehrlich! 17
  Sehr tadelnswert ist unser Tun 18
  Was ist die alte Mamsell Schmöle 18
  Es wird mit Recht ein guter Braten 19
  Ihr kennt ihn doch schon manches Jahr 20
  Ferne Berge seh ich glühen! 21
  Es ging der fromme Herr Kaplan 21

Ach, wie geht's dem Heilgen Vater!	22
Es stand vor eines Hauses Tor	23
Wer möchte diesen Erdenball	23
Ich wußte, sie ist in der Küchen	24
Die erste alte Tante sprach	24
Da kommt mir eben so ein Freund	25
Der alte Förster Püsterich	25
Kinder, lasset uns besingen	26
Früher, da ich unerfahren	27
Es saß in meiner Knabenzeit	28
Die Tante winkt, die Tante lacht	28
Es sprach der Fritz zu dem Papa	28
Was soll ich nur von eurer Liebe glauben?	29
Du willst sie nie und nie mehr wiedersehen?	29
Ich hab in einem alten Buch gelesen	30
Zwischen diesen zwei gescheiten	31
Es flog einmal ein muntres Fliegel	31
Die Liebe war nicht geringe	31
Selig sind die Auserwählten	32
Es saß ein Fuchs im Walde tief	32
Gott ja, was gibt es doch für Narren!	33
Sie stritten sich beim Wein herum	33
Ach, ich fühl es! Keine Tugend	34
Das Bild des Manns in nackter Jugendkraft	34
Ich sah dich gern im Sonnenschein	34
Wenn ich dereinst ganz alt und schwach	35
Ich weiß noch, wie er in der Juppe	35
Sahst du das wunderbare Bild von Brouwer?	36
Sie hat nichts und du desgleichen	37
Denkst du dieses alte Spiel	37
Der alte Junge ist gottlob	37
Also hat es dir gefallen	38
Du warst noch so ein kleines Mädchen	38

Er war ein grundgescheiter Mann	39
Hoch verehr ich ohne Frage	39
Es hatt ein Müller eine Mühl	40
Wärst du ein Bächlein, ich ein Bach	41
Mein kleinster Fehler ist der Neid	42
Strebst du nach des Himmels Freude	42
Wenn mir mal ein Malheur passiert	43
Als er noch krause Locken trug	43
Gestern war in meiner Mütze	43
Gerne wollt ihr Gutes gönnen	44
Wie schad, daß ich kein Pfaffe bin	44
Sie war ein Blümlein hübsch und fein	45
Ich saß vergnüglich bei dem Wein	46
Wärst du wirklich so ein rechter	46
Du hast das schöne Paradies verlassen	46
Seid mir nur nicht gar zu traurig	47
Nun, da die Frühlingsblumen wieder blühen	48
Ich weiß ein Märchen hübsch und tief	49
O du, die mir die Liebste war	50
Eduards Traum	53
Der Schmetterling	131
Zu guter Letzt	219
Beschränkt	221
Geschmacksache	221
Durchweg lebendig	222
Die Seelen	222
Nachruhm	223
Der alte Narr	223
Die Tute	224
Unberufen	225
Kränzchen	226

Nicht beeidigt	226
Die Schändliche	226
Bewaffneter Friede	227
Die Affen	228
Zauberschwestern	228
Die Schnecken	229
Sehnsucht	230
Seelenwanderung	231
Pst!	231
Die Meise	232
Pfannekuchen und Salat	234
Glaube	236
Kopf und Herz	236
Der kluge Kranich	237
Fink und Frosch	238
Verwunschen	240
Ungenügend	241
Scheu und Treu	241
Der Wetterhahn	242
Querkopf	243
Noch zwei?	244
Wie üblich	244
Die Teilung	245
Strebsam	246
Sonst und jetzt	247
Das Brot	247
Nicht artig	248
Der Schatz	249
Drum	250
Der Kohl	251
Der gütige Wandrer	252
Reue	253
Bestimmung	254

Gemartert	255
Die Mücken	256
Die Welt	258
Die Freunde	259
Unverbesserlich	260
Der innere Architekt	261
Verstand und Leidenschaft	261
Der Kobold	262
Überliefert	263
Befriedigt	264
Es spukt	264
Beiderseits	265
Lache nicht	265
Der Begleiter	266
Ja ja!	268
Die Birke	268
Im Herbst	269
Der Ruhm	270
Die Unbeliebte	271
Der Philosoph	272
Höchste Instanz	274
Plaudertasche	274
Duldsam	275
Daneben	276
Erneuerung	276
Der Knoten	277
Der Asket	278
Tröstlich	279
Der Narr	280
Der Schadenfrohe	281
Röschen	281
Hund und Katze	282
Schreckhaft	284

Abschied	284
Fuchs und Gans	285
Hahnenkampf	286
Bedächtig	288
Dunkle Zukunft	289
Hinten herum	290
Die Kleinsten	291
Lebensfahrt	291
Die Trud	293
Gestört	294
Der Geist	295
Teufelswurst	296
Der Wiedergänger	297
Der Spatz	298
Zu gut gelebt	299
Der Einsame	301
Verlust der Ähnlichkeit	302
Spatz und Schwalben	303
Gut und Böse	304
Oben und unten	304
Zu zweit	304
Ein Maulwurf	305
Der Traum	307
Immer wieder	309
Auf Wiedersehn	309
Wie andre, ohne viel zu fragen	310

Auswahl aus «Schein und Sein» 311

Haß, als minus und vergebens	313
Schein und Sein	313
Die Nachbarskinder	313
Auch er	314
Woher, wohin?	314

Unbillig	315
Leider	315
So nicht	316
Bös und Gut	316
Beruhigt	317
Niemals	317
Unbeliebtes Wunder	318
So und so	320
Empfehlung	321
Armer Haushalt	321
Verzeihlich	322
Im Sommer	322
Ärgerlich	323
Der fremde Hund	323
Von selbst	324
Doppelte Freude	324
Versäumt	325
Frisch gewagt	325
Laß ihn	325
Gründer	326
Gedrungen	327
Zwei Jungfern	327
Vergeblich	328
Wiedergeburt	328
Tröstlich	329
Immerfort	329
Fehlgeschossen	329
Verfrüht	330
Eitelkeit	331
Peinlich berührt	331
Glückspilz	332
So war's	333
Nörgeln	333

Rechthaber	333
In trauter Verborgenheit	334
Der Türmer	335
Unfrei	336
Der Stern	337

Der Nöckergreis 339

Autobiographisches 345
   Was mich betrifft 347
   Von mir über mich 367

Nachwort 381

Die in diesem Band vereinigten Texte folgen (mit freundlicher Genehmigung des Diogenes Verlags, Zürich) der von Friedrich Bohne besorgten Studien-Ausgabe von Wilhelm Buschs Werken.